शक्तिपुत्र शिवाजी

शक्तिपुत्र शिवाजी

सीताराम गोयल

वॉयस ऑफ इंडिया
नई दिल्ली

प्रथम संस्करण, 1961
प्रथम पुनर्मुद्रण, 1997
द्वितीय पुनर्मुद्रण, 2022

ISBN 978-81-85990-40-8

Śaktiputra Śivājī *by* Sita Ram Goel

प्रकाशक :
वॉयस ऑफ इंडिया
2/18, अन्सारी रोड,
नई दिल्ली - 110 002

Website: www.voiceofin.com

मुद्रक :
रैप्लिका प्रैस प्राईवेट लिमिटेड

विषय-सूची

दूसरी प्रस्तावना

प्रस्तुत पुस्तक सर्वप्रथम सन् १९६१ में नटराज पुस्तकमाला, नई दिल्ली, द्वारा प्रकाशित हुई थी। छत्तीस वर्ष उपरान्त किए गए इस पुनर्मुद्रण में मैंने कोई काट-छाँट नहीं की है। केवल भाषा को ही यत्र-तत्र सुधारा है।

नटराज पुस्तकमाला के उदय और अस्त की एक कहानी है जो इस समय सुना देना मैं समीचीन समझता हूँ।

कम्युनिज्म के विषय में तथ्यात्मक जानकारी भारतीय जनता तक पहुँचाने के लिए सन् १९५२ में एक मंच का गठन हुआ था। उस समय मैं कलकत्ता में रहता था। वहीं पर मैंने मंच का काम सँभाला। इसके पूर्व देश की राजनीति से मेरा विशेष परिचय नहीं था। अतएव मैंने अपनी जानकारी के लिए उस समय देश में विद्यमान समस्त राजनीतिक दलों तथा संस्थाओं द्वारा प्रकाशित साहित्य का संग्रह करके उसे पढ़ा। श्री एकनाथजी रानडे उस समय राष्ट्रीय स्वयंसेवक संघ की ओर से कलकत्ता में कार्यरत थे। उनके साथ मेरा सम्पर्क हुआ तो मैंने संघ का साहित्य उन से मांगा। उन्होंने मुझे केवल एक छोटी-सी पुस्तिका दी— 'डाक्टर हेडगेवार: एक जीवनी'— और कहा: ''हमारा तो बस यही साहित्य है।''

उस पुस्तिका में क्या लिखा था और उस को पढ़ कर मैंने संघ के विषय में क्या सोचा-समझा, उसका मुझे आज स्मरण नहीं। स्मरण केवल इतना है कि संघ के विषय में जो विषाक्त प्रचार उस समय सर्वत्र व्याप्त था, उसका खण्डन करने अथवा अपनी दृष्टि का मण्डन करने में संघ उस समय भी उतना ही असमर्थ था जितना कि आज है। आगे चल कर मैं यह भी देख पाया कि संघ को निमित्त बना कर जो कीचड़ उछाली जा रही थी, उस का लक्ष्य वस्तुतः हिन्दुत्व ही था।

सन् १९५७ में मैं कलकत्ता छोड़ कर दिल्ली में रहने लगा, तब तक संघ के अनेक अधिकारियों तथा स्वयंसेवकों से मेरा सम्पर्क बहुत आगे बढ़ चुका था। और मेरा झुकाव भी उत्तरोत्तर हिन्दुत्व की ओर बढ़ता जा रहा था। मेरा मन

बार-बार यह कहता था कि हिन्दुत्व के विषय में जो अपप्रचार हो रहा है उस का प्रतिकार होना चाहिए। एकनाथजी उस समय संघ के सरकार्यवाह का पद-भार सँभाल रहे थे। वे जब-जब दिल्ली में आते थे तब-तब मैं उनसे मिल कर आग्रह करता था कि हिन्दुत्व की दृष्टि से साहित्य लिखा जाना चाहिए। इस उद्देश्य को लेकर वैद्य श्री गुरुदत्त के कार्यालय में एक साप्ताहिक गोष्ठी भी चालू हो गई थी, जिस में प्रत्येक शनिवार को हिन्दुत्व से जुड़े कुछ लोग विविध विषयों पर चर्चा करते थे। गोष्ठी की ओर से 'शाश्वतवाणी' नाम की मासिक पत्रिका भी प्रकाशित होने लगी थी। पत्रिका का समस्त भार वैद्यजी के सुपुत्र श्री योगेन्द्रदत्त सँभालते थे। वे भारती साहित्य सदन के मालिक थे, और साहित्य के प्रकाशन तथा प्रसार के विषय में उनको बहुत अनुभव था।

इन्हीं दिनों एकनाथजी से भेंट हुई तो उन्होंन मुझे किंकेड की अंग्रेज़ी में लिखी गई पुस्तक 'दि ग्रैन्ड रिबेल' की एक प्रति दी, और कहा कि उस का हिन्दी अनुवाद हो जाए तो बहुत उपयोगी होगा। पुस्तक पढ़ कर मैं हर्षोन्मत्त हो गया। दूसरी बार एकनाथजी से भेंट हुई तो मैंने कहा कि केवल शिवाजी का इतिहास ही नहीं प्रत्युत भारतवर्ष का सारा इतिहास इसी दृष्टि से लिखा जाना चाहिए, और भारतवर्ष की आध्यात्मिक, सांस्कृतिक तथा सामाजिक सम्पदा के विषय में भी ऐसे ही साहित्य की रचना होनी चाहिए। एकनाथजी ने कहा: ''संघ संगठन के काम में जुटा हुआ है। साहित्य निर्माण करने की फुरसत संघ के पास नहीं है। हाँ, यदि इस प्रकार के साहित्य का प्रकाशन हो तो संघ उस के प्रचार-प्रसार में भरसक सहायता देगा।''

मैंने अपनी योजना वैद्यजी के सामने रक्खी। उन्होंने भी उसे सराहा, और सहायता देने का वचन दिया। योगेन्द्रजी प्रकाशन तथा विक्रय का भार उठाने के लिए तैयार हो गए। उन्होंने हिसाब लगा कर बताया कि प्रकाशन संस्था में यदि साठ हजार रुपए की पूंजी लगाई जाए तो तीन-चार वर्ष में संस्था आत्मनिर्भर हो जाएगी, और आधी पूंजी लगाने के लिए वे स्वयं तैयार हो गए।

अब समस्या थी तीस हजार रुपए जुटाने की। उस समय मैं एक नौकरी कर रहा था। वेतन जो मिलता था उस से मेरे परिवार का निर्वाह ही अनेक प्रकार की कंजूसी बरत कर हो पाता था। किन्तु कलकत्ता के एक धनाढ्य व्यक्ति को मेरी योजना पसन्द आ गई, और उन्होंने मुझे तीस हजार रुपए उधार दे दिए।

इस प्रकार नटराज पुस्तकमाला की स्थापना सन् १९६० में हो गई।

पुस्तकमाला द्वारा प्रकाशित प्रथम छः पुस्तकों का सैट ले कर मैं सहर्ष एकनाथजी के पास पहुँचा। प्रस्तुत पुस्तक भी उस सैट में थी। किन्तु एकनाथजी ने एक आँख से भी पुस्तकों को देखने का कष्ट नहीं किया। उन के द्वारा दिया गया वचन मैंने ज्योंही दोहराया, त्योंही वे आँखें तरेर कर बोले: ''सीतारामजी! संघ की रचना क्या इसलिए हुई थी कि आप की पुस्तकें बेचें?'' मैं कोई उत्तर नहीं दे पाया। संघ की रचना के विषय में मैं कुछ भी नहीं जानता था। मैंने तो केवल यही समझा था कि संघ की रचना हिन्दुत्व की रक्षा के लिए की गई थी। मैं चुपचाप उठकर चला आया।

इसके कुछ दिन उपरान्त एक अन्य अनुभव हुआ जिस से संघ के विषय में मेरा रहा-सहा भ्रम भी बहुत-कुछ दूर हो गया। उन दिनों लखनऊ से एक मासिक पत्रिका, 'युगधर्म', संघ की ओर से निकलती थी। एक दिन उस के सम्पादक का पत्र मुझे मिला जिस में प्रस्तुत पुस्तक की (प्रथम) प्रस्तावना की प्रंशसा की गई थी, और उस प्रस्तावना को 'युगधर्म' में छापने की अनुमति मुझ से मांगी गई थी। मैंने तुरन्त और सहर्ष अपनी सहमति लिख भेजी। किन्तु पत्रिका का एक अंक जब डाक द्वारा मुझे मिला तो मैंने देखा कि उस में छपी प्रस्तावना में वह अंश पूरा-का-पूरा छोड़ दिया गया था जिस में मैंने नेहरू की इतिहास-व्याख्या की चर्चा की थी। मैं उस अंश को प्रस्तावना का अपरिहार्य अंग मानता था। मैंने पत्र लिख कर सम्पादक महोदय से निवेदन किया कि यदि वे इस काट-छांट की अनुमति मुझ से मांगते तो मैं प्रस्तावना छापने की सहमति प्रकट नहीं करता। तुरन्त एक पोस्टकार्ड आ गया जिस में ताल ठोक कर कहा गया था: ''लेख के सम्पादन का अधिकार सम्पादक का होता है।'' मुझे फिर मौन धारण करना पड़ा।

योगेन्द्रजी के अध्यवसाय से नटराज पुस्तकमाला के प्रकाशन होते रहे। मैंने भी पुस्तकमाला के लिए दस पुस्तकें लिखी— पाँच विचारात्मक और पाँच उपन्यास। विषय सब समय हिन्दुत्व ही रहा। किन्तु विधाता नहीं चाहते थे कि मैं लेखन-कार्य करता रहूँ। सन् १९६३ के दिसम्बर मास में नेहरू की नीतियों के विषय में मेरी अंग्रेजी पुस्तक, 'इन डिफैंस ऑफ कॉमरेड कृष्ण मैनन', का प्रकाशन भारती साहित्य सदन ने किया। मुझे नौकरी से निकाल दिया गया।

दिल्ली में दूसरी नौकरी मिलना असम्भव था। मुझे व्यापार करने के लिए बाध्य होना पड़ा। मेरा छोटा भाई व्यापार में बहुत सफलता प्राप्त कर चुका था। उसने मुझे व्यापार भी सुझाया, और भरपूर पूंजी भी दी। मेरा भाग्योदय हो रहा था। सन् १९६६ बीतते-बीतते मैंने इतना कमा लिया कि भाई की पूंजी लौटाने के अतिरिक्त मैं कलकत्ता के धनाढ्य व्यक्ति द्वारा दिया गया ऋण चुकाने योग्य भी हो गया। मैं जब ऋण चुकाने के लिए उन के पास पहुँचा तो उन्होंने अपना खाता देखकर बतलाया कि ब्याज के ग्यारह हजार रुपए और बनते हैं। ब्याज चक्रवर्ती पद्धति से जोड़ा गया था। मैंने ब्याज भी चुका दिया।

इस बीच नटराज पुस्तकमाला को योगेन्द्रजी ने पूर्णतया अपने हाथ में ले लिया था, और मेरा तीस हजार रुपया उन्होंने दो-तीन वर्ष में चुका दिया था। किन्तु व्यापार के आरम्भिक दो वर्षों में कोई अन्य आय न होने के कारण वह समस्त पूंजी मेरे परिवार के भरण-पोषण पर व्यय हो गई थी। यदि व्यापार में मैं सफल नहीं होता तो ऋणदाता के सामने मुझे सदा नतमस्तक रहना पड़ता, और चक्रवर्ती पद्धति से जोड़े गए ब्याज की राशि न जाने कहाँ जा पहुँचती।

(२)

प्रस्तुत पुस्तक की (प्रथम) प्रस्तावना में भारतवर्ष के इतिहास को जिस दृष्टि से देखा गया है, वह दृष्टि न तो हमारे विद्यापीठों की पाठ्य पुस्तकों में मिलती है, न देश में प्रबुद्ध कहलाने वाले सत्तारूढ़ वर्ग में, न सरकारी अथवा गैर-सरकारी प्रचारतन्त्र में, और न हिन्दुत्व के नाम पर जनमत-संग्रह करने वाले राजनीतिक दलों में। यह दृष्टि हमारे इतिहास-पुराण की दृष्टि है। मुसलमान आक्रान्ताओं के साथ दीर्घकालव्यापी संघर्ष करके उनके आततायी-तन्त्र को परास्त करने वाले हिन्दू महारथी भी इसी दृष्टि द्वारा अनुप्राणित थे। अंग्रेजी साम्राज्यवाद जब अपनी पराकाष्ठा पर था तो इसी दृष्टि का उद्घोष महर्षि दयानन्द, बङ्किमचन्द्र, स्वामी विवेकानन्द और श्री अरविन्द ने किया था। किन्तु महात्मा गाँधी ने जिस दिन स्वतन्त्रता-संग्राम की बागडोर सँभाली, उस दिन से इस दृष्टि में विलोप होना आरम्भ हो गया था। और नेहरू का वर्चस्व देश पर छाते ही यह दृष्टि सर्वथा बहिष्कृत ही नही हुई, निन्दनीय भी ठहराई गई। आज जिस नेहरूवादी दृष्टि से भारतवर्ष के इतिहास को देखा और दिखलाया जा रहा

है, वह निम्नोक्त साम्राज्यवादी दृष्टियों का समन्वय है:

१. इस्लाम की दृष्टि।
२. ईसाइयत की दृष्टि।
३. श्वेतांग जातियों द्वारा संसार को सुसंस्कृत करने का भार-वहन करने का दम्भ करने वाली दृष्टि।
४. कम्युनिस्ट दृष्टि।

और केवल इतिहास के विषय में ही नही, अध्यात्म, संस्कृति तथा समाज-व्यवस्था के विषय में भी इसी नेहरूवादी दृष्टि को प्रामाणिक माना जा रहा है।

आनेवाली पीढ़ियाँ हँसेंगी कि इस देश में एक समय नेहरू को इतिहासकार माना गया। हिन्दुत्व की दृष्टि का पुनरोदय होने लगा है, और वह दिन बहुत दुर नही है जब इस पुस्तक के परिशिष्ट में प्रस्तुत श्री अरविन्द की दृष्टि समस्त प्रसंगों में प्रसार पा जाएगी।

नई दिल्ली।
३० दिसम्बर १९९६ **सीताराम गोयल**

प्रथम प्रस्तावना

प्रस्तुत पुस्तक अंग्रेज़ इतिहासकार डेनिस किंकेड की रम्य रचना, The Grand Rebel, के आधार पर लिखी गई है। किन्तु यह उस मूल पुस्तक का अविकल अनुवाद नहीं है। कारण, मूल पुस्तक के कई-एक अंश इसमें समाविष्ट नहीं किये गए।

किंकेड साहब ने अपनी पुस्तक पाश्चात्य पाठकों के पठनार्थ ही लिखी थी। अतएव वे इस देश के इतिहास तथा यहाँ की आचार-परम्परा में से कई-एक ऐसे प्रसंगों का विस्तरशः वर्णन करते हैं, जिनसे भारतवर्ष का साधारण पाठक सामान्यतः सुपरिचित है।

मूल पुस्तक का उद्देश्य था पाश्चात्य मानस में से उस भ्रान्ति का निवारण, जिसके अनुसार अंग्रेज़ों द्वारा भारत-विजय के पूर्व इस देश पर मुसलमानों का आधिपत्य था। किंकेड साहब अपनी प्रस्तावना में लिखते हैं: "अंग्रेज़ों में से अधिकतर लोगों ने मुग़लों का नाम सुन रक्खा है। वे लोग यही समझते रहे हैं कि मुग़ल साम्राज्य ही भारत में ब्रिटिश शासन का पूर्ववर्ती शासन था। अतएव उनको यह जानकर आश्चर्य होता है कि ब्रिटिश विजय के प्रारम्भिक पर्व में अंग्रेज़ विजेताओं का संघर्ष किसी भी मुग़ल के साथ नहीं होता, जब कि मराठों के साथ उनका संघर्ष अनवरत चलता रहता है...बहुत से लोगों को कौतूहल होता होगा कि ये मराठे कौन थे, जिन्होंने मुग़ल साम्राज्य को ध्वस्त कर दिया था, जिन्होंने भारत पर अधिकार करने के लिए अंग्रेज़ों तथा फ्रांसीसियों के साथ संघर्ष किया था, जिन्होंने १८५७ में एक बार फिर-से विप्लव करके अंग्रेज़ शासन के साथ शस्त्रसम्पात किया था, और जिनके बीच नाना साहब के समान नीतिकुशल तथा झाँसी की रानी के समान शूरवीर विप्लवी नेताओं का आविर्भाव हुआ था।"

किन्तु इस प्रकार की भ्रान्ति केवल किंकेड साहब के समकालीन अंग्रेज़ों में ही प्रसार-प्राप्त नहीं थी। वह तो वर्तमान 'स्वाधीन' भारत के 'उच्चशिक्षित हिन्दुओं' में भी सर्वत्र पाई जाती है। 'उच्चशिक्षित हिन्दू' यही विश्वास करता है

कि ब्रिटिश साम्राज्य वस्तुतः मुग़ल साम्राज्य का उत्तराधिकारी था। और हमारे समस्त विद्यापीठों में पढ़ाए जाने वाले समस्त इतिहास-ग्रन्थ एक स्वर से घोषणा करते हैं कि मुग़ल साम्राज्य को ध्वस्त करने वाले मराठे, राजपूत, जाट तथा सिक्ख वस्तुतः मुग़ल साम्राज्य के विरुद्ध 'उत्पात' करने वाले 'विद्रोही' मात्र थे; उन लोगों का 'विद्रोह' सफल नहीं हुआ, और भारतवर्ष पर एक विदेशीय शक्ति का शासन सुदृढ़ हो गया।

इस भ्रान्त मन्तव्य का मूल आधार है एक और भी अधिक भीषण भ्रान्ति। उस भ्रान्ति के अनुसार भारतवर्ष में प्रायः पाँच-सौ वर्ष तक राज्य करने वाले विविध मुस्लिम साम्राज्य वस्तुतः विदेशी आततायी-तन्त्र नहीं, प्रत्युत स्वदेशी स्वराज्य ही थे। भूतपूर्व प्रधानमन्त्री जवाहरलाल नेहरू इस भ्रान्ति का प्रचार करने वालों में आज अग्रगण्य हैं। अंग्रेज़ इतिहासकारों की पुस्तकों से निर्लज नक़ल उतारकर, और उस नक़ल के ऊपर मार्क्सवाद का मुलम्मा चढ़ाकर उन्होंने 'Glimpses of World History' नाम की पुस्तक में भारतवर्ष के इतिहास की एक कपोल-कल्पित कहानी भी लिख मारी है। इस नानी-की-कहानी के अनेक संस्करण छप चुके हैं, और नेहरू-कुल के चतुर चाटुकारों ने उनको एक 'गम्भीर इतिहासवेत्ता' के पद पर प्रतिष्ठित करके इस सर्वथा हास्यास्पद ऊटपटांग को इस देश के विश्वविद्यालयों में एक सन्दर्भ-ग्रन्थ के रूप में निर्दिष्ट कर दिया है!

किन्तु मुसलमान आततायी-तन्त्र का स्वदेशीकरण करते समय नेहरू केवल एक ही प्रमाण प्रस्तुत करते हैं—मुसलमान बादशाहों ने हिन्दू स्त्रियों से विवाह किये थे! अफ़ग़ानों का स्वदेशीकरण करते हुए वे लिखते है: "हम देखते हैं कि भारत ने धीरे-धीरे इन नृशंस योद्धाओं को नम्र बना दिया है और सुसंस्कृत कर लिया है। वे लोग यह अनुभव करने लगे हैं कि वे भारतीय ही हैं, विदेशी आक्रमणकारी नहीं। **वे लोग इस देश की स्त्रियों से विवाह करते हैं, और धीरे-धीरे विजित तथा विजेता के बीच का विभेद विलुप्त होने लगता है।"**

अलाउद्दीन खलजी का स्वदेशीकरण करते समय वे फिर वही राग अलापते हैं: "अलाउद्दीन अन्यान्य (मुसलमानों) के समान असहिष्णु था, किन्तु ऐसा प्रतीत होता है कि मध्य-एशिया के इन शासकों की दृष्टि में परिवर्तन होने लगा

परिवर्तन होने लगा था। वे लोग भारत को अपना स्वदेश मानने लगे थे। **वे अब इस देश में विदेशी नहीं रह गए थे। अलाउद्दीन ने एक हिन्दू स्त्री से विवाह किया था, और उसके पुत्र ने भी।**''

फिर वे फीरोजशाह तुगलक के प्रसंग में इसी सिद्धान्त का आश्रय लेते हैं: ''फ़ीरोजशाह की माँ बीबी नैला नाम की एक राजपूत स्त्री थी... इस प्रकार फ़ीरोजशाह की शिराओं में राजपूती रक्त था। **मुसलमान शासकों तथा राजपूत स्त्रियों के बीच होने वाले इन विवाह-सम्बन्धों की संख्या बढ़ती गई। इसके फलस्वरूप (हिन्दुओं तथा मुसलमानों) के बीच एक उभय-सम्मत राष्ट्रवाद की मनोभावना को सहायता मिली होगी।**''

नेहरू अन्ततः यह निष्कर्ष निकालते हैं कि हिन्दू स्त्रियों से विवाह करते रहने के फलस्वरूप पन्द्रहवीं शताब्दी आते-आते मुसलमान शासक पूर्णतः भारतीय शासक बन चुके थे? वे लिखते हैं: ''इस्लाम भारत में अब एक विदेशी अथवा नवागत तत्त्व नहीं रह गया है। वह पूरी तरह पैर जमा चुका है... मुसलमान बादशाह अब वैसे ही हिन्दुस्तानी हैं जैसी कि उनकी हिन्दू प्रजा... **मुसलमान बादशाह बहुधा हिन्दू स्त्रियों से विवाह करते हैं**...उन दोनों के बीच विजेता तथा विजित की अथवा शासक तथा शासित की भावना का पूर्ण लोप हो चुका है।''

इस न्याय से तो यह मान लेना चाहिए कि अंग्रेज़ों का स्वदेशीकरण इसलिए सम्भव नहीं हो सका कि उन लोगों ने भारतीय स्त्रियों के साथ विवाह करना अस्वीकार कर दिया। अंग्रेजों ने यदि यह भूल नहीं की होती तो ब्रिटिश साम्राज्य को भी विदेशीय राज्य नहीं कहा जाता। तो फिर नेहरू अपने-आपको 'जन्म के हादसे से हिन्दू' कहने की भूल क्यों कर बैठे? अन्ततः उनकी शिराओं में तो उभय-पक्ष से हिन्दू माता-पिता का रक्त ही प्रवाहित है। मुसलमान शासकों के विषय में जो सिद्धान्त सत्य है वह नेहरू के विषय में ही क्यों असत्य हो गया? इस समस्या का समाधान यही हो सकता है कि नेहरू को वस्तुतः इस सिद्धान्त से कोई लगाव नहीं है। वे तो जिस प्रकार भी सम्भव हो, अपने अन्तर में वर्ष-प्रति-वर्ष पनपते हुए स्वधर्म-द्रोह और स्वजाति-द्रोह का समाधान खोज रहे हैं।

और समाधान की यह खोज उनको मुस्लिम आततायी-तन्त्र की मार्जना के

लिए मुस्तैद कर देती है। यथासाध्य वे अपनी नानी-की-कहानी में मुसलमान शासकों के अभूतपूर्व अनाचार का उल्लेख करना नहीं चाहते। उनकी विकृत मनोवृति कहती है कि अतीत की कहानियों का मनन कर के वर्तमान में अपने मानस को विषाक्त करने से किस प्रयोजन की सिद्धि होगी? किन्तु अपनी नानी-की-कहानी को वे इतिहास-ग्रन्थ कहने की भूल कर बैठे। अतएव उनको भी बाध्य होकर यह स्वीकार करना पड़ता है कि मुसलमान शासक नृशंस और क्रूर तो थे ही। और फिर तुरन्त ही वे उस नृशंसता तथा क्रूरता की मार्जना के लिए दौड़ पड़ते हैं।

महमूद ग़ज़नवी-जैसे महा-पापिष्ठ की मार्जना करते हुए वे लिखते हैं: "उसको इस्लाम का एक ऐसा महान् नेता माना जाता है जो भारत में इस्लाम फैलाने के लिए आया था। अधिकतर मुसलमान लोग उसकी पूजा करते हैं। अधिकतर हिन्दू लोग उससे घृणा करते हैं। किन्तु वस्तुत: वह मज़हबी आदमी तो बिल्कुल नहीं था। यह सत्य है कि वह एक मुसलमान था। किन्तु इस बात का उसके जीवन में कोई महत्त्व नहीं था। वह तो एक योद्धा था, एक दुर्धर्ष योद्धा। भारत में वह विजय पाने और लूटपाट मचाने के लिए ही आया था। दुर्भाग्यवश यह सत्य है कि योद्धा लोग लूटपाट तो करते ही रहते हैं। योद्धा का मज़हब चाहे कुछ भी क्यों न होता, लूटपाट तो वह करता ही। अतएव हमको साधारण लोगों के समान यह मान लेने की भूल नहीं करनी चाहिए कि महमूद एक सफल योद्धा के अतिरिक्त कुछ और भी था।"

नेहरू से पूछा जा सकता है कि क्या हिन्दू जाति के किसी दुर्धर्ष योद्धा ने भी कभी किसी अन्य जाति के धर्म-स्थानों को नष्ट-भ्रष्ट किया है, किसी अन्य जाति के असंख्य स्त्री-पुरुषों को गुलाम बनाकर देश-विदेश के बाजारों में बेचा है, किसी पराजित प्रदेश में सत्ता-प्रमत्त होकर निरीह प्रजा का आबाल-वृद्ध नरमेध किया है? किन्तु नेहरू तो सम्भवत: यही नहीं मानते कि हिन्दू जाति में भी कभी कोई दुर्धर्ष योद्धा हुआ है। अतएव सम्भवत: हमारा यह प्रश्न ही उनके निकट सर्वथा अप्रासंगिक रहेगा। और फिर वे तो केवल मुसलमान योद्धाओं की ही मार्जना करके सन्तोष नहीं कर पाए। वे तो मुसलमान मात्र की मार्जना के लिए कृत-संकल्प हैं।

मुहम्मद ग़ौरी तथा उसके अनुयाइयों की नृशंसता की मार्जना करते हुए वे

लिखते हैं: ''प्रारम्भ में ये मुसलमान लोग क्रूर तथा नृशंस थे। ये लोग एक ऐसे देश से आए थे जहाँ मार्दव का कोई विशेष मान नहीं होता था। और फिर ये लोग एक ऐसे देश में निवास कर रहे थे जिसको उन्होंने अभी-अभी विजित किया था, जिसमें वे चारों ओर शत्रुदल द्वारा घिरे हुए थे, और जहाँ उनके विरुद्ध किसी समय भी विद्रोह हो सकता था। विद्रोह का भय सदा ही उनके सामने रहता होगा। और भय तो बहुधा क्रूरता तथा नृशंसता का निर्देश करता है। अतएव प्रजा का दमन करने के उद्देश्य से उन्होंने नरमेध किए। किन्तु इसी कारण यह नहीं समझ बैठना चाहिए कि मुसलमान लोग धर्म-विद्वेष से प्रेरित होकर ही हिन्दुओं की हत्या कर रहे थे। वह तो एक विदेशी विजेता अपने द्वारा विजित प्रजा की प्राण-शक्ति नष्ट कर रहा था। क्रूरता के इन काण्डों की विवेचना करते समय कुछ लोग सदा ही मज़हब को बीच में घसीटते रहते हैं। किन्तु यह तो उचित नहीं। यह सत्य है कि मज़हब का ढोंग भी कई बार रचा गया था। किन्तु इस नृशंसता का मूल कारण तो सामाजिक अथवा राजनैतिक ही था। मध्य एशिया के निवासी अपने देश में भी क्रूर तथा नृशंस थे।* इस्लाम को स्वीकार करने के बहुत पहले से ही। किसी नए देश को जीत लेने पर ये लोग उसके ऊपर अपना आधिपत्य बनाए रखने का एक ही उपाय जानते थे—आंतक की सृष्टि।''

अतएव अलाउद्दीन का आतंक वस्तुतः आतंक ही नहीं था। वह तो अलाउद्दीन की विवशता का ही बोध कराता है। अलाउद्दीन द्वारा सहस्त्रों मनुष्यों की हत्या का उल्लेख करके नेहरू लिखते हैं: ''मुझे खेद है कि मुझे बार-बार इन नरमेधों का उल्लेख करना पड़ता है। यह बात मन को नहीं भाती। और एक बृहत्तर दृष्टि से देखने पर इस बात का कोई महत्त्व भी नहीं रह जाता। इसके द्वारा यही सिद्ध होता है कि उस समय उत्तर भारत की अवस्था शान्त अथवा सुसंस्कृत नहीं थी। एक प्रकार से अनाचार का उद्रेक हो उठा था। **इस्लाम भारतवर्ष में प्रगति का एक सन्देश लेकर आया था।** और मुस्लिम अफ़ग़ान लोग एक बर्बरवृत्ति अपने साथ लेकर आए थे। अधिकतर लोग इन

* नेहरू अपनी इसी पुस्तक में अन्यत्र लिखते हैं कि मध्य एशिया के निवासी मुसलमान बनने से पहिले बौद्ध धर्म के अनुयायी थे।

दोनों को एक समझ बैठते हैं। किन्तु इन दोनों में विभेद होना चाहिए।''

नेहरू से पूछा जा सकता है कि फिर वे जालियाँवाला काण्ड को लेकर ही क्यों अंग्रेज़ों के विरुद्ध इस प्रकार विचलित हो उठते हैं? अंग्रेज़ भी तो विदेशी विजेता थे। अंग्रेज़ भी तो चारों ओर शत्रुदल द्वारा घिरे हुए थे। और अंग्रेज़ों को भी तो अपने विरुद्ध विद्रोह का भय था। किन्तु यह प्रश्न भी नेहरू को अप्रासंगिक लगेगा। कारण, अंग्रेज़ लोग न तो मुसलमान थे, और न मार्क्सवादी। वे तो विलायत के कैपिटलिस्ट थे। मुसलमानों और मार्क्सवादियों द्वारा किए गए प्रत्येक नरमेध की मार्जना नेहरू के निकट न्यायसंगत है। किन्तु अन्य किसी के द्वारा आत्मत्राण के लिए किए गए नीति-कौशल की कथा सुनकर भी नेहरू क्रुद्ध हो उठते हैं। अफ़ज़लखाँ के साथ किये गए 'छल' की बात सुनकर वे शिवाजी को क्षमा नहीं कर पाए। अस्तु।

नेहरू का मूल सिद्धान्त है भारतवर्ष के इतिहास की मार्क्सवादी व्याख्या, जिसके अनुसार भारतवर्ष के गलित-विगलित हिन्दू-समाज में इस्लाम एक प्रगति का सन्देश लेकर आया था। इस सिद्धान्त को समझाते हुए वे अपनी नानी-की-कहानी में फ़तवा देते हैं: ''इस्लाम ने भारतवर्ष को झकझोर दिया। परिणामस्वरूप भारत के समाज में एक प्राण-शाक्ति तथा प्रगतिशील प्रेरणा का प्रवेश हुआ। वह समाज सर्वथा अप्रगतिशील होता जा रहा था। हिन्दू शिल्प जराजीर्ण और विषादोन्मुख हो चुका था। अलङ्कार तथा व्यर्थ विस्तार के कारण वह शिल्प बोझिल बनने लगा था। उत्तर भारत में अब वह शिल्प एक परिणति को प्राप्त होने लगा। एक नए शिल्प ने जन्म लिया जिसको हिन्दू-मुस्लिम शिल्प कहा जा सकता है। यह शिल्प प्राणवान् तथा पुष्ट है। भारत के पुराने स्थपतियों ने मुसलमानों की नई प्रणाली से प्रेरणा प्राप्त की। इस्लाम धर्म तथा उसका जीवन-दर्शन तो अत्यन्त सहज था। उसने भी तत्कालीन स्थापत्य को प्रभावान्वित किया, और इस प्रकार उस स्थापत्य की अभिव्यक्ति भी सहज और सौष्ठव-सम्पन्न हो गई।''

यह तो सत्य है कि भारतीय समाज उस समय जर्जर होने लगा था। इसी कारण सहस्रों वर्ष तक और अनेक आक्रान्ताओं के विरुद्ध अपनी स्वाधीनता को अक्षुण्ण रखने वाली हिन्दू जाति को दुर्दिन देखना पड़ा था और दुर्दशा सहन करनी पड़ी थी। किन्तु इसी कारण क्या यह मान लेना पड़ेगा कि इस्लाम भारत

में किसी प्रगति का सन्देश लेकर आया था? इस निष्कर्ष का प्रमाण क्या है? क्या यही कि मुसलमान लोग कुछ दिन के लिए हिन्दू समाज पर बलात्कार करने में सफल हुए? यहाँ आकर सम्भवत: नेहरू जैसे जडपुरुष की अन्तरात्मा भी काँप उठी। इसीलिए वे किसी अन्य प्रमाण के अभाव में शिल्प और स्थापत्य की शरण लेने दौड़ पड़ते हैं। वे भलीभाँति जानते हैं कि शिल्प तथा स्थापत्य की सूक्ष्म व्याख्या से उनके अधिकांश पाठक उतने ही परिचित हैं जितने कि वे स्वयं। बकवाद करने वाले व्यक्ति को जब किसी ओर भी शरण नहीं मिलती तो वह आत्मप्रवञ्चना और आडम्बर का आश्रय लेता है। अन्यथा नेहरू के समान हृदय-शून्य तथा किसी भी प्रकार की सुरुचि से विहीन प्राकृत पुरुष का शिल्प और स्थापत्य से भला क्या सम्बन्ध हो सकता है? अस्तु।

मुसलमान शासन का स्वदेशीकरण, मुस्लिम अनाचार की मार्जना तथा इस्लाम की प्रगतिशीलता का स्तवन करने के उपरान्त नेहरू अपनी मार्क्सवादी व्याख्या को विस्तृत करते हैं: "इन आर्थिक परिवर्तनों के कारण मुग़ल साम्राज्य का पतन हो गया। किन्तु इस परिणति का लाभ उठाकर सत्ता हथिया लेने वाला कोई मध्यवित्त वर्ग उस समय प्रस्तुत नहीं था...निरंकुश शासन के आधिक्य ने जनता को साधारणतया सत्त्वहीन बना दिया था और वह जनता स्वाधीनता की पुरातन परम्परा को प्रायश: विस्मृत कर चुकी थी...अंशत: सामन्तवादी, अंशत: मध्यवित्त, तथा अंशत: कृषक—ऐसी कुछ शक्तियों ने सत्ता हथियाने के कई-एक प्रयास किए थे। और इन प्रयासों में से कई-एक प्रयास प्राय: सफल भी होने लगे थे। किन्तु प्रधान बात तो यह है कि सामन्तवाद के पतन तथा सत्ता हथियाने में सक्षम मध्यवित्त वर्ग के उत्थान के बीच उस समय एक खाई थी। इस प्रकार की खाई जहाँ भी होती है वहाँ उत्पात और दुर्दशा का प्रादुर्भाव होता है। भारत में भी वैसा ही हुआ। क्षुद्र राजाओं और रजवाड़ों ने देश पर अधिकार करने के लिए संघर्ष किया। किन्तु वे तो एक गलित-विगलित समाज-व्यवस्था के प्रतिनिधि थे। उनकी तो कोई सुदृढ़ नींव नहीं थी।"

अतएव मुगल साम्राज्य के प्रति पराक्रम का परिचय देकर उसका प्राणान्त कर देने वाले मराठे, राजपूत, जाट तथा सिक्ख किसी राष्ट्रभावना के वाहन नहीं थे। वे तो गलित-विगलित सामन्तशाही के ही प्रतिक्रिया-परायण प्रतीक थे। नेहरू की इतिहास-व्याख्या को स्वीकार कर लेने पर यही निष्कर्ष निष्पन्न होता

है। मुसलमान शासकों को भारतीय सम्राट् मान लेने पर किसी अन्य निष्कर्ष की गुंजाइश ही नहीं रह जाती।

और नेहरू तो इस प्रसंग में अकेले नहीं हैं। पाश्चात्य शिक्षा के प्रताप से इस देश में उनके समान स्वधर्म-द्रोही, स्वजाति-द्रोही और स्वदेश-द्रोही हिन्दुओं की संख्या दिन-प्रति-दिन प्रवृद्धमान है। इन समस्त 'सुशिक्षित' और 'सुसंस्कृत' हिन्दुओं को प्रत्येक निष्ठावान् हिन्दू में साम्प्रदायिकता की गन्ध आती है, और प्रत्येक परधर्म-द्वेषी मुसलमान तथा ईसाइ में प्रगति का परिचय प्राप्त होता है। विदेशी मुसलमान शासकों का आततायी-तन्त्र जिन लोगों के लिए भारतवर्ष के राष्ट्रवाद का अंग है, उनको हिन्दुओं का राष्ट्रवाद सम्प्रदाय-वाद के समान लगेगा ही—यह कोई आश्चर्य की बात नहीं।

आश्चर्य की बात यदि कोई है तो यही कि हिन्दू राष्ट्रवाद ने अभी तक भी अपनी दृष्टि से भारत का इतिहास लिखने का कोई प्रयास नहीं किया, और हिन्दू जाति के बालकों को उन्हीं विद्यापीठों में पढ़ना पड़ रहा है जहाँ नेहरू के समान मिथ्यादृष्टि लोगों की व्यर्थ बकवाद को वेदवाक्य समझ कर पढ़ाया जाता है। और यह कर्त्तव्य-च्युति उस अवस्था में हो रही है जब कि साधारण हिन्दू जनता के मानस में भारतवर्ष के इतिहास की सर्व-साक्ष्य-सम्मत व्याख्या अभी भी अक्षुण्ण अंकित है।

हिन्दू जनसाधारण ने कभी भी मुसलमान बादशाहों को स्वदेशी शासक नहीं माना। अकबर के समान 'उदार' शासक के सम्बन्ध में भी हिन्दू जन-साधारण का मानस सदैव सशंक रहा है। हिन्दू जनसाधारण ने कभी यह नहीं माना कि हिन्दू स्त्रियों को बलात् अपने हरम में डालने वाले मुसलमान बादशाह इसी कृत्य के कारण स्वदेशीय हो गए। इस के विपरित हिन्दू जनसाधारण तो सदा ही उन हिन्दुओं की भी निन्दा करता रहा है जिन्होंने लोभ अथवा भय के वशीभूत अपनी कन्याएँ मुसलमान बादशाहों के हरम में भेजी थीं। सोमनाथ के समान अनेकानेक देवालयों का ध्वंस करने वाले और भीषण नरमेध करने वाले महमूद ग़ज़नवी को हिन्दू जनसाधारण ने सदा ही इस्लाम की परधर्म-विद्वेषी प्रवृति का प्रतीक माना है। न ही हिन्दू जनसाधारण ने कभी यह स्वीकार किया है कि इस्लाम भारत में किसी-भी प्रकार की किसी प्रगति का सन्देश लेकर आया था। हिन्दू जनसाधारण की दृष्टि उन मकबरों और मीनाकारी किए

हुए मद्यपात्रों की ओर कभी नहीं गई जिनको लेकर नेहरू जैसे विकृत-बुद्धि लोग विभोर हो उठते हैं। हिन्दू जनसाधारण की दृष्टि तो सदा ही उन मन्दिरों पर निविष्ट रही है जिनके स्थानों पर और जिनके ईंट-पत्थरों को लेकर मस्जिदें बनी हुई हैं। जामा मस्जिदों की सीढ़ियों के नीचे दबी हुई हिन्दू देवमूर्तियों का नेहरू-जैसे नास्तिकों के लिए भले ही कोई महत्व न हो, हिन्दू जनसाधारण तो उस आततायी आचरण को कभी भी नहीं भुला सकता।

: २ :

मुस्लिम शासनकाल के विषय में की जाने वाली विकृत व्याख्या वस्तुतः एक बृहद्तर विकृति का ही अंग मात्र है। उस विकृति का विलोप हुए बिना भारतवर्ष के प्रकृत इतिहास का पुनरुद्धार कभी सम्भव नहीं हो सकता।

वह बृहद्तर विकृत व्याख्या प्रथमतः यह स्थापना सृष्ट करती है कि भारत भूमि केवल मात्र हिन्दू जाति की ही मातृ-भूमि नहीं है। कहा जाता है कि हिन्दू जाति के पूर्वज आर्यगण भी भारतवर्ष में विदेश से आए थे। और विदेश से आने वाली इन जातियों में आर्यगण अकेले नहीं रहे। कालक्रम में ईरानी, यवन, शक, पह्लव, कुशाण, हूण, अरब अफ़ग़ान, तुर्क, मुग़ल और अंग्रेज़ इत्यादि अनेक अन्य जातियाँ यहाँ आईं। अतएव हिन्दू जाति का इस देश पर कोई विशेष अधिकार नहीं है। इस देश पर या तो समस्त विदेशागत जातियों का समान अधिकार है, अथवा उस जाति का जो इस देश को जीत ले।

और यह देश तो सदा ही विदेशियों द्वारा विजित होता रहा है। भारतवर्ष कभी-भी किसी-भी आक्रान्ता के लिए अविजेय नहीं रहा। भारतवर्ष के हिन्दुओं ने एक समृद्ध साहित्य, शिल्प, संगीत, नाट्य, तत्त्वशास्त्र इत्यादि का सृजन भले ही किया हो, शौर्य का प्रदर्शन तो उन्होंने कभी भी नहीं किया। जो भी आक्रान्ता जिस समय भी यहाँ आया उसी के सम्मुख हिन्दू जाति नतशीर्ष हो गई। अतएव भारतवर्ष का प्रकृत इतिहास वस्तुतः विदेशी आक्रान्ताओं के पराक्रम का ही इतिवृत्त है।

तृतीयतः, हिन्दू जाति के नाम से सुविख्यात एक समाज भले ही बहुत दिन से इस देश में रहा हो, हिन्दू राष्ट्रवाद जैसी किसी भावधारा की सूचना तो कभी किसी को नहीं मिली। हिन्दू जाति ने समवेत होकर किसी विदेशी आक्रान्ता के

विरुद्ध संघर्ष कभी भी नहीं किया। इसके विपरीत हिन्दू जाति तो अपने अन्तर्गत सम्प्रदायों, उप-जातियों तथा प्रान्त-परिवारों के परस्पर प्रतिद्वन्द्व के लिए ही सदा प्रसिद्ध रही है। ब्रिटिश शासनकाल में कुछ दिन तक जिस हिन्दू राष्ट्रवाद का उद्रेक हुआ था, उसकी कोई परम्परा ही उपलब्ध नहीं होती। अतएव यह निष्कर्ष निर्विवाद है कि अर्वाचीन हिन्दू राष्ट्रवाद की रट कुछ इने-गिने प्रतिक्रिया-प्रवण लोगों की संकीर्ण साम्प्रदायिक मनोवृत्ति को ही मुखरित करती है।

किन्तु हिन्दू जाति के विषय में सत्य क्या है? भारतीय इतिहास का समस्त साक्ष्य क्या उपरोक्त समीक्षा का समर्थन करता है, अथवा किसी अन्य समीक्षा की ओर संकेत कर रहा है?

प्रथमत: ऐतिहासिक साक्ष्य के आधार पर यह निष्कर्ष सर्वथा निर्विवाद है कि हिन्दू जाति ही अनादिकाल से भारतभूमि की अधिष्ठाता एवं परित्राता रही है। किसी अन्य जाति ने कभी भी भारतभूमि के प्रति इतने अथाह प्रेम तथा इतने उत्कट बलिदान का परिचय नहीं दिया। भारतवर्ष के पर्वत, भारतवर्ष की नदियाँ, भारतवर्ष के सरोवर, भारतवर्ष के वनप्रान्त, संक्षेप में, भारतभूमि का कोना-कोना और कण-कण यदि किसी जाति के लिए परम पावन रहा है तो एकमात्र हिन्दू जाति के लिए ही। भारतवर्ष के भूगोल की अवहेलना करके हिन्दू धर्म तथा हिन्दू आचार-परम्परा की कल्पना ही नहीं की जा सकती। मुसलमान और ईसाइ सहज ही अपने-अपने मतों की जन्मभूमियों का त्याग करके परदेशों में पनप सकते हैं। किन्तु हिन्दूमात्र के लिए तो भारतभूमि ही उसका धर्मक्षेत्र तथा कुरुक्षेत्र रहा है, और रहेगा।

फिर यह विवाद ही व्यर्थ है कि वर्तमान हिन्दू जाति के विभिन्न अवयव कालक्रम में कहाँ-कहाँ से आए, और उनकी शिराओं में कौन-कौन-सा रक्त प्रवाहित है। आर्यजाति के विषय में तो पाश्चात्य पण्डितों की शत-सहस्र कपोल-कल्पनाएँ भी आज तक यह सिद्ध नहीं कर पाईं कि आर्यगण इस देश में कहीं बाहर से आए थे। और इस प्रसंग में प्रचुर प्रमाण प्रस्तुत किए जा सकते हैं कि एक समय आर्य जाति और आर्य संस्कृति इस देश से ही बाहर जाकर दिग्दिगन्त में फैल गई थी। ईरानियों, यवनों, शकों, कुशाणों और हूणों की तो स्मृतिमात्र ही इस देश में अवशिष्ट है। उनके किसी रक्त-गौरव अथवा उनकी

किसी सभ्यता-संस्कृति का कोई चिह्न अधुना उपलब्ध नहीं होता। रहे अरब, तुर्क, अफ़ग़ान, मुगल और अंग्रेज़? वे भी कहाँ हैं? इन आक्रमणकारियों के मत अवश्य हिन्दू जाति के कुछ-एक वर्गों ने अपना लिए। किन्तु सभ्यता-संस्कृति के नाते भारतवर्ष के मुसलमान और ईसाइ वस्तुतः हिन्दू अधिक हैं, मुसलमान और ईसाइ बहुत कम। धर्म के नाते भी "एकं सद् विप्राः बहुधा वदन्ति" का विधान करने वाले सनातन धर्म के लिए मत-परिवर्तन-मात्र के कारण ही अपनी सन्तान पराई किस प्रकार हो गई? आज हिन्दू जाति संगठित नहीं है। आज हिन्दू जाति शक्ति का सम्पात नहीं कर सकती। इसलिए मत-परिवर्तन करने वाले वर्ग अपने-आप को हिन्दू कहने में हिचकिचाते हैं। वे लोग ही क्यों, सनातन धर्म के ही कई-एक सम्प्रदायों के अनुयायी भी आज हिन्दू कहलाने में बाधा को बोध कर रहे हैं। किन्तु वह तो एक विभिन्न बात है। उससे यह कैसे सिद्ध हो गया कि भारतवर्ष केवल हिन्दू जाति की ही मातृभूमि नहीं है? हिन्दू जाति की वर्तमान बलहीनता ही क्या उसके समस्त अतीत और अनागत का मानदण्ड बन कर रह जाएगी?

द्वितीयतः, यह मन्तव्य भी एक महान् मिथ्या का प्रचार है कि भारतवर्ष कभी भी किसी आक्रान्ता के लिए अविजेय नहीं रहा। विश्व-विजेताओं में प्रथम नाम सिकन्दर का लिया जाता है। उसने तीन-चार वर्ष में ही प्राचीन ग्रीस, प्राचीन मिस्र तथा प्राचीन ईरान के साम्राज्यों को पददलित कर दिया था। किन्तु उसी सिकन्दर को भारतवर्ष के प्रत्यन्त प्रदेश से ही पराभूत होकर पलायन करना पड़ा। भारतवर्ष के इतिहास में उस बर्बर आक्रान्ता का उल्लेख तक नहीं मिलता। शक, कुशाण तथा हूण जातियों ने प्राचीन रोम, प्राचीन ईरान तथा प्राचीन चीन के साम्राज्यों को बार-बार पराजित किया था। किन्तु हिन्दू जाति ने उनको अनेक बार पराभूत करके अन्ततः उदरसात् कर लिया। आज उन जातियों के वंशज हिन्दू जाति के विशाल सागर में समा चुके हैं, और कर्नल टॉड के समान अनेक पाश्चात्य इतिहासकारों का प्रयास भी उन पर अँगुली नहीं टिका सकता। इस प्रसंग में साहित्य-सम्राट् बङ्किमचन्द्र ने पर्याप्त प्रमाणों का संग्रह किया था। वे लिखते हैं:

> "जब भी किसी प्राचीन जाति के निकट कोई नवाभ्युदय-विशिष्ट एवं विजयाभिलाषी जाति अवस्थान करती है, तभी प्राचीन जाति प्रायशः नवीन

जाति के प्रभुत्वाधीन हो जाती है। इस प्रकार की सर्वान्तकारी और विजयाभिलाषी जाति प्राचीन योरप में रोमन लोगों की ही थी, और एशिया में अरबों तथा तुर्कों की। जो भी जाति इन जातियों के सम्पर्क में आई, वह ही पराभूत होकर इनके अधीन हो गई। किन्तु समस्त जातियों में हिन्दुजाति जितने दिन तक दुर्जेय रही है उतने दिन तक कोई अन्य जाति नहीं रही...रोमन लोगों ने ईसापूर्व २०० में ग्रीस पर आक्रमण किया। तदुपरान्त केवल ५८ वर्ष में वह देश निःशेष विजित हो गया। कार्थेज का सुविख्यात राज्य ईसापूर्व २६४ में रोमन लोगों के साथ प्रथम बार संग्रामरत हुआ। ईसापूर्व १४६ में, अर्थात् एक-सौ बीस वर्ष के भीतर ही, वह राज्य रोमन लोगों द्वारा विध्वस्त हो गया।...पश्चिमी रोमन साम्राज्य, जिसका नाम आज भी जगत् में वीरदर्प की पताकास्वरूप है, सन् २८६ में उत्तरवर्ती बर्बर जातियों द्वारा प्रथम बार आक्रान्त होकर सन् ४७६ में, अर्थात प्रथम बर्बर विप्लव के १९० वर्ष के भीतर, विध्वस्त हो गया।

''अरब लोग एक प्रकार से दिग्विजयी थे। वे लोग केवल दो ही देशों से पराभूत होकर बहिष्कृत हुए — पश्चिम में फ्रांस से, और पूर्व में भारत से। अरब लोगों ने मुहम्मद की मृत्यु के दस वर्ष उपरान्त मिश्र तथा सीरिया जीत लिए। उन लोगों ने ईरान को दस वर्ष में, अफ्रीका और स्पेन को एक-एक वर्ष में, अफ़ग़ानिस्तान को अठारह वर्ष में, और तुर्किस्तान को आठ वर्ष में पूर्णरूपेण अधिकृत कर लिया। किन्तु वे ही लोग भारतवर्ष को जीतने के लिए तीन-सौ वर्ष तक यत्न करके भी भारतवर्ष को हस्तगत नहीं कर पाए। मुहम्मद-बिन-क़ासिम ने सिन्धु-देश को अवश्य जीत लिया था। किन्तु वह राजस्थान से पराभूत होकर बहिष्कृत हुआ था, और उसकी मुत्यु के कुछ काल उपरान्त राजपूतों ने फिर से सिन्धु-देश पर अधिकार कर लिया था!

''पूर्व का रोमन राज्य ईसा की चौदहवीं शताब्दी के प्रथम भाग में तुर्कों द्वारा प्रथम बार आक्रान्त होकर सन् १४५३ में, अर्थात डेढ़-सौ वर्ष के भीतर, तुर्की राजा द्वितीय मुहम्मद के हाथ से विलुप्त हो गया। भारतवर्ष सन् ६६४ में अरब के मुसलमानों द्वारा प्रथम बार आक्रान्त हुआ। उस वर्ष से ५२९ वर्ष उपरान्त शाहबुद्दीन ग़ौरी ने उत्तर भारत पर अधिकार किया।

शाहबुद्दीन अथवा उसके अनुयायी तो अरब जाति के नहीं थे। अरब लोग जिस प्रकार विफल-प्रयत्न हुए थे, ग़ज़नी नगर के अधिष्ठाता तुर्क भी उसी प्रकार असफल रहे थे। पृथिवीराज, जयचन्द्र तथा सेन राजा इत्यादि से जिन लोगों ने उत्तर भारत का अपहरण किया था, वे पठान अथवा अफ़ग़ान थे। अरबों के प्रथम आक्रमण से ५२९ वर्ष उपरान्त तथा तुर्कों के प्रथम आक्रमण से २१३ वर्ष उपरान्त, पठानों ने भारतवर्ष पर अधिकार किया था। इस प्रकार अरब, तुर्क तथा पठान, इन तीनों जातियों के प्रयत्न-पारम्पर्य से पाँच-सौ वर्ष में भारतवर्ष की स्वाधीनता लुप्त हुई।''

मुसलमान आक्रमण के फलस्वरूप भारतवर्ष के अधिकांश की स्वाधीनता प्रथम बार लुप्त अवश्य हुई, किन्तु कुछ काल के लिए ही। पाँच-सौ वर्ष भी नहीं बीतने पाए थे कि हिन्दू जाति ने मुसलमान आक्रान्ता की अग्रगति को अवरुद्ध करके संघर्ष का पाँसा पलट दिया। और तदनन्तर एक-सौ वर्ष के भीतर-भीतर हिन्दू जाति ने मुसलमान आततायी-तन्त्र का अन्त कर डाला। अंग्रेज़ आक्रान्ताओं से युद्ध करने वाली शक्तियाँ इसीलिए मराठा, जाट और सिक्ख इत्यादि थीं। मुग़ल सम्राट तो इस समय तक मराठों की कठपुतली बन चुका था।

इस दृष्टि से देखने पर यह निष्कर्ष नितान्त निषिद्ध है कि भारतवर्ष के इतिहास में कभी कोई 'मुसलमान युग' रहा है, और भारतवर्ष में अनाचार की सृष्टि करने वाले मुसलमान बादशाह 'भारतीय सम्राट' थे। भारतवर्ष में कभी कोई 'मुसलमान युग' नहीं रहा। जिस युग को 'मुसलमान युग' कहा जाता है वह तो वस्तुतः आत्मत्राण-रत हिन्दू जाति और आक्रमणकारी मुसलमान आक्रान्ताओं के बीच सतत संघर्ष का युग था। उस संघर्ष में जय हिन्दू जाति की ही हुई। यह एक पृथक प्रसंग है कि हिन्दू जाति ने अनेक बार और अनेक वर्ष तक पराजय की लाञ्छना झेलकर ही विजय का वरण किया। प्रस्तुत प्रसंग में तो यही मननीय है कि हिन्दू जाति कभी एक क्षण के लिए भी मुसलमान आक्रान्ता के विरुद्ध संघर्ष करने से पराङ्मुख, नहीं हुई, और नित्यप्रति ही प्रचण्ड पराक्रम का परिचय देती रही।

और उस पराक्रम का इतिहास तो हिन्दू जाति की गरिमामयी गौरव-गाथा है। अरब आक्रान्ता की अग्रगति को दक्षिण की ओर से चालुक्यों ने, पूर्व की

ओर से गुर्जर-प्रतिहारों ने, तथा उत्तर की ओर से कर्कोटकों ने अन्तत: अवरुद्ध कर दिया था। उत्तरापथ के शाहिया सम्राटों ने·पाँच पीढ़ी तक ग़ज़नी के यमीनी सुल्तानों के साथ समर करते रहकर प्राणविसर्जन किया था, किन्तु आत्मसमर्पण नहीं किया था। मुहम्मद ग़ौरी तथा उसके अनुयाइयों को दिल्ली के चौहानों, कन्नौज के गाहड़वाड़ों, जैजाकभुक्ति के चन्देलों, तथा बंगाल के सेनों से विकट विग्रह करना पड़ा था। राजस्थान के कई-एक क्षत्रिय-वंश, गुजरात के बघेले, मालवा के परमार, आंध्र के काकतीय, महाराष्ट्र के यादव, कर्णाटक के होयसल, तथा मदुरा के पाण्ड्य, अलाउद्दीन ख़लजी तथा मलिक काफ़ूर द्वारा पराजित अवश्य हुए थे, किन्तु युद्ध से पराङ्मुख कभी नहीं। उड़ीसा तथा राजस्थान को हस्तगत करने में तो मुगलों की पूर्ववर्ती प्रत्येक मुसलमान-शक्ति असमर्थ रही थी। और सन् १३३६ में विजयनगर के उस महान् हिन्दू राज्य का उदय हुआ था जो दीर्घ तीन-सौ वर्ष तक मुसलमान आक्रान्ताओं को कृष्णा नदी के उत्तरवर्ती तीर पर ही अवरुद्ध किए रहा।

इस ओर सोलहवीं शती का सूत्रपात होते-होते दिल्ली के मुसलमान-साम्राज्य का तन्त्र विच्छिन्न हो गया था। उस साम्राज्य की पुनर्प्रतिष्ठा करने वाले बाबर का वास्तविक संघर्ष इब्राहीम लोदी से नहीं, राणा सांगा के नेतृत्व में समवेत हिन्दू सेना से ही हुआ था। और तीस वर्ष उपरान्त अकबर से लोहा लेने वाला राजा हेमचन्द्र भी हिन्दू ही था। मुग़ल साम्राज्य को यदि अभूतपूर्व सफलता मिली थी तो इसीलिए कि अकबर ने हिन्दुओं के साथ संघर्ष करना छोड़कर साम-नीति का अवलम्बन लिया था। अकबर के साम्राज्य की सृष्टि करने वाले सेनापति लोग अधिकतर हिन्दू ही थे। और महाराणा प्रताप तथा मेवाड़ के अन्यान्य सीसोदियों ने तो मुग़लों की साम-नीति का भी तिरस्कार कर दिया था। उन्होंने वर्ष-प्रति-वर्ष संग्राम करके ही अपनी स्वाधीनता को अक्षुण्ण रक्खा था।

तब सत्रहवीं शती के प्रथम पाद का अन्त होते ही महाराष्ट्र में उस महापुरुष का आविर्भाव हुआ था जिसने अपूर्व पराक्रम करके पराजय की प्रताड़ना से पीड़ित हिन्दू जाति को पुन: विजयोन्मुख किया था। तोरण नाम के दुर्ग पर शिवाजी का अधिकार उस विजययात्रा का प्रथम आह्वान था। उस पुण्यतिथि के बत्तीस वर्ष उपरान्त जिस दिन शिवाजी की शोभायात्रा बीजापुर के

बाज़ारों में निकली थी, उस दिन तक हिन्दू जाति की विजययात्रा बहुत आगे बढ़ चुकी थी। वह विजययात्रा फिर कभी मुसलमानों द्वारा नहीं रुक पाई थी। मराठों का साथ राजस्थान के राजपूतों ने दिया था, विन्ध्य-प्रदेश के बुन्देलों ने दिया था, और पंजाब के सिक्खों ने दिया था। और शिवाजी के आविर्भाव से सौ वर्ष के भीतर-भीतर मुसलमान आततायी-तन्त्र सर्वथा अन्त:सार-हीन होकर अन्तिम साँसे गिनने बैठ गया था।

तृतीयत:, यह निष्कर्ष भी नितान्त निराधार है कि अर्वाचीन काल के पूर्व इस देश में हिन्दू राष्ट्रवाद की कोई भावधारा नहीं रही। यवनों की अवशिष्ट सेना को इस देश से बहिष्कृत करने वाले महामात्य कौटल्य तथा सम्राट चन्द्रगुप्त मौर्य का नाम हिन्दूमात्र के लिए श्रद्धा का विषय क्यों रहा है? यवनों के द्वितीय अभियान को परास्त करने वाले पुष्यमित्र शुङ्ग भारतीय इतिहास में क्यों प्रख्यात हैं? शकारि साहसाङ्क विक्रमादित्य के नाम से हिन्दू जाति का बच्चा-बच्चा क्यों परिचित है? हूणों को इस देश से बहिष्कृत करने वाले सम्राट् स्कन्दगुप्त क्या हिन्दू राष्ट्रवाद के प्रतीक नहीं थे? दशपुर के महाराज यशोधर्मन् के नेतृत्व में हूणों के द्वितीय अभियान का अवरोध करने के लिए समवेत होने वाले मौखरी, पुष्यभूति और पालवंशीय राजा क्या किसी प्रकार की राष्ट्रभावना से प्रेरित नहीं थे? अरबों के विरुद्ध समवेत होने वाले चालुक्य, प्रतिहार और कर्कोटक क्या स्वदेश और स्वधर्म की संज्ञा से शून्य थे? शाहियों के नेतृत्व में गज़नी के यमीनी सुलतानों से लड़ने के लिए जो सेनाएँ सारे उत्तर-भारत से पंजाब की ओर आईं थीं वे क्या किसी राष्ट्रभावना का वहन नहीं कर रही थीं? सोमनाथ की रक्षा के लिए प्रान्त-प्रान्त के जो क्षत्रिय-कुल समवेत होकर लड़े थे, वे क्या क्षणिक भावावेश के ही वशीभूत हो गए थे? पृथिवीराज चौहान के झण्डे के नीचे गुजरात, मालवा, राजस्थान और बुन्देलखण्ड के क्षत्रिय क्यों एकत्र हुए थे? और चौहान राजा का साथ न देने वाले जयचन्द्र का नाम हिन्दूमात्र के लिए क्यों निन्दनीय है? विजयनगर राज्य की स्थापना के लिए हरिहर तथा बुक्का से मुसलमान मत छुड़ाकर उनको हिन्दुत्व का सन्देश देने वाले माधव विद्यारण्य तथा वेदाचार्य सायण के सम्मुख क्या कोई भी राष्ट्रीय उद्देश्य नहीं था? महाराणा प्रताप का नाम लेते ही हिन्दूमात्र क्यों नतमस्तक हो जाता है? और राजा मानसिंह के नाम पर हिन्दूमात्र क्यों नाक-भौं सिकोड़ लेता

है? समर्थ रामदास तथा शिवाजी का गुरु-शिष्य सम्बन्ध क्या केवल अध्यात्म-आराधना तक ही सीमित था? समर्थ रामदास की वाणी— "तुर्क को क़तल करो, क़तल करो" क्या उनके किसी व्यक्तिगत विद्वेष को ही व्यक्त कर रही थी, किसी राष्ट्र-प्रेम को नहीं?

हिन्दू जाति की अतिदीर्घकाल-व्यापी और अत्यन्त उत्कट राष्ट्रभावना का सबसे पक्का प्रमाण तो यही है कि अनेकानेक आघात सहकर भी हिन्दू जाति अभी तक जीती-जागती है। यदि हिन्दू जाति के भीतर राष्ट्रभावना नहीं होती तो वह भी प्राचीन ग्रीस, रोम, मिस्त्र, ईरान तथा अनेकानेक अन्य जातियों की भाँति प्रत्येक विजेता की सभ्यता-संस्कृति तथा धर्म के रंग में अपने-आपको रँगती रहती। वह इस प्रकार अपने एतिह्य पर अड़ी रहकर दुर्दिन में आने वाली आपदा को और भी घनीभूत नहीं करती रहती। आज संसार में हिन्दू जाति ही एकमात्र ऐसी जाति है जो इस समय भी अपनी उसी आस्था एवं परम्परा पर आरूढ़ है, जिस पर कि वह अपने आदिकाल में आरूढ़ थी। और उस आदिकाल का तो कोई ओर-छोर नहीं मिलता। यदि यह अमृत प्राणशक्ति भी हिन्दू जाति की उत्कट राष्ट्रभावना का प्रमाण प्रस्तुत नहीं करती, तो राष्ट्रभावना नाम की कोई भावना ही नहीं होती, और यह शब्द एक अर्थहीन ध्वनिमात्र ही होना चाहिए।

समस्त ऐतिहासिक साक्ष्य के आधार पर तो यही एक निष्कर्ष निष्पन्न होता है कि भारत का तथाकथित मुस्लिम-कालीन इतिहास वस्तुतः हिन्दू जाति के ही पतन और उत्थान, पराजय और पराक्रम की अविकल गाथा है। पतन तथा पराजय के काल में हिन्दू जाति के कुछ अवयव लोभ, भय अथवा भ्रान्ति के वशीभूत होकर अपनी हिन्दू परम्परा से पराङ्मुख हो गए, और अपने हिन्दू धर्म का परित्याग कर बैठे। किन्तु इसी कारण क्या तत्कालीन भारत का इतिहास हिन्दू जाति का इतिहास नहीं रहा? इसी कारण क्या भारतभूमि एकमात्र हिन्दू जाति की ही मातृभूमि नहीं रह गई? हिन्दू जाति के अखण्ड एवं अजस्त्र पराक्रम का इतिहास क्या इस प्रसंग में प्रमाण नहीं माना जाएगा? और हिन्दू परिवार के कुछ पथभ्रष्ट तथा परवश सदस्यों का परधर्मावलम्बन ही क्या इस प्रसंग में प्रमाण बनकर प्रस्तुत होता रहेगा? भारतीय इतिहास की ऐसी विकृत व्याख्या उन्हीं लोगों के द्वारा की जा सकती है जो या तो सवर्था मूढ़ अथवा

विक्षिप्त हैं, अथवा किसी अन्य उद्देश्य की सिद्धि के लिए सत्य का गोपन तथा मिथ्या का प्रज्ञापन करना चाहते हैं।

: ३ :

और भारतवर्ष के इतिहास की किसी भी विगतसंशय व्याख्या में शिवाजी का स्थान स्वयमेव सुनिश्चित हो जाता है। उनका स्थान हमारे इतिहास में वही है जो चन्द्रगुप्त मौर्य का है, जो सेनापति पुष्यमित्र शुङ्ग, शकारि विक्रमादित्य और सम्राट् स्कन्दगुप्त का है। इन अन्यान्य महापराक्रमी महाराजाओं के समान शिवाजी ने भी स्वजाति के आत्म-परित्राणात्मक संग्राम को विजयोन्मुख करके इतिहास के प्रवाह को पलट दिया था। वे मुसलमान म्लेच्छवाहिनी के सामने पश्चात्पद होती हुई देवसेना को पुनः पराक्रमोन्मुख करने वाले स्कन्दावतार थे। इसीलिए हमने उनको 'शक्तिपुत्र' कहकर उनका प्रकृत परिचय दिया है।

शिवाजी इसीलिए शक्तिपुत्र थे कि उन्होंने अपने युग में हिन्दू धर्म के प्रकृततम तथा प्रबलतम प्रतिद्वन्द्वी के साथ कूटकौशल तथा शस्त्रबल का सम्पात करके शत्रु को सर्वथा संत्रस्त कर दिया था। सैन्यबल तथा कूटकौशल के न्याय से औरंगज़ेब का स्थान मुसलमान बादशाहों में सर्वोपरि है। शिवाजी ने उसी मुसलमान बादशाह के दाँत खट्टे करके हिन्दू जाति का आह्वान किया था। यदि शिवाजी शक्तिपुत्र नहीं होते तो उन्होंने अवलीला-क्रम में ही जो महान् कार्य कर दिखाया, वह उनके लिए सम्भव नहीं होता। पृथिवीराज चौहान, महाराणा सांगा, महाराणा प्रताप इत्यादि अनेकानेक हिन्दू सेनानियों ने प्रचण्ड पराक्रम का परिचय दिया था, किन्तु शठता-परायण शत्रु के प्रति कूटकौशल का आश्रय न लेने के फलस्वरूप उन महापुरुषों का वह महान् पराक्रम विफल हो गया था। शिवाजी ने हिन्दू पराक्रम की इस त्रुटि को दूर किया। वे तो विवेक के साक्षात् अवतार थे। शक्ति का उद्रेक वहीं सम्भव होता है जहाँ शस्त्रबल के साथ-साथ विवेक का समन्वय हो गया हो।

किन्तु यह कहना भी भूल होगी कि शक्तिपुत्र शिवाजी केवल एक विवेकशील तथा वीर विजेता ही थे। विजेता तो संसार के इतिहास में अनेक हुए हैं, और उन विजेताओं में से अधिकांश के अनाचार से भी हम लोग अवगत हैं। शिवाजी को केवल विजेता की ही संज्ञा देकर उनको सिकन्दर, सीज़र तथा

नेपोलियन इत्यादि के परिवार में परिभुक्त नहीं किया जा सकता। कारण, वे महान् विजेता होने के साथ-साथ एक स्वधर्म-परायण महापुरुष भी थे। सनातन धर्म के मर्म से अभिज्ञ और अनुप्राणित होने वाले श्रेष्ठतम क्षत्रिय की क्षमा-भावना से वे आपाद-मस्तक ओतप्रोत थे। उन्होंने कभी किसी पराजित प्रतिद्वन्द्वी-पक्ष के एक साधारण-से सैनिक का भी अपमान नहीं किया। उन्होंने कभी किसी पराजित प्रतिद्वन्द्वी की स्त्रियों को माता, भगिनी अथवा दुहिता के अतिरिक्त अन्य कुछ मानकर कभी उन पर कुदृष्टिपात नहीं किया। उन्होंने कभी किसी परधर्म के धर्म-ग्रन्थ अथवा धर्माचार्य अथवा धर्मस्थान को ध्वस्त, दण्डित अथवा भ्रष्ट नहीं किया। और इस अनुपम क्षमाभाव का परिचय उन्होंने उस समय दिया जब कि उनके प्रतिद्वन्द्वी का पाशवाचार भारतभूमि के पद-पद पर और प्रतिमुहूर्त प्रत्यालोकित था। उनका प्रतिद्वन्द्वी निशस्त्र और निरपराध हिन्दू जनता के रक्त से आपाद-मस्तक रञ्जित था। उनका प्रतिद्वन्द्वी हिन्दू स्त्रियों के प्रति बलात्कार की क्रिया को ही अपने सहधर्मियों के पराक्रम की पराकाष्ठा मानता था। और उनका प्रतिद्वन्द्वी हिन्दू जाति के धर्म-ग्रन्थों, धर्माचार्यों तथा धर्मस्थानों को ध्वस्त करके हिन्दुत्व को ही निश्चिह्न करने के लिए कृतप्रतिज्ञ था। यदि किसी अन्य जाति के इतिहास में भी ऐसे क्षमाशील क्षत्रिय की उपमा उपलब्ध हो तो हम उस इतिहास का मनन करने के लिए उत्सुक हैं।

शक्तिपुत्र शिवाजी के अगाध एवं विशाल व्यक्तित्व में इतने सारे गुणधर्मों का समावेश एक साथ इसीलिए सम्भव हो सका था कि वे सनातन धर्म की अध्यात्म-परम्परा द्वारा पोषित हुए थे। शिवाजी की महिमामयी माता सनातन धर्म की मर्मज्ञा थीं। शिवाजी के आचार्य सनातन धर्म के आचार में आस्थावान् पुरुष थे। और शिवाजी स्वयं भी महाराष्ट्र के सन्तों और महात्माओं की विमल वाणी का श्रवण करके विभोर होते रहते थे। उन्होंने सन्त तुकाराम तथा समर्थ रामदास का साक्षात् सत्संग किया था। वे देवी भवानी के समक्ष साष्टांग प्रणाम करते ही भावमुख हो जाते थे। इसीलिए एक अखण्ड एवं अजस्त्र प्रवृत्ति का जीवन व्यतीत करते हुए भी वे सदा ही एक निवृत्ति-परायण पुरुष रहे। निवृत्ति की यह भावना उनके अन्तर में कभी-कभी तो इतनी वेगवती हो उठती थी कि वे सन्यस्त होने के लिए व्यग्र हो जाते थे। और उनके अहंभाव का इतना आत्यन्तिक क्षय हो चुका था कि अपनी विजय की वेला में भी आत्मगौरव

अथवा आत्मश्लाघा की हीन भावना उनके मानस का छोर तक नहीं छू सकी थी। कालचक्र के प्रत्यावर्तन तथा भाग्य के उत्थान-पतन के प्रति चिन्तन-मग्न होकर वे विरक्त-से हो गए थे। शिवाजी के चारित्र्य के इस पक्ष को हम एक क्षण के लिए भी विस्मृत नहीं कर सकते।

शक्तिपुत्र के अन्त:करण में आविर्भूत इस अध्यात्म-अभीप्सा तथा उनके आचरण में आविष्ट इस अध्यात्म-साधना को हृदयंगम किए बिना हम शिवाजी को सम्यक्-रूपेण नहीं समझ सकते। अध्यात्म-आराधना की अवहेलना कर देनें पर जो शिवाजी अवशिष्ट रह जाते हैं, वे एक कूटनीति-कुशल सेनानी तथा सौजन्य-सम्पन्न पुरुषार्थी भले ही हों, उन को भारतीय इतिहास का एक पुण्यश्लोक महापुरुष तो नहीं कहा जा सकता। अध्यात्म-आराधना से विहीन जो शिवाजी हमारे समक्ष रह जाते हैं, उनके समस्त गुणधर्मों को कोरा अकस्मात् ही मानना पड़ेगा, और उनकी समस्त सफलता भी एक संयोग के समान प्रतीत होने लगेगी। ऐसे शिवाजी हमारे मनन तथा अनुगमन के लिए उपादेय नहीं रह जाएँगे।

शक्तिपुत्र शिवाजी आज भी हमारे मनन तथा अनुगमन के लिए इसीलिए उपादेय हैं कि वे किसी तत्कालीन परिस्थिति-परिवार द्वारा नहीं प्रत्युत सनातन धर्म की शाश्वत साधना द्वारा स्रष्ट हुए थे। सनातन धर्म में सदा ही शिवाजी के समान महापुरुष सृष्ट करने की क्षमता रही है, और रहेगी। इसीलिए सनातन धर्म ही भारतवर्ष का, विशेषकर हिन्दू जाति का, जाज्वल्यमान राष्ट्र-धर्म है। भारत के जिस राष्ट्रवाद में से सनातन धर्म की चेतना तथा प्रेरणा लुप्त हो जाएगी, वह सबल होकर भी केवल कदाचार ही कर पाएगा। वह राष्ट्रवाद, शत्रु का शिर कुचलने की क्रिया में भले ही कृतमनोरथ हो जाए, किन्तु स्वदेश का कल्याण तो उसके द्वारा कस्मिन्नपि काले नहीं हो सकेगा।

और आज के युग में तो भारतवर्ष के उस सच्चे राष्ट्रवाद का स्वरूप विशेष सावधानी के साथ समझा जाना चाहिए। कारण, पाश्चात्य शिक्षा के प्रताप से हिन्दू जाति का 'प्रबुद्ध' वर्ग ही वर्ष-प्रतिवर्ष सनातन धर्म के मर्म के प्रति मूढ़ तथा सनातन धर्म की शाश्वत साधना से स्खलित होता जा रहा है। आज हिन्दू जाति के ही अनेक 'प्रबुद्ध' लोग सनातन धर्म के प्रति विकट विद्वेष का पोषण करने लगे हैं। दूसरी ओर कुछ हिन्दू लोग परित्राण-रहित परमतावलम्बियों पर

अनाचार की सृष्टि करने में ही परम पराक्रम का प्रसाद अनुभव करने लगे हैं। यह दोहरा असुराचार है। यह भारतवर्ष के विनाश का पथ है।

सनातन धर्म ने किसी अवस्था में भी किसी प्रकार के भी आततायी को कभी प्रश्रय नहीं दिया। आततायी का संहार कर डालना सनातन धर्म की परम्परा में सर्वदैव तथा सर्वथा विहित रहा है, और रहेगा। किन्तु सनातन धर्म ने किसी विशेष मत अथवा जाति अथवा सम्प्रदाय को अनन्तकाल के लिए आततयी कहकर कभी प्रख्यात नहीं किया। आततायी वह है जो आततायी के समान आचरण करे। आज के युग का अप्रतिम आततायी है कम्युनिज़म अथवा सोवियत् साम्राज्यवाद। उसने संसार के अनेक देशों में अभूतपूर्व अनाचार किया है। और अब वह भारतवर्ष को भी लील जाने के लिए लालायित हो उठा है। हमारा हिन्दू राष्ट्रवाद यदि उस आततायी को नहीं देख पाता तो वह अन्धा हो चुका है। हमारा हिन्दू राष्ट्रवाद यदि उस प्रतिद्वन्द्वी के प्रति पराक्रमरत नहीं हो पाता तो वह पंगु है। भारतवर्ष में कम्युनिज़म का प्रचार तथा सोवियत् साम्राज्यवाद का स्वागत करने वाले कुछ लोग हिन्दू माता-पिता की सन्तान हैं, इसी कारण उनके आततायी आचरण की अवहेलना नहीं की जा सकती। उस हिन्दू नामधारी शठ-सम्प्रदाय का दमन सनातन धर्म की दृष्टि से सर्वथा सम्यक् है।

शक्तिपुत्र शिवाजी की पुण्य-स्मृति हमें एक ही सूत्र का बारम्बार स्मरण करवाती है—आततायी के विरुद्ध समस्त प्रकार के कूट-कौशल तथा अन्यान्य सम्बल का प्रयोग होना चाहिए। इस प्रसंग में उन्होंने साध्य और साधन के औचित्य का व्यर्थ वितण्डावाद खड़ा करके अपने पराक्रम को पथभ्रष्ट और कौशल को कुण्ठित कभी नहीं होने दिया। किन्तु उनकी दृष्टि सदा ही वर्तमान आततायी पर आविष्ट थी। उन्होंने अतीत की ओर आँखें फेरकर किसी पराजित-प्राय आततायी की खोज कभी नहीं की। हिन्दू राष्ट्रवाद जब तक प्राणवान् रहेगा तब तक वह अतीत के आतताइयों की ओर से आँखें फेरकर वर्तमान के आततायी को ही देखता, और दण्डित करता रहेगा। और शिवाजी के जाज्वल्यमान जीवन-चरित्र के विश्लेषण तथा मनन का एकमात्र उद्देश्य यही होना चाहिए कि हिन्दू राष्ट्रवाद प्रतिपल प्राणवान् रहे।

ज्येष्ठ शुक्ला सप्तमी,
सम्वत् २०१८।

सीताराम गोयल

प्रथम पर्व

बालक तथा युवक

शिवाजी का कुल अपने-आप को मेवाड़ के प्रसिद्ध क्षत्रिय-वंश की सन्तान मानता है। उदयपुर राज्य में भोसावत नाम की एक जागीर है। मुसलमानों ने जब उदयपुर को जीत लिया तो भोसावत के कुँवर सजनसिंह वहाँ से भागकर दक्षिण में जा पहुँचे। वे ही भोंसले-कुल के प्रथम पुरुष थे। काल-क्रम में इस कुल के लोग आयुध-आजीवी (mercenaries) हो गए। दक्षिण में उस समय कई एक मुस्लिम राज्य थे। भोंसले-कुल के योद्धा इन्हीं में से किसी-न-किसी राज्य की सेना में भरती होने लगे।

शिवाजी के पितामह मालोजी ने अहमदनगर के सुल्तान की सेवा करना स्वीकार किया। सुल्तान ने उनका बहुत आदर किया और उनका विवाह शाही दरबार के एक प्रमुख सामन्त की बहिन से हो गया। तब सन् १५९४ में शिवाजी के पिता शाहजी का जन्म हुआ।

अहमदनगर के दरबार में बहुत से मराठा पदाधिकारी थे। उनमें अग्रगण्य थे एक वैभव-सम्पन्न सामन्त जिनका नाम लाखोजी था। नगर के हिन्दू समाज में उनका स्थान सर्वोपरि था। प्रत्येक उत्सव के अवसर पर वे अपने प्रासाद तथा प्रमदवन के द्वार समस्त हिन्दू भाइयों के लिए खोल देते थे।

सन् १५९९ की वसन्त में लाखोजी के घर पर होली का उत्सव मनाया जा रहा था। अभ्यागत-गण एक-दूसरे के शुभ्रवर्ण वस्त्रों पर रंग डालते हुए इतस्ततः घूम रहे थे। प्रांगण के तीन पार्श्वों पर विस्तृत अलिन्द में उपासीन बच्चे अपने गुरुजनों की इस क्रीड़ा को निहार रहे थे। तब सहसा लाखोजी की पंचवर्षीया पुत्री, जीजाबाई, अभ्यागतों के आमोद-प्रमोद का अनुकरण करने लगीं। वे भी इधर-उधर दौड़कर लोगों पर रंग डाल रही थीं। उनके समवयस्क शाहजी ने उनका अनुकरण किया। और वे जीजाबाई के वस्त्रों पर रंग डालने लगे। दूसरे क्षण दोनों बच्चों ने एक-दूसरे को आपाद-मस्तक अभिषिक्त कर दिया।

दोनों बच्चे खड़े-खड़े हँस रहे थे। उनके नयनों में आनन्द की तरंगें उठ

रही थीं। उसी समय लाखोजी उस ओर आ निकले। उन दोनों बच्चों को देखकर वे विभोर हो गए। और वे बोले, ''वाह! क्या सुन्दर जोड़ी है!''

मालोजी खड़े-खड़े सुन रहे थे। वे महत्वाकांक्षी तो थे ही। उन्होंने तुरन्त ही वहाँ उपस्थित लोगों का ध्यान लाखोजी के कथन की ओर आकृष्ट किया, और कह दिया कि दोनों बच्चों की सगाई पक्की हो चुकी। किन्तु लाखोजी तो अहमदनगर के दरबार में अग्रगण्य हिन्दू सामन्त थे। वे स्वप्न में भी यह विचार नहीं कर सकते थे कि उनकी पुत्री की सगाई एक आयुध-आजीवी के पुत्र के साथ होगी। अपने सहजभाव से कहे गए शब्दों की यह व्याख्या सुनकर वे स्तम्भित रह गए। उन्होंने उस समस्त प्रसंग को हँसी में उड़ा देना चाहा। किन्तु अगले दिन प्रातःकाल ही मालोजी ने उनके पास कहला भेजा कि सगाई पक्की हो जाए। लाखोजी ने यह आमन्त्रण अस्वीकार कर दिया। और मालोजी ने, इस अपमान पर क्रुद्ध होकर, उन्हें द्वन्द्वयुद्ध के लिए आमन्त्रित किया।

इस विवाद का समाचार अहमदनगर के सुल्तान ने सुना। लाखोजी उनके स्वामीभक्त सामन्त थे। और मालोजी थे एक योग्य योद्धा। वह उन दोनों में से किसी को भी गँवाना नहीं चाहता था। इसलिए उसने तुरन्त ही मालोजी को पंचहजारी बना दिया और उन्हें एक जागीर भी प्रदान कर दी। मालोजी का स्थान अब भी लाखोजी के समकक्ष नहीं था। किन्तु मालोजी अब एक प्रतिष्ठा-प्राप्त पदाधिकारी थे। सुल्तान का अनुरोध मानकर लाखोजी झुक गए। जीजाबाई की सगाई शाहजी के साथ हो गई। पांच-छः वर्ष और बीत जाने पर उन दोनों का विवाह भी हो गया। चार-पाँच वर्ष के उपरान्त पति-पत्नी एक-साथ वास करने लगे। तब जीजाबाई ने एक पुत्र को जन्म दिया, जिसका नाम सम्भाजी रखा गया।

अपने पिता के पदचिह्नों पर चलते हुए शाहजी भी अहमदनगर की सेना में भरती हो गए। किन्तु सन् १६३६ में अहमदनगर राज्य का पतन हो गया। तब शाहजी बीजापुर राज्य की सेना में भरती हो गए। उनके नए स्वामी ने उनकी पैतृक जागीर को उनके नाम बहाल कर दिया।

दक्षिण के पाँच मुस्लिम राज्यों में से अब केवल दो का ही अस्तित्व रह गया था—गोलकुण्डा तथा बीजापुर। सन्धि के अनुसार दोनों राज्य दिल्ली के मुग़ल शाहंशाह के करद थे, किन्तु वस्तुतः वे दोनों राज्य स्वाधीन सत्ता का ही

उपभोग कर रहे थे। अपने नाममात्र के आधिपत्य को प्रकृत प्रभुता में बदलने के लिए मुग़ल साम्राट् शाहजहाँ ने बीजापुर की ओर अभियान कर दिया। इसके पूर्व वह उन समस्त अंचलों पर अधिकार जमा चुका था जो अभी कुछ दिन पूर्व तक अहमदनगर राज्य के अन्तर्गत थे।

शाहजी की जागीर, जो अहमदनगर के सुल्तान ने उनके पिता मालोजी को प्रदान की थी, मुग़ल सेना के मार्ग में पड़ती थी। उन्होंने कुछ दिन तक मुग़ल सेना को प्रतिरुद्ध करने का प्रयास किया। फिर वे बीजापुर की ओर पलायन कर गए। उस समय उनके पुत्र सम्भाजी, उनके साथ थे। किन्तु जीजाबाई उनकी जागीर के साथ-साथ पीछे छूट गईं। और जीजाबाई उस समय पुनः आपन्न-सत्त्वा थीं।

जीजाबाई ने पार्वत्य प्रदेश के एक दुर्ग, शिवनेर, में शरण ली। उनके कुछ स्वामीभक्त सैनिक उस जीर्ण-शीर्ण दुर्ग की प्राचीरों पर पहरा देने लगे। दुर्ग के चारों ओर एक जनशून्य बीहड़ फैला हुआ था। किन्तु जनसंकुल मैदान की तुलना में यह स्थान भय-विमुक्त था। मैदान में दिल्ली और बीजापुर की सेनाएँ उस सीमान्त अंचल पर आधिपत्य जमाने के लिए विकट विग्रह कर रही थीं। दोनों सेनाओं के सैनिक अधिकांश में वेतनार्थी विदेशी थे—अरब, पठान, तुर्क, अफ्रीकी। उनको वेतन मिलने में साधारणतः विलम्ब होता रहता था। और वे हिन्दू किसानों पर अभूतपूर्व अत्याचार करने निकल पड़ते थे। किसानों की खेती नष्ट कर दी जाती थी। किसानों के ढोरों तथा स्त्रियों और बालकों का अपहरण किया जाता था। किसी भी पक्ष के सैनिक इस बात का ध्यान नहीं रखते थे कि लूटा जाने वाला किसान किस राज्य की प्रजा है। धीरे-धीरे वहाँ की धरती पर खेती-बाड़ी होना बन्द हो गया। और स्वयं किसान लोग भी लूटपाट करने लग पड़े।

जीजाबाई प्रसव के लिए प्रस्तुत हो रही थीं। वे अत्यन्त धर्मप्राण स्त्री थीं। आपन्न-सत्त्वा स्त्री के लिए जो-जो संस्कार हिन्दू-शास्त्रों में विहित हैं, उन सब को उन्होंने सावधानी से सम्पन्न किया। दुर्ग की प्राचीरों पर डटे हुए सैनिक प्रहरी चारों दिशाओं की ओर ताकते हुए चौकन्ने रहते थे। किन्तु जीजाबाई एक अभूतपूर्व शान्ति का उपभोग कर रही थीं। एक रात स्वप्न में उन्होंने एक भविष्यवाणी सुनी थी कि उनके गर्भ में विद्यमान बालक बहुत विख्यात होगा।

इस प्रकार की भविष्यवाणी सुनने वालों में वे अकेली नहीं थीं। दक्षिणापथ में उस समय इस प्रकार की जनश्रुति सर्वत्र व्याप्त थी। उस प्रान्त में हिन्दू-स्वातन्त्र्य की स्मृति अभी भी अक्षीण थी, और हिन्दू जाति के पुनरुत्थान की प्रत्याशा अभी तक प्राणहीन नहीं हुई थी। शिवाजी के जन्म से कई मास पूर्व एक भव्य भविष्यवाणी दक्षिणापथ के ग्राम-ग्राम में प्रतिध्वनित हो उठी: "मुक्ति का मुहूर्त आसन्न है। देवियाँ गर्व-गर्भित गीत गाकर उसका स्वागत कर रही हैं। और स्वर्ग से धरा के ऊपर पुष्प-वृष्टि हो रही है।"

१६ अप्रैल सन् १६२७ के दिन जीजाबाई ने अपने द्वितीय पुत्र को जन्म दिया। इनका नाम शिवाजी रक्खा गया। हिन्दू-कुल में पुत्र के जन्मोत्सव पर सम्पन्न होने वाले संस्कार अन्य अवसरों पर विहित संस्कारों के समान ही जटिल होते हैं। और उन संस्कारों में प्रथम स्थान पिता का होता है। किन्तु वे पिता, जिनको आज जीजाबाई के पर्यङ्क के पार्श्व में प्रस्तुत होना चाहिए था, बहुत दूर चले गए थे। पिता का प्रतिनिधित्व परिवार के किसी अन्य पुरुष को करना पड़ा। और इस प्रकार शिवाजी के जातसंस्कार पूरे हुए।

दूसरी ओर मुग़ल सेनापति अभी भी शाहजी को खोज रहा था। कारण, जब तक उस प्रदेश के जागीरदारों को पकड़ कर उनको मुग़ल बादशाह के प्रति आत्मसमर्पण करने के लिए विवश नहीं किया जाता तब तक उस प्रदेश की विजय विगत-संशय नहीं मानी जा सकती थी। मुग़लों को जब यह ज्ञात हुआ कि शाहजी उस प्रदेश का परित्याग करके बीजापुर पहुँच चुके हैं, तो वे लोग शाहजी की पत्नी तथा उनके पुत्र की खोज करने लगे। जीजाबाई जिस दुर्ग में शरणापन्न थीं, वह मुग़ल सेना के द्वारा रीतिमत घेरा पड़ने पर नहीं ठहर सकता था। अतएव मुग़लों के चगुंल से बचने का एक ही उपाय था—जीजाबाई के छुपने का स्थान मुग़ल सेना को ज्ञात न होने पाए। इस प्रकार शिवाजी का शैशव-काल संकट तथा सुरक्षा के बीच झूलते हुए वातावरण में व्यतीत हुआ।

और जिस समय शिवाजी छः वर्ष के हुए, उस समय संकट शिर पर आ पड़ा। यह ज्ञात नहीं है कि जीजाबाई के छुपने का स्थान मुग़लों ने कैसे खोज निकाला। या तो किसी मावला ने लोभ के वशीभूत होकर वह भेद मुग़लों को बतला दिया। या कुछ संयोग ही ऐसा बना कि मुग़लों का अनुमान ठीक निकला। जीजाबाई अचानक मुग़लों के हाथों में जा पड़ीं। किन्तु फिर भी वे

लोग शिवाजी का सन्धान नहीं पा सके। सम्भवत जिस वेला में जीजाबाई अपने पकड़ने वालों के साथ विवाद करके अवकाश निकाल रही थीं, उसी वेला में कोई स्वामीभक्त सेवक बालक शिवाजी को लेकर चुपचाप दुर्ग के पिछले द्वार से खिसक गया, और गहन वन में जा छुपा।

मुग़ल सेना का एक शिविर उस समय त्र्यम्बक में था। हिन्दुओं के लिए यह स्थान एक पावन तीर्थ है। नगर के पार्श्ववर्ती कृष्णकाय पर्वत पर ही वह स्रोत हैं जहाँ से गोदावरी नदी का उद्गम होता है। आज यह स्थान जनसंकुल है। किन्तु बन्दीकृता जीजाबाई की पालकी ने जिस समय इस नगर के अपावृत द्वार में प्रवेश किया, उस समय इस नगर के वास-स्थान विध्वस्त थे और गली-मोहल्ले जनशून्य। जीजाबाई के हृदय में एक ही आशंका खटक रही होगी—मुग़लों ने उनको पकड़ लिया था; एक-न-एक दिन वे उनके पुत्र को भी पकड़ लेंगे।

किन्तु इस शिविर का मुग़ल सेनापति अन्यान्य सेनापतियों की अपेक्षा अधिक सज्जन निकला, यद्यपि उसकी सज्जनता उसकी उदासीनता का ही परिणाम था। जीजाबाई का मूल्य उसके लिए एक बन्धकी के रूप में ही हो सकता था। किन्तु शाहजी ने तो बीजापुर में जाकर एक और विवाह कर लिया था। हाँ, यदि शाहजी के पुत्र पकड़े जाते तो दूसरी बात होती। पुत्र के पकड़े जाते ही पिता के होश ठिकाने आ जाते। सेनापति ने अपनी सेना को आदेश दिया कि वे लोग अपनी खोज और भी तीव्र कर दे। और जीजाबाई को उसने एक दुर्ग में बन्दी कर दिया।

स्वामीभक्त सेवक तीन वर्ष तक शिवाजी को अपने साथ लेकर उस पार्वत्य प्रदेश में छुपे रहे। मुग़ल लोग प्रतिपल उनका पीछा कर रहे थे। सरदी की ऋतु में, गरमी की हूमस में, और वर्षाकाल में भी वे अनवरत एक स्थान से दूसरे स्थान की ओर दौड़ते रहते थे। उनको कहीं भी टिक जाने का साहस नहीं होता था। संकट सब समय सिर पर था। और बालक शिवाजी के मानस पर इन तीन वर्षों में एक सुनिश्चित संस्कार अंकित हो गया।

अधिकांश उच्चवर्गीय हिन्दुओं ने मुस्लिम राज्य को दुर्निवार्य मान लिया था। वे मुस्लिम दरबारों की विलासिता से विमोहित हो चुके थे। किन्तु शिवाजी का शैशवकाल ऐसे लोगों के बीच व्यतीत हुआ जो अभी तक मुस्लिम सत्ता के

सामने नतशीर्ष नहीं हुए थे—मावले लोगों के बीच तथा वनप्रान्त के छोटे-छोटे गाँवों में। उनके समवर्गीय हिन्दू बालक, मुसलमान नवाबों के पड़ोस में रहते थे। उनका अपमान होता रहता था, और कभी-कभी उनको दण्डित भी किया जाता था। किन्तु उनके मानस में विद्रोह नहीं जागता था। वे इस समस्त विडम्बना को चुपचाप स्वीकार कर लेते थे। किन्तु शिवाजी के लिए तो मुसलमान लोग वे लोग थे जो उनकी माता को पकड़ ले गए थे, और जो स्वयं उनको भी सुख की साँस नहीं लेने देते रहे थे। उनके निकट मुसलमान लोग असुर बन गए।

शिवाजी जिस समय दस वर्ष के थे, उस समय उनकी माताजी बन्धन से निकल भागीं। उस घटना के विषय में हमको कोई विवरण प्राप्त नहीं होता। वे पुनः पार्वत्य प्रदेश में जाकर अपने पुत्र से आ मिलीं। पुत्र से पुनर्मिलन की यह आशा एक बार तो क्षीण हो चुकी होगी। बन्दीगृह के एकान्तवास में उनका ध्यान अधिकाधिक धर्मचिन्तन की ओर चला गया था। इसलिए अब उनको विश्वास हो गया कि पुत्र के साथ उनका यह पुनर्मिलन उनकी प्रार्थना से प्रादुर्भूत चमत्कार ही है।

अब अवकाश पाकर, माता और पुत्र पार्वत्य प्रदेश के ही किसी स्थान में कालयापन करने लगे। शिवाजी प्रतिपल अपनी माताजी के साथ वार्तालाप करते रहते थे। और जीजाबाई ने उनको हिन्दू जाति की अतीत गौरवगाथा सुना डाली। शिवाजी को अब ज्ञात हो गया कि उनका पितृकुल पुरातन काल में स्वाधीन और सत्तारूढ़ था। और उस समय हिन्दुस्थान की धरा पर हिन्दू जाति का ही आधिपत्य था।

दिल्ली और बीजापुर के बीच सन्धिवार्ता चल रही थी। सन् १६३७ में सन्धि हो गई। उस सन्धि के अनुसार सुल्तान ने शाहजहाँ का आधिपत्य स्वीकार कर लिया और वह कर देने के लिए भी प्रस्तुत हो गया। तब मुग़ल साम्राज्य तथा बीजापुर राज्य के बीच सीमान्त का निर्णय हुआ। और सीमान्त-रेखा उस प्रदेश के ठीक उत्तर में पड़ी जो कि शिवाजी के पितामह मालोजी को जागीर के रूप में प्राप्त हुआ था।

युद्ध का अन्त होते ही शाहजी ने अपनी पत्नी तथा अपने पुत्र को बीजापुर बुला भेजा। इस प्रकार शिवाजी ने प्रथम बार उस पार्वत्य प्रदेश से बाहर पदार्पण

किया जहाँ उनका विद्रोही बाल्यकाल व्यतीत हुआ था। वैसे यह यात्रा उनके मानस के लिए सन्तापकारी रही होगी। मार्ग का समस्त प्रदेश युद्ध में विध्वस्त हो चुका था। गाँव जला दिए गए थे। नगर उजड़ चले थे। मन्दिरों को जानबूझ कर भग्न तथा भ्रष्ट किया गया था। जो थोड़े-बहुत वृक्ष बचे थे वे भी जलकर काले ठूँठ रह गए थे, और दूर-दूर तक एक निर्जन प्रान्त का प्रसार था। बीजापुर के सान्निध्य में पहुँचकर ही उन्होंने सर्वप्रथम एक सभ्य जीवन तथा समृद्धि का साक्षात्कार किया।

: २ :

बीजापुर का वातावरण विलास-विगलित था। वहाँ कला और शिल्प के गुणज्ञ विद्यमान थे। स्थापत्य के सुन्दर नमूने भी वहाँ अनेक थे। किन्तु साथ-ही-साथ वहाँ पर सदा ही मृत्यु की महाभीति छाई रहती थी। प्राणदण्ड से दण्डित लोगों के जलूस वहाँ उतने ही बहुल थे जितने कि उत्सव के उपलक्ष्य में निकाले जाने वाले जलूस। वे सामन्तगण भी, जो सिर पर सुनहरी छत्र लगवाए और नक्कारे बजवाते हुए अपने अनेकानेक भृत्यों के साथ बाजारों में से यातायात करते थे, सदा ही सशंक तथा सन्तापित रहते थे। वे किसी प्रकार का भी प्रवाद सुनकर चौंक उठते थे। और उनके बीच परस्पर भी सन्देह बना रहता था। राजप्रासाद के भीतर भी भीषण वादविवाद होता रहता था। और सामन्तों की स्पर्धा बहुत बार गृहयुद्ध का रूप धारण करने लगती थी। अन्ततः वे सब-के-सब सुल्तान की कृपादृष्टि के आकांक्षी थे, अथवा सुल्तान के उन मन्त्रियों की कृपादृष्टि के जो कि नित्यप्रति बदलते रहते थे।

शिवाजी के पिता शाहजी इन्हीं सामन्तों में से एक सामन्त थे। बीजापुर की चाकरी करते हुए उन्होंने उन्नति की थी। और वे मुग़ल साम्राज्य के समीप अवस्थित अपनी जागीर को तो एक प्रकार से भूल ही चुके थे। वे एक सुन्दर पुरुष थे। किन्तु कुछ-कुछ रक्तवर्ण और स्थूलकाय। जब वे दरबारी वेषभूषा धारण कर लेते थे तो केवल उनके ललाट पर लगा हुआ तिलक ही उनके हिन्दू होने का परिचायक होता था। बीजापुर की सामन्त-परम्परा में अपने नियत स्थान पर रह कर वे सर्वथा सन्तुष्ट थे। मुस्लिम सामन्त-गण बहुधा उनके विरुद्ध षड्यन्त्र करते रहते थे। किन्तु सुल्तान की कृपादृष्टि अभी तक उनके

ऊपर बनी हुई थी।

शाहजी ने एक अन्य स्त्री से विवाह कर लिया था। वे वयस में जीजाबाई से छोटी थीं। उनका स्वभाव भी शाहजी के स्वभाव के अधिक अनुकूल था। उनके व्यंकोजी नाम का एक पुत्र भी उत्पन्न हो चुका था। शाहजी का यह दूसरा विवाह साधारण स्थिति में जीजाबाई के दु:ख का कारण नहीं बन सकता था। साधारण स्थिति में इस विवाह के कारण ही जीजाबाई के प्रति शाहजी के प्रेम अथवा आदर में त्रुटि नहीं हो सकती थी। किन्तु शाहजी ने तो कभी जीजाबाई को चाहा नहीं था। उनके बाल्यसुलभ विनोद तथा उनके पिता की महत्वाकांक्षा ने एक-साथ मिलकर उनको इस प्रणयविहीन विवाह के बन्धन में बाँध दिया था। अतएव शाहजी उत्तरोत्तर जीजाबाई से विरक्त होते गए थे।

अब कई वर्ष के वियोग के उपरान्त उनको जीजाबाई और भी अधिक अरुचिकर प्रतीत हुई। जीजाबाई के चरित्र में एक अपूर्व दृढ़ता का समावेश हो चुका था। अब वे सुन्दरी भी नहीं रह गई थीं। और अपनी अग्निपरीक्षा के फलस्वरूप उनका मानस भी विद्रोह से भर चुका था। उस मुस्लिम नगर के विलास-विगलित वातावरण में वे अपने विद्रोह को छुपा नहीं पाईं।

शाहजी ने जीजाबाई का सान्निध्य प्राप्त करने के लिये तो उनको बीजापुर में आहूत किया नहीं था। वे तो अपने पुत्र को ही अपने पास बुलाना चाहते थे। वे शिवाजी को यथायोग्य शिक्षा-दीक्षा देकर उन्हें बीजापुर की सामन्त-व्यवस्था में यथास्थान प्रतिष्ठित करने के लिए लालायित थे। उस सामन्त-व्यवस्था में अभी भी उनका सम्मान था। और वे शिवाजी की उन्नति में सहायक हो सकते थे। इसके अतिरिक्त उन्हें शिवाजी का विवाह भी करना था।

जीजीबाई ने तुरन्त ही प्रतिवाद करना प्रारम्भ कर दिया। वे नहीं चाहती थीं कि उनके पुत्र का विवाह बीजापुर में सम्पन्न हो। वहाँ शिवाजी के संस्कार मुसलमानों की छाया द्वारा दूषित होने की आशंका थी। इस प्रकार माता और पिता, पुत्र की भक्ति पाने के लिए परस्पर स्पर्धा करने लगे। किन्तु शिवाजी को उनकी माता से विमुख करना असम्भव रहा। वे अपने पिता से बहुत कम परिचित थे। हिन्दू परिवार में साधारणतया परिवार के प्रमुख के प्रति अविकल आज्ञाकारिता प्रकट करने की ही परम्परा होती है। किन्तु माता के स्नेह की स्मृति के सामने यह परम्परा प्राणहीन हो गई। उनकी माता ने दीर्घकाल तक

एकाकी जीवन व्यतीत किया था। वे मुग़लों के बन्धन में भी रह चुकी थीं। उनके पति ने भी उनका परित्याग किया था। शिवाजी यह सब भूल जाने के लिए प्रस्तुत नहीं हो पाए।

शाहजी अपने बालप्रौढ़ तथा हठीले पुत्र को देखकर दो भावनाओं के बीच झूलने लगे। वे शिवाजी के असाधारण बुद्धिबल पर मुग्ध थे। अन्य बालकों के समान खेलकूद में व्यस्त न रहकर शिवाजी अपने पिता से राज्य-सम्बन्धी प्रश्न पूछते रहते थे—राज्य का शासन किस प्रकार चलता है, सेना की व्यवस्था किस प्रकार होती है, इत्यादि। किन्तु साथ-ही-साथ मुसलमान शासकों के प्रति शिवाजी की अवज्ञा को देखकर वे सन्तप्त भी हो उठते थे। दरबार में शिवाजी का आचरण इस अवज्ञा का एक उदाहरण था।

शाहजी अपने पुत्र को दरबार में इसलिए ले गए थे कि वे सुल्तान के प्रति श्रद्धा का प्रदर्शन करें। इस प्रकार वे शिवाजी को दरबारी जीवन में दीक्षित करना चाहते थे। किन्तु उनके अल्पवयस्क पुत्र ने सुल्तान के सम्मुख प्रणत होकर सलाम नहीं किया। शिवाजी ने सुल्तान को मराठा पद्धति से बद्धाञ्जलि प्रणाम कर दिया—उसी प्रकार जैसे कि पार्वत्य प्रदेश में गाँव के लोग अपनी अपेक्षा उच्चस्थ लोगों को प्रणाम किया करते हैं। इस प्रकार के प्रणाम में केवल हाथ ही जोड़े जाते हैं। दरबार के लोग समझे कि लड़का गँवार है। किन्तु शिवाजी की ओर से यह आचरण उनके औद्धत्य का प्रतीक था। उन्होंने शिष्टाचार के अनुरूप सुल्तान के सिंहासन तक जाना अस्वीकार कर दिया। और यदि शाहजी पर सुल्तान की कृपादृष्टि नहीं होती तो शिवाजी दण्डित हुए बिना नहीं छूट पाते।

इस दुर्घटना के उपरान्त शाहजी अपने पुत्र के प्रति भी विरक्त होने लगे। अब यह स्पष्ट था कि शिवाजी को दरबार में कभी-भी सफलता नहीं मिलेगी। उनका चरित्र अधिकाँश में अपनी माता के चरित्र के अनुरूप था। अतएव पिता से परित्यक्त शिवाजी अब एकाकी ही बीजापुर में घूमने लगे। उनकी तीक्ष्ण तथा ग्रामीण-सुलभ दृष्टि उस नगर के जीवन की थाह लेने के लिए लालायित थी।

उस नगर का बाह्य जीवन एक प्रकार के वैभव से विभूषित था। सामन्तगण अपने-अपने प्रताप का प्रदर्शन करते रहते थे। सुल्तान के प्रति सब लोग

भक्ति-भाव प्रकट करते थे। किन्तु इस आवरण के पीछे बीजापुर के जीवन का एक अन्धकार-पूर्ण पक्ष छुपा हुआ था। वह पक्ष हिंसा से ओत-प्रोत तो था ही। साथ ही सुल्तान के बहुसंख्यक प्रजाजनों अर्थात् हिन्दुओं का जीवन एक अविकल लाञ्छना से भरा हुआ था। शाहजी के समान कुछ उच्चपदस्थ सामन्तों को छोड़कर साधारण हिन्दू जनता को प्रतिपल यह बोध कराया जाता था कि वे एक हीन जाति के लोग हैं। किन्तु हिन्दू जनता एक दीर्घकाल से इस लाञ्छना को सहन करती आई थी। हिन्दू लोग मुसलमानों के उन रीति-रिवाजों को भी अनदेखा करने लगे थे जो कि उनकी दृष्टि में सर्वथा घृणास्पद थे।

इसलिए जब एक दिन यह समाचार सुना गया कि युवक शिवाजी ने प्रकाशरूप से गोहत्या के विरुद्ध प्रतिवाद किया है, तो सब लोग स्तम्भित रह गए। फिर हिन्दू जनता ने गोकुल की हत्या करने वाले कसाइयों पर आक्रमण कर दिया। और नगर में एक दंगा हो गया। शाहजी यह नया समाचार सुनकर सन्न रह गए। शिवाजी ने फिर औद्धत्य का आचरण किया था। उनको आंशका हुई कि पुत्र के अवज्ञापूर्ण आचरण के कारण उनकी अपनी स्थिति संकटापन्न हो जाएगी। उन्होंने जीजाबाई को आदेश दिया कि वे शिवाजी को बीजापुर से दूर ले जाएं, और मुग़ल साम्राज्य के समीप उनकी पैतृक जागीर पर लौट जाएं। शिवाजी ने बीजापुर का त्याग कर दिया। उनके मन में उस नगर के प्रासादों के प्रति कोई आसक्ति नहीं थी। इसलिए बीजापुर को छोड़ते समय उनके मानस में कोई खेद नहीं हुआ। वे अपनी माता के साथ एकान्तवास करके ही सर्वाधिक सुखी होते थे। बीजापुर में उनका प्रवास उनके लिए किसी सुखप्रद स्मृति का कारण नहीं बन सकता था।

अपनी मृत्यु से एक वर्ष पूर्व ही शिवाजी दूसरी बार बीजापुर में पधारे। किन्तु उस समय तक परिस्थिति में एक अभूतपूर्व परिवर्तन हो चुका था।

बीजापुर के अधिकारियों ने जब यह सुना कि शाहजी का उत्पातप्रिय पुत्र दूर पठा दिया गया है, तो उन लोगों ने सुख की साँस ली। इतनी दूर रहकर वह जो-कुछ भी करता उसका कोई विशेष महत्त्व नहीं हो सकता था। और प्रत्यन्त प्रदेश में सेना के अधिकारी तो थे ही। वे लोग शिवाजी को यथायोग्य दण्ड दे सकते थे। अधिकारियों ने एक बार भी यह नहीं सोचा कि कुछ विशेष परिस्थितियों में बीजापुर से दूर रहकर ही शिवाजी अधिक उत्पात मचा सकते

थे। वह प्रदेश मुग़ल साम्राज्य के समीपस्थ था। मुग़ल सेना की ओर से बीजापुर किसी सहायता की आशा नहीं कर सकता था। कारण, सन्धियों के विद्यमान रहते हुए भी और मैत्री का प्रदर्शन होते रहने पर भी, उत्तर भारत के सुन्नी शाहंशाह और दक्षिण भारत के शीया सुल्तानों के बीच परस्पर कोई सहानुभूति नहीं थी।

किन्तु शिवाजी जिस समय बीजापुर से लौटे उस समय कोई भी इस प्रकार नहीं सोच सकता था। इस प्रकार का विचार किसी को भी कपोल-कल्पना मात्र जँचता। उस समय तो ऐसा प्रतीत होता था कि शिवाजी तथा जीजाबाई अपनी जागीर पर रहते हुए जीवन-निर्वाह के साधन भी नहीं जुटा पाएँगे, सरकार के विरुद्ध विद्रोह करने की तो कौन कहे। इस जागीर को कई प्रकार की सेनाओं ने कई बार इस छोर से उस छोर तक रौंद डाला था। और यह एक बीहड़ के अतिरिक्त कुछ नहीं रह गई थी। अधिकतर ग्राम उजड़ चुके थे। ऐसे खेत बहुत कम रह गए थे जिनमें खेती होती हो। खेती करने वाले और भी कम बचे थे। लूटपाट से तंग आकर किसान लोग स्वयं ही डकैत बन चुके थे। और वे उस ओर से जाने वाले कारवाँ लूट लेते थे। सेनाओं के ताण्डव के साथ-साथ सन् १६३१-३२ का महाकाल पड़ा था। पश्चिम भारत के इतिहास में यह अकाल अभूतपूर्व था। एक ओर मनुष्यों की संख्या न्यून होने लगी थी, दूसरी ओर जंगली जानवरों की संख्या बढ़ने लगी थी। भेड़ियों के दल एक विभीषिका बन गए थे। वे दल गाँवों पर आक्रमण करते रहते थे, और भुखमरे किसान उनके सामने सर्वथा असहाय थे।

शिवाजी इस समय तेरह वर्ष के हो चुके थे। शाहजी ने उनके शिक्षक तथा संरक्षक के स्थान पर उसी प्रदेश के एक ब्राह्मण को नियुक्त कर दिया था। ब्राह्मण का नाम दादाजी कोण्डदेव था। दादाजी की निष्ठा इतिहास-प्रसिद्ध है। अपने किशोर शिष्य की देख-रेख करना ही उनकी एकमात्र महत्त्वाकांक्षा थी। शुचिता के प्रसंग में वे अत्यन्त सूक्ष्माचारी थे। उदाहरणार्थ, उनके विषय में निम्नोक्त कहानी सर्वविदित है।

शिवाजी की जागीर पर उन्होंने एक उद्यान लगवाया था। उन्होंने समस्त कर्मचारियों को सावधान कर दिया था कि जो कोई भी उद्यान से फल चुराएगा उसी को कठोर दण्ड दिया जाएगा। एक दिन मध्याह्न के समय वे स्वयं उस

उद्यान में विद्यमान थे। उनको प्यास लगी, और उन्होंने विचार किए बिना ही हाथ बढ़ाकर एक आम तोड़ लिया। आम उनकी आँखों के सामने ही लटक रहा था। दूसरे क्षण उनको वह आदेश याद आया जो उन्होंने स्वयं अपने अधीनस्थ कर्मचारियों को दिया था। पश्चात्ताप से उनका हृदय जल उठा। जनमत उनको क्या कहेगा? यही कि वे स्वामी के उद्यान से दूसरे लोगों के हाथ अपसारित करके वहाँ स्वयं अपना हाथ प्रसारित करना चाहते हैं! अपने ही स्वार्थ के पोषण के लिए!! उन्होंने उसी समय एक तलवार मँगवाई और वे अपने अपराधी हाथ को काट डालने के लिए प्रस्तुत हो गए। कर्मचारी-गण उनके चारों ओर इकट्‌ठे हो गए, और अश्रुमोचन करते हुए कहने लगे कि वे अपने-आपको ऐसा कठोर दण्ड न दें। उन्होंने तलवार तो रख दी। किन्तु तदनन्तर वे जीवन-भर एक ऐसा अँगरखा पहनते रहे जिसमें उनके दाहिने हाथ को ढकने के लिए बाँह नहीं होती थी।

दादाजी केवन सन्त और पण्डित ही नहीं थे। वे एक कुशल शासक भी थे। उन्होंने उस जागीर को पूर्णरूपेण समृद्ध करने में अपना मन लगाया। सर्वप्रथम उन्होंने भेड़ियों की विभीषका की ओर ध्यान दिया। प्रत्येक भेड़िए के प्राण हरने वाले को वे अपनी व्यक्तिगत आय में से पुरस्कृत करने लगे। मावले लोगों ने देखा कि डकैती की अपेक्षा भेड़िए मारना अधिक लाभप्रद है। तब कुछ दिनों में ही वह प्रदेश भेड़ियों से शून्य हो गया।

तदनन्तर दादाजी किसानों को खेती की ओर आकृष्ट करने में लग गए। किसान लोग भागकर वनप्रान्त में जा छुपे थे, और मारधाड़ करते रहते थे। दादाजी ने उन लोगों को बहुत कम करों पर उपजाऊ धरती देना प्रारम्भ कर दिया। प्रथम वर्ष का नाममात्र कर केवल एक रुपया रक्खा गया। दूसरे वर्ष का तीन रुपया। इस प्रकार छठे वर्ष का कर छब्बीस रुपया होता था। पार्वत्य प्रदेश के बहुत से मावले इस योजना की ओर आकृष्ट हो गए। उन्होंने वनप्रान्त तथा पार्वत्य प्रदेश में अपने गाँव छोड़ दिए, और वे शिवाजी की जागीर में आ बसे। समय आने पर वे लोग ही शिवाजी के उत्साही अनुयायी बने। अन्यान्य मावले लोगों को दादाजी ने जागीर की सशस्त्र गारद में भरती कर लिया, और वह गारद डकैतों से उस प्रदेश की रक्षा करने लगी।

बहुत वर्ष उपरान्त एक बार फिर से ग्रामीण प्रजाजन भयविमुक्त हो गए।

उनका आत्मविश्वास लौट आया। घरों का पुनर्निर्माण होने लगा। और मन्दिरों में एक बार फिर पूजा की प्रतिध्वनि गूँजने लगी।

शिवाजी की जागीर का प्रमुख ग्राम पूना था। आजकल पूना एक बहुत बड़ा नगर है। किन्तु तीन-सौ वर्ष पूर्व वह एक छोटा-सा गाँव था। इस गाँव के पुराणपन्थी पण्डित तथा देवालय ही अधिक प्रसिद्ध थे। शिवाजी जिस समय बीजापुर से लौटकर आए, उस समय वहाँ के मन्दिर भी ध्वस्त हो चुके थे। गाँव को कई बार लूटा जा चुका था, और अब वह उजाड़ पड़ा था। केवल मुठा नदी के तीर पर कुछ मछेरे निवास करते थे। मुस्लिम सेना जब उस ओर से निकली थी तो उसके सेनापति ने सारे मकान ढ़ाह दिए थे, दीवारें गिरवा दी थीं। फिर उसने अपनी जुगुप्सा प्रकट करने के लिए गधों को हलों में जुतवा कर मकानों की नींव तक समतल करवा दी थीं। और अन्त में हिन्दुओं के उस निवास-स्थान को बुरा-भला बकते हुए उसने वहाँ पर एक लोहे की कील गड़वा दी थी। वह कील उस स्थान के अशुभ होने का प्रतीक थी।

दादाजी ने उस कील को उखड़वा कर फिकवा दिया। किन्तु उनके मन ने गवाही दी कि अन्धविश्वासी ग्रामवासियों में अमङ्गल की स्मृति बनी रहेगी। अतएव उन्होंने मुस्लिम सेनापति के उपचार का प्रतिकार एक अन्य और उत्कृष्ट उपचार द्वारा किया—उस स्थान पर फिर से हल चलवाया गया। किन्तु इस बार हल शुद्ध स्वर्ण का बना हुआ था, और उस हल को श्वेत-वर्ण के बैल खींच रहे थे। इस प्रकार एक अशुभ तथा उजड़ा हुआ स्थान शीघ्र ही एक सम्पन्न नगर का रूप धारण करने लगा। दादाजी को यह ज्ञात नहीं था कि यह छोटा-सा गाँव ही, जिसकी समृद्धि के लिए वे इतना-कुछ कर रहे थे, एक दिन भारतवर्ष की राजधानी बन जाएगा। फिर भी पूना के गौरव की नींव तो उनके ही कुशल शासन ने डाली।

दादाजी ने शिवाजी तथा उनकी माता के निवास के लिए नदी-तीर पर एक प्रासाद बनवा दिया। इस प्रासाद का नाम रंगमहल रक्खा गया। इसी प्रासाद में साँझ के समय बैठकर दादाजी शिवाजी को भारतवर्ष के प्राचीन महापुरुषों की प्रशस्तियाँ सुनाया करते थे। शिवाजी मन्त्रमुग्ध-से अपने गुरु के पास उपासीन होकर ये प्रशस्तियाँ सुनते थे। और धीरे-धीरे शैशवकाल में देखे हुए ये समस्त सपने उनके गूढ़ मानस की महत्त्वाकांक्षा बन गए। वे अभी पन्द्रह वर्ष के ही थे

कि उन्होंने अपने लिए एक मुद्रा बनवाई। मुद्रा पर निम्नोक्त वाक्य अङ्कित था: ''प्रतिपदा का चन्द्रमा छोटा-सा होता है। किन्तु जगत् जानता है कि वह बढ़ कर बड़ा बन जाएगा। शिवाजी के विषय में भी यही बात सत्य है।''

और आगामी जीवन की अग्निपरीक्षा के लिए वे अपना समय व्यायाम में व्यतीत करने लगे। उन्होंने अपने साथ मावले लोगों की एक टोली को समवेत किया, और उन लोगों के साथ वे एक बार फिर उन्हीं पहाड़ियों पर घूमने लगे जिन पर उनका बाल्यकाल बीता था। किन्तु अब वे उस प्रदेश के प्रभु थे। अपने सामर्थ्य को सर्वथा सिद्ध करने के लिए वे सब प्रकार का कष्ट झेलने के लिए प्रस्तुत रहते थे। वे एकाकी ही ऐसे-ऐसे निर्जन पथों पर निकल जाते थे कि जहाँ उनके साथी भी उनका साथ देने में हिचकते थे। वे सीधी खड़ी हुई पहाड़ियों पर चढ़ जाते थे। इस प्रकार धीरे-धीरे वे उस वन्यप्रदेश के प्रत्येक प्रान्त से पूर्णतया परिचित हो गए—उसी प्रकार जिस प्रकार वे अपने प्रासाद का कोना-कोना जानते थे। पार्वत्य प्रदेश के निवासियों ने पहिले-पहल तो सतर्क रह कर ही यह समाचार सुना कि एक अज्ञात व्यक्ति उनके प्रदेश में घूमने लगा है। फिर वे शीघ्र ही शिवाजी के भक्त बन गए। शिवाजी उन सबसे हँस-हँस कर मिलते थे। उन लोगों में से जिस-किसी से भी पूछा गया, उसी ने यह बतलाया कि शिवाजी की मुस्कान बहुत ही मनमोहक है। एक दिन ये मावले लोग ही मराठा सेना के मेरुदण्ड बनने वाले थे।

शिवाजी प्राय: नित्यप्रति ही वन-प्रान्त में दीर्घयाम दिवस व्यतीत करके साँझ के समय पूना में लौट आते थे। सर्वप्रथम वे अपनी माता के पास जाते थे। वह जीजाबाई की पूजा का समय होता था। वे प्रासाद के अभ्यन्तर प्रागंण में भगवान् विष्णु की आरती उतारती हुई मिलती थीं। पूजा समाप्त करके वे शिवाजी के साथ वार्तालाप करती थीं। तदनन्तर शिवाजी भोजन करने के लिए जाते थे। उनका भोजन बहुत सीधा-सादा होता था—थोड़ा-सा भात और दूध अथवा जवार की दो-चार रोटियाँ। शिवाजी केले के पत्र पर परसे हुए इस भोजन से ही परितुष्टि पा लेते थे।

और भोजनोपरान्त वे दादाजी के साथ पढ़ने बैठ जाते थे।

द्वितीय पर्व
विप्लवी वीर

शिवाजी अब उन्नीस वर्ष के हो गए थे। उनकी महत्वाकांक्षा किसी दिन भी मन्द नहीं हुई थी। उनका आत्मविश्वास किसी दिन भी विच्युत नहीं हुआ था। किन्तु उन्होंने अपनी परिकल्पना अभी तक किसी अन्य व्यक्ति के सामने प्रकट नहीं की थी।

जीजाबाई तथा शिवाजी साथ-साथ बैठकर हिन्दू स्वराज्य के विषय में वार्तालाप करते रहते थे। उन दोनों की आकांक्षा थी कि हिन्दुओं का स्वराज्य स्थापित हो। उस समय उनकी यह आकांक्षा किसी को भी एक सुन्दर सपने से अधिक और कुछ नहीं प्रतीत होती थी। इस आकांक्षा की पूर्ति उस समय असम्भव-सी लगती थी।

कारण, विपक्ष तो बड़ा ही विपुल-बल था। दूरस्थ दक्षिण के दो-चार रजवाड़ों को छोड़कर उस समय भारत में कोई स्वाधीन हिन्दू राज्य नहीं बचा था। राजपूतों तक ने बहुत पहले ही इस्लाम की तलवार के सम्मुख अपने शिर अवनत कर लिए थे। बड़े-बड़े राजपूत योद्धा अब मुग़ल सेना में नायक-पद प्राप्त करके ही प्रसन्न हो जाते थे। यदि मुग़ल बादशाह किसी राजपूत कन्या को अपने शाही महल के लिए माँगता था, तो उस कन्या का परिवार अपने सौभाग्य को सराहता था। महाराष्ट्र में तो ऐसा आभास होता था कि किसी को भी किसी प्रकार के परिवर्तन की स्पृहा नहीं है।

हिन्दू जनता अपनी स्थिति को स्वीकार कर चुकी थी। पुरातन काल के प्रत्येक स्वाधीन हिन्दू राज्य की स्मृति इतनी क्षीण हो चली थी कि जनता स्वाधीनता का अर्थ भी भूलने लगी थी। अनेक वर्ष से किसी भी स्वाधीन हिन्दू राज्य की सत्ता नहीं देखी गई थी। और मुसलमान दरबारों का ठाठ-बाट जनता के मानस में वैभव, सामर्थ्य तथा विपुल सम्पदा की प्रतीति उपजाता रहता था। चाहे वह दरबार मुग़ल बादशाह का हो, चाहे बीजापुर का। मराठा किसानों तथा पार्वत्य प्रदेश के मावले लोगों की अस्त-व्यस्त सेना तो स्थानीय सूबेदार के सामने भी नहीं ठहर सकती थी। सूबेदार की सेना में एबीसीनिया के आयुध-

आजीवी भरे पड़े थे।

फिर शिवाजी की जागीर तो प्रत्यन्त प्रदेश का एक प्रान्त मात्र थी। वह चारों ओर एक दुर्गमाला से घिरी हुई थी। उस दुर्गमाला में बीजापुर की सेना सतत सावधान रहती थी। वह दुर्गमाला केवल सीमान्त का संरक्षण ही नहीं करती थी, स्थानीय प्रजा पर प्रभुत्व बनाए रखना भी उसका प्रयोजन था।

पूना के पश्चिम की ओर सह्याद्रि की पर्वत-श्रृंखला में एक दुर्गमाला है। यह पर्वत-श्रृंखला भारत के मध्यवर्ती उच्चस्थ पठार को समुद्रतीर के निम्नस्थ प्रदेश से पृथक करती है। अतएव जिस भी शासन की सत्ता जिस समय इस पर्वत श्रृंखला के दोनों ओर विस्तृत होती थी, उसके लिए यह नितान्त आवश्यक हो जाता था कि वह इस पर्वत-श्रृंखला पर अविछिन्न अधिकार जमाए रहे। शिवाजी मुस्लिम शासन के विरुद्ध अपनी योजना पक्की कर रहे थे—गुप्त रूप से, किन्तु दृढ़ निश्चय के साथ। वे तुरन्त ही समझ गए कि किसी विप्लवी को यदि कुछ काल के लिए भी सफलता प्राप्त करना है, तो उसको इस पर्वत-श्रृंखला पर पाँव जमाना होगा।

पूना के दक्षिण-पश्चिम में एक छोटा-सा दुर्ग है। उसका नाम है तोरण। दुर्ग की प्राचीर अनगढ़ और विपुल-काय प्रस्तर-शिलाओं से रची गई थी। सेना के लिए उपयोगी शिविर, पहाड़ी के समतल शिखर पर बना हुआ था। वहाँ से एक पहाड़ी दर्रे की देखभाल की जा सकती थी। यह स्थान ग्रीष्मकाल में सुखप्रद था। किन्तु वर्षाकाल आते ही यह संकटग्रस्त हो जाता था। तब उस पहाड़ के पेचदार मार्ग दुर्गम हो जाते थे। और पहाड़ी गाँवों के दूकानदार सेना के लिए शाक-भाजी तथा माँस-मछली लेकर दुर्ग तक नहीं आ पाते थे। तब अपने जलसिक्त तथा सब प्रकार के सुख-साधनों से शून्य आगारों में बैठे हुए सैनिक आग तापते थे, और अपने दुर्भाग्य को कोसते रहते थे। सेना का नायक भी सैनिकों की नाई असन्तुष्ट हो उठता था—न कोई युद्ध, न स्थानीय जनता में विद्रोह का कोई लक्षण। फिर भी वर्षाकाल के वे दीर्घ मास उस दुर्ग में बैठकर व्यतीत करना—यह तो एक दुःसह दुख के समान था। दुर्ग में न कोई काम था, न मनोरञ्जन का कोई साधन।

अन्ततः सन् १६४६ की वर्षा ऋतु में मुसलमान दुर्गनायक का धैर्य च्युत हो गया। उसने केन्द्रस्थ अधिकारियों को सूचना दिए बिना ही अपनी सेना को

निम्नस्थ मैदान में उतार दिया। उसका आशय था कि वर्षाकाल व्यतीत होते ही वह पुनः तोरणदुर्ग में लौट आएगा। शिवाजी पहिले से ही मावले लोगों के एक दल को दीक्षित कर चुके थे। उन्होंने तुरन्त ही उस सूने दुर्ग में प्रवेश पा लिया, और अस्त्रागार तथा कोष-भण्डार पर अधिकार जमा लिया। अब वे अपने अनुयाइयों को शस्त्रास्त्र तथा धन देकर पुरस्कृत कर सकते थे।

मुसलमान नायक को ज्यों ही यह समाचार प्राप्त हुआ, त्योंही उसने शिवाजी के विरुद्ध एक शिकायत बीजापुर भेज दी। शिवाजी के गुरु दादाजी भी अवाक् रह गए थे। उन्होंने भी अपने शिष्य के पास अपने असन्तोष का सन्देश भेजा। शिवाजी ने उनको कोई प्रत्युत्तर नहीं दिया। तब दादाजी ने उद्विग्न होकर शिवाजी के पिता को एक पत्र पठा दिया। उन्होंने शाहजी को सावधान किया था कि वे आसन्न संकट के लिए प्रस्तुत हो जाएँ। शाहजी ने उनके पत्र पर कोई ध्यान नहीं दिया। उनका यह पुत्र तो सदा से ही उत्पात उठाता आया था। अब उस पुत्र ने अपना गला उलझा लिया था, अधिकारी-गण अपने-आप उससे सुलझ लेंगे।

इसी बीच शिवाजी ने भी एक दूत बीजापुर भेज दिया। दूत ने शिवाजी के आचरण की मार्जना प्रस्तुत की—शिवाजी बीजापुर के आज्ञाकारी अनुचर हैं, और उन्होंने दुर्ग पर अधिकार केवल इसीलिए किया है कि बीजापुर वाले अपने नायक के निकम्मेपन से अवगत हो जाएँ; वह सैनिक जो ऋतु-परिवर्तन की प्रताड़ना मात्र से ही पीड़ित होकर अपना नियोग सूना छोड़ दे, कोई भी दायित्व सँभालने योग्य नहीं है।

इस विवाद में पड़ने की आवश्यकता नहीं कि क्या इस प्रकार के बहाने बनाकर शिवाजी बीजापुर को ठगना चाहते थे। उनका उदेश्य था कि जितना भी सम्भव हो उतना अवकाश अपने हाथ में किया जाए। बीजापुर के अधिकारी अपने नायक के प्रति बहुत विक्षुब्ध थे। अतएव शिवाजी का दूत उस निकम्मे आदमी के विरुद्ध शिकायत पर शिकायत सुनाता रहा, और वे लोग सुनते रहे। इसके अतिरिक्त शिवाजी ने कोष-भण्डार में से धन निकालकर दरबार के कतिपय कर्मचारियों की मुट्ठी भी गरम कर दी थी। उन लोगों ने भी अपना अन्वेषण लम्बा कर दिया। दरबार में वाद-विवाद होता रहा। दूसरी ओर शिवाजी ने अनवरत अध्यवसाय का आश्रय लेकर वर्षाकाल पूरा होने के पूर्व

ही एक अन्य दुर्ग को दृढ़ कर लिया। यह रायगढ़ का दुर्ग था। तोरणदुर्ग से छः मील दूर, रायगढ़ बीजापुर और तोरण के मार्ग में अवस्थित है। इसलिए वह बीजापुर से तोरण की ओर आने वाली सेना का पथ अवरुद्ध कर सकता था।

पूना से ग्यारह मील दूर दक्षिण-पश्चिम में एक दूसरा मुसलमान दुर्ग था। इसका नाम था कोण्डाणा अथवा सिंहगढ़। भारतीय इतिहास में यह दुर्ग विख्यात हो चुका है। शिवाजी ने इस दुर्ग के मुसलमान नायक को घूस देकर दुर्ग में प्रवेश प्राप्त कर लिया। इस प्रकार किसी छोटी-मोटी भी झपट के बिना ही उनको एक अन्य दुर्ग मिल गया।

पूना के दक्षिण प्रान्त में प्रत्यन्त का अन्तिम दुर्ग था पुरन्दर। वहाँ का दुर्गपाल एक अत्यन्त कठोर तथा नृशंस व्यक्ति था। उसने किसी क्षुद्र-से अपराध के लिए अपनी पत्नी को तोप से उड़वा दिया था। इन्हीं दिनों उसकी मृत्यु हो गई। उसका पद वंशानुगत था। उसके तीन पुत्र अब अपने पिता का उत्तराधिकार पाने के लिए परस्पर झगड़ने लगे। प्रत्येक पुत्र ने बीजापुर के दरबार में अपना प्रतिनिधि भेजा—अपने-अपने दावे की वकालत करने के लिए। किन्तु बीजापुर का दरबार तो दीर्घसूत्री था। तुरन्त ही कोई निर्णय नहीं हो पाया। दरबार के कर्मचारी प्रार्थनापत्र तथा प्रति-प्रार्थनापत्र प्रस्तुत करते रहे, अधिकार के आधारभूत सिद्धान्त को लेकर वाद-विवाद होता रहा। और तीनों प्रार्थियों का प्रचुर धन घूस देने में चुक गया।

वे तीनों इस अनिश्चित स्थिति से असन्तुष्ट होकर एक साथ दुर्ग में निवास कर रहे थे। उनमें से कोई भी दुर्ग से बाहर जाना नहीं चाहता था। बाहर जाने पर उसका दावा खटाई में पड़ने का भय था। किन्तु संशय तथा शत्रुत्व के उस वातावरण में एक ही स्थान पर साथ-साथ निवास करते रहना भी उन सबके लिए घोर विडम्बना थी। उनका संघर्ष उत्तरोत्तर उग्रतर होता जा रहा था। ऐसी अवस्था में शिवाजी ने एक रोचक धृष्टता का परिचय दिया। उन्होंने प्रार्थियों के पास सन्देश पठा दिया कि वे उन लोगों के झगड़े में मध्यस्थ बनने के लिए प्रस्तुत हैं!

साधारण स्थिति में इस प्रकार के प्रस्ताव का तुरन्त ही तिरस्कार कर दिया जाता। किन्तु वे तीनों भाई पूर्णतया अधीर हो चुके थे। वे चाहते थे कि किसी-न-किसी प्रकार उस विवाद का अन्त होना चाहिए। इसलिए उन्होंने शिवाजी के

प्रस्ताव का स्वागत किया। शिवाजी को निमन्त्रण भेजा गया कि वे दीपावलि के अवसर पर उन तीनों भाइयों का आतिथ्य ग्रहण करें। शिवाजी ने निमन्त्रण स्वीकार कर लिया।

दुर्ग में नित्यप्रति ही फूँस के गट्ठर ले जाने वाले अनेक मज़दूर आते-जाते रहते थे। फूँस दुर्ग के छप्पर छाने के काम आता था। दीपावलि के कई सप्ताह पूर्व शिवाजी के कुछ अनुयायी चुपचाप उन मजदूरों में जा मिले, और उन्हीं के समान अर्धनग्न रहकर फूँस के गट्ठर ढोने लगे। इन गट्ठरों के भीतर उनके शस्त्रास्त्र छुपे हुए थे। दुर्ग के प्रहरी प्रत्येक मज़दूर की परीक्षा करने के अभ्यासी नहीं थे। और इस समय तो उनके पास सन्देह करने का कोई कारण भी नहीं था।

इसी बीच दोनों छोटे भाई एक साथ मिलकर बड़े भाई के विरुद्ध एक षड्यन्त्र रचने लगे। उनको आंशका थी कि कोई भी न्यायबुद्धि मध्यस्थ अनिवार्यत: ज्येष्ठ पुत्र को ही पिता का उत्तराधिकारी चुनेगा। अतएव शिवाजी जब अतिथि बनकर दुर्ग में पधारे तो उनको एक भोज में आमन्त्रित किया गया। और उस आमोद-प्रमोद के मध्य में छोटे भाइयों ने बड़े भाई के साथ झगड़ा रोप लिया। वे दोनों बड़े भाई पर पिल पड़े, और उसको उन लोगों ने रस्सियों से जकड़ दिया। तब वे दोनों भाई शिवाजी के साथ बातचीत करने के लिए प्रस्तुत हो गए।

शिवाजी ने देखा कि वे दोनों भाई पर्याप्त मात्रा में सुरापान करके प्रमत्त हो उठे हैं। शिवाजी स्वयं तो सुरापान के रसिक थे नहीं। उनसे मिलने वाले सभी लोग उनके कृच्छ्र खान-पान का एक-समान वर्णन करते हैं। इस अवसर पर भी शिवाजी पूर्णतया प्रकृतिस्थ थे। उन दोनों भाइयों की बात सुनकर उन्होंने विस्मय का भाव प्रकट किया। उन्होंने कहा कि ऐसे प्रसंग में त्वरा करना उचित नहीं; प्रसंग के प्रत्येक पक्ष पर सम्यक् विचार करने के लिए कुछ समय तो चाहिए ही। और शिवाजी ने उन दोनों भाइयों से अगले दिन जलक्रीड़ा के लिए चलने का अनुरोध किया।

अगले दिन वे तीनों दुर्ग की प्राचीर के पास ही प्रवाहमान एक नदी में जलक्रीड़ा के लिए निकले। वर्षाकाल के उपरान्त नदी का जल स्वच्छ तथा शीतल था। वन्य पुष्पलताओं से आच्छादित तटप्रान्त वाली नदी का जल प्रस्तर

शिलाओं पर ढुलकती हुई मरकत मणि-सा प्रतीत हो रहा था। शिवाजी तथा वे दोनों भाई एक साथ उस जल में क्रीड़ा करने लगे, मानों पिछली रात का प्रसंग उनमें से किसी को भी स्मरण न रहा हो। और तदनन्तर वे तीनों परस्पर विनोद करते हुए दुर्गद्वार की ओर आरोहण करने लगे।

हठात् वे दोनों भाई पथप्रान्त में ही अचल हो गए। वे अपलक नेत्रों से दुर्गद्वार की ओर दृष्टिपात कर रहे थे। द्वार के अट्टालक पर से बीजापुर का ध्वज विलुप्त हो चुका था, और वहाँ पर प्ररूढ़ होकर कुछ अपरिचित सैनिक पहरा दे रहे थे। अरे! ये तो पार्वत्य-प्रदेश के प्राकृत मावले थे!! ये भला किसके सैनिक थे?

शिवाजी ने उन दोनों को सूचित किया कि वे सैनिक उनके अपने अनुयायी हैं। तब वे दोनों भाई इस प्रवञ्चना पर क्रुद्ध हो कर हाय-तोबा मचाने लगे। शिवाजी ने उन दोनों को उनका वह आचरण स्मरण करवाया जो उन्होंने अपने ज्येष्ठ भ्राता के प्रति किया था। और अन्त में पराजित लोगों के प्रति अपनी अभ्यस्त और विनोदपूर्ण अनुकम्पा का प्रदर्शन करते हुए शिवाजी ने उन तीनों भाइयों को किसी अन्य स्थान पर तीन छोटी-छोटी जागीरें देने का वचन दे दिया।

दुर्ग की आरक्षी सेना शिवाजी के अधिक संख्यक सैनिकों द्वारा त्रस्त हो चुकी थी। उस सेना में अपने अनुशासनविहीन नायकों के लिए भी श्रद्धा नहीं रह गई थी। अतएव वह सेना तत्क्षण शिवाजी की सेना में सम्मिलित हो गई। उस सेना के सब लोग आयुध-आजीवी तो थे ही, उनको शिवाजी जैसा महात्त्वाकांक्षी मराठा युवक सहज ही एक अधिक सामार्थ्यवान सेनापति प्रतीत हुआ।

इस प्रकार एक ही वर्ष के भीतर शिवाजी ने किसी प्रकार का रक्तपात किए बिना उस सुदृढ़ दुर्गमाला पर अधिकार कर लिया जो पूर्ववर्ती पठार को समुद्रतीर के निम्नस्थ प्रदेश से संयोजित करती है। अब बीजापुर की ओर से शिवाजी की जागीर की ओर आने वाला पथ पूर्णतया अवरुद्ध था। और बीजापुर के दरबार में अभी तक भी यह विवाद चल रहा था कि तोरण दुर्ग में प्रवेश करके शिवाजी ने उचित कृत्य किया है, अथवा अनुचित आचरण!

अगले वर्ष अर्थात् सन् १६४७ में शिवाजी के गुरु, दादाजी, रोगग्रस्त हो

गए। वे अब अत्यन्त वृद्ध हो चुके थे। फिर वे कई मास से शिवाजी के कारण बहुत चिन्तित हो उठे थे। उस चिन्ता ने भी उनको दुर्बल कर दिया था। शिवाजी ने एक पुत्र के समान उनकी सेवा-शुश्रूषा की। अपने ज्योतिहीन नेत्रों से शिवाजी की ओर देखते हुए दादाजी बोले कि यदि उन्होंने बीजापुर के दुर्गों का प्रसंग लेकर शिवाजी की भर्त्सना की है, तो केवल इसीलिए कि वे शिवाजी के हितचिन्तक हैं। शिवाजी ने विनम्र वाणी में उत्तर दिया कि यदि उनके कारण गुरुदेव को कोई मानसिक क्लेश हुआ है, तो वे क्षमा माँगते हैं।

प्राणान्त के पूर्व दादाजी में भविष्य को स्पष्टयता देख पाने की क्षमता आ गई थी। सहसा वे समझ गए कि शिवाजी का भाग्योदय किस ओर होने वाला है। उन्होंने शिवाजी से अनुरोध किया कि जब वे सत्तारूढ़ हो जाएँ तो सनातन हिन्दू धर्म की पुर्नप्रतिष्ठा के लिए प्रयत्न करें। अन्ततः वे शिवाजी को आशीर्वाद देकर स्वर्गवासी हो गए।

शिवाजी को दादाजी की मृत्यु का बहुत शोक हुआ। वे जानते थे कि दादाजी से उन्होंने क्या-क्या पाया है। अब पूना में उनके प्रासाद का बाह्य प्रागंण सूना हो गया था। अब संस्कृत के ग्रन्थों के वे ढेर वहाँ नहीं रहे थे। वह छोटी-सी चौकी भी वहाँ नहीं थी जिसके सहारे बैठकर दादाजी घण्टों तक हिसाब-किताब देखते रहते थे, और जागीर के विभिन्न अञ्चलों से प्राप्त समाचारों को सुलझाते थे। हाँ, प्रासाद में एक दूसरा प्रांगण पूर्ववत् था—भीतर वाला प्रांगण। वहाँ जीजाबाई प्रतिपल अपने पूजा-पाठ में व्यस्त रहती थीं। और अब प्रासाद में एक स्त्री भी आ चुकी थी—शिवाजी की पत्नी सईबाई। वे बहुत ही सौम्य तथा अहंकारविहीन स्वभाव की थीं, और अत्यन्त शान्तभाव से जीजाबाई की छत्रछाया में रह रही थीं।

: २ :

शिवाजी के समारम्भ की सफलता का समाचार सुनकर पास-पड़ौस के हिन्दुओं में हर्षोत्सोह का उद्रेक हो उठा। मराठा युवकों ने हल चलाना छोड़ दिया, और ब्राह्मण युवकों ने अपने पोथी-पत्तर। वे सब शिवाजी के ध्वज के नीचे समवेत होने लगे। अब शिवाजी के सामने एक नई समस्या थी—अपने उत्तरोत्तर बढ़ते हुए अनुयाइयों के लिए वेतन तथा खाद्य इत्यादि किस प्रकार

जुटाएँ। वे अपनी दुर्गमाला में बैठे-बैठे पश्चिमवर्ती समुद्रतीर के प्रदेशों की ओर दृष्टि दौड़ाने लगे। वहाँ प्रभूत धन-धान्य विद्यमान था।

अभी कुछ काल पहिले होने वाले युद्ध में इस प्रदेश को अपेक्षाकृत बहुत कम क्षति पहुँची थी। और पूर्ववर्ती पठार की तुलना में यह प्रदेश अत्यधिक समृद्ध था। समुद्रतट के साथ-साथ अनेक दुर्ग तथा वाणिज्यस्थान बने हुए थे। अफ्रीका तथा अरब से आने वाले कारवाँ प्रतिदिन वहाँ के यात्रापथों पर यातायात करते रहते थे। ईरान तथा एबीसीनिया से आने वाले सार्थवाह प्रशस्त प्रासादों में निवास करते थे जिनकी प्राचीरों पर चित्र-विचित्र बेल-बूटे अंकित थे। इस प्रदेश का मुख्य नगर था कल्याण। अति प्राचीन काल से ही यह स्थान पीतल, बहुमूल्य काष्ठ तथा कामदानी किए हुए कौशेय वस्त्र का केन्द्र था।

सन् १६४८ के एक अपराह्ण में इस प्रदेश का सूबेदार, मौलाना अहमद, अपने प्रासाद में तन्द्रा का आनन्द ले रहा था। बीजापुर के सुल्तान का यह सेवक जात का अरब था। उसका एकमात्र कर्त्तव्य था कि वह अपने प्रान्त का सरकारी आदाय इकट्ठा करके वर्ष-प्रति-वर्ष बीजापुर भेजता रहे। सुल्तान को उसके किसी अन्य कृत्य से कोई लगाव नहीं था। और अभी दो-चार दिन पूर्व ही सूबेदार ने इस वर्ष का आदाय बीजापुर की ओर भेजा था। राजकोष को ले जाने वाले कारवाँ के संरक्षण के लिए सैनिकों का एक दुर्धर्ष दल साथ गया था।

कारवाँ ने निम्नस्थ प्रदेश को पार कर लिया था। सामने वह पहाड़ी दर्रा था जिसको पार करके पूर्ववर्ती पठार पर पहुँचा जाता है। इस प्रदेश से बीजापुर की ओर जाने का यही एकमात्र मार्ग था। कारवाँ दर्रे के मुहाने की ओर अग्रसर हुआ। यहाँ पर पहाड़ियाँ एकबारगी ऊपर उठ चली थीं, और बादलों को छू रही थीं। उनके चारों ओर घना जंगल फैला हुआ था। साधारणतया किसी का साहस नहीं होता था कि एकाकी इस बीहड़ में प्रवेश करे। किन्तु सैनिकों का दल साथ होने पर भय का कोई कारण नहीं रह गया था। इस समय भी सैनिकों को किसी आपत्ति की आशंका नहीं थी। दर्रे में कुछ दूर तक जाकर भी उन्होंने लक्ष्य ही नहीं किया कि उनके पीछे, दर्रे के मुहाने पर, किसी प्रकार की कोई हलचल भी है।

किन्तु शिवाजी अपने तीन-सौ घुड़सवारों को साथ लेकर कारवाँ के पीछे बढ़े आ रहे थे। इस क्षण गाड़ियों के पहियों की घड़घड़ाहट, सैनिकों की

पदचाप का शब्द, सूखे पत्तों की चरमराहट और झाड़ियों में बनैले पशुओं की सरसराहट सुन पड़ रही थी। दूसरे क्षण पीछे की ओर से एक भयंकर गर्जना सुनाई दी, "हर-हर महादेव!" एक दिन यही गर्जना भारतवर्ष के कोने-कोने में गूँजने वाली थी।

मराठों ने एक क्षण में उन घबराये हुए सैनिकों को धर दबाया। युद्ध तुरन्त ही समाप्त हो गया, और उस राजकोष के साथ-साथ वह सारा कारवाँ शिवाजी के अधिकार में आ गया। अपनी ओर से लड़े जाने वाले इस प्रथम युद्ध में शिवाजी के केवल दस आदमी वीरगति को प्राप्त हुए। शिवाजी ने अपने अनुयाइयों को उदार हृदय से पुरस्कृत किया, और मरे हुए सैनिकों के परिवारों को प्रभूत धन पठा दिया।

इधर मध्याह्न के आतप में कल्याण के बाजार जनशून्य थे। मराठा-घुड़सवारों की एक टुकड़ी चुपचाप नगर के द्वार पर आ पहुँची। द्वारपालों को बाँधकर प्राचीर पर बने हुए अट्टालक में रोक दिया गया। फिर वे घुड़सवार सूबेदार के प्रासाद पर चढ़ दौड़े, और उन लोगों ने सूबेदार को बन्दी बना लिया। सांझ की शीतल वातास चलने पर कल्याण के व्यापारी जब अपने घरों से बाहर निकले तो उन लोगों ने देखा कि नगर के द्वाराट्टालक पर भगवा ध्वज फहरा रहा है, और सूबेदार के प्रासाद में एक युवक मराठा, आबाजी, आसीन है।

एक-दो दिन के उपरान्त शिवाजी स्वयं कल्याण में पधारे। अरब सूबेदार की पुत्रवधू अभी भी प्रासाद में विद्यमान थी। उसको शिवाजी के सामने लाया गया। वह अपने अप्रतिम सौन्दर्य के लिए विख्यात थी। शिवाजी ने उसको आती देखकर अपने आसन से उत्थान किया, और वे मुस्कराकर बोले, "हाय! यदि मेरी माँ इनकी तुलना में आधी भी सुन्दर होती तो मैं ऐसा कुरूप छोकरा नहीं होता!" तब उन्होंने आदेश दिया कि उस स्त्री को उसके पद के अनुरूप ही उपहार दिए जाएँ। और अन्त में सैनिकों के एक दल को उस स्त्री के साथ करके उसको सम्मानपूर्वक उसके सम्बन्धियों के पास भेज दिया गया। बन्दीकृत सूबेदार के साथ भी उन्होंने ऐसा ही वीरोचित व्यवहार किया। उसको भी मुक्त करके उन्होंने सैनिकों के एक अन्य दल के साथ बीजापुर भेज दिया।

राजकोष ले जाने वाले कारवाँ पर आक्रमण करना तथा कल्याण पर

आधिपत्य जमा लेना, विप्लव की स्पष्ट सूचना देने वाले कृत्य थे। शिवाजी ने इस बार अपने आचरण की मार्जना करने का भी प्रयत्न नहीं किया। अभी तक वे आत्ममार्जना करते आए थे।

कल्याण के पदच्युत सूबेदार, मौलाना अहमद, ने बड़े ही नाटकीय ढंग से सुल्तान के दरबार में प्रवेश किया। वह आपादमस्तक शोकसूचक काले वस्त्र पहिने हुए था। वह राज्यासन के पादमूल तक पहुँचा और उसने अपनी पगड़ी सुल्तान के सामने पटक दी। फिर वह अपने मुख को दोनों हाथों से पीटता हुआ दुहाई देने लगा कि जिस राजद्रोही ने उसको इस प्रकार अकस्मात् और अनायास ही अपदस्थ कर दिया है उसको दण्ड मिलना चाहिए।

सुल्तान ने तुरन्त ही एक दूत शिवाजी के पास भेज दिया। शिवाजी को आदेश दिया गया था कि वे तुरन्त ही दरबार में उपस्थित हो जाएँ। तदनन्तर शिवाजी के प्रत्युत्तर की प्रतीक्षा करते-करते सुल्तान को स्मरण हुआ कि शिवाजी के अपने पिता तो बीजापुर के वेतनभोगी भृत्य हैं। उसने तुरन्त ही शाहजी को बन्दी करवा लिया, और दरबार में बुला भेजा।

शाहजी ने सत्य बात बतला दी कि वे पूर्णतया निर्दोष हैं, और उनको शिवाजी के दुराचार का कोई ज्ञान नहीं। वस्तुत: तो वे अपने पुत्र के उद्धत आचरण का समाचार सुनकर अन्यान्य दरबारियों की नाईं ही सन्न रह गए थे। उन्होंने सुल्तान से प्रार्थना की कि उन पर किसी प्रकार का दोषारोपण नहीं होना चाहिए। उन्होंने सुल्तान को स्मरण करवाया कि उन्होंने तो स्वयं ही शिवाजी को एक उद्धत बालक समझकर बीजापुर से निर्वासित कर दिया था; तदनन्तर उन्होंने तो शिवाजी को देखा तक नहीं था; उन्होंने तो शिवाजी को एक सुयोग्य शिक्षक के हाथों में ही सौंपा था; इसलिए और भी यह बात उनकी समझ में नहीं आई थी; वह लड़का बिल्कुल ही विक्षिप्त हो गया होगा! उन्होंने सुल्तान से प्रार्थना की कि तुरन्त ही एक सशक्त सैनिक दल भेजकर शिवाजी को बन्दी बना लिया जाए।

किन्तु इस प्रकार का शुभ परामर्श भला सुल्तान की समझ में क्यों आने लगा। उसके तो सन्देह में ही वृद्धि हुई। वह बोला कि एक पिता को अपने पुत्र के आचरण से तो अवगत होना ही चाहिए। और राज्यासन के चारों ओर खड़े मुसलमान सामन्तों ने भी सुल्तान को विश्वासघात के प्रति सावधान कर दिया।

इनमें विदेशी सामन्त—तुर्क, पठान और हब्शी—सबसे आगे थे। वे लोग एक हिन्दुस्तानी सामन्त को, और विशेषकर एक हिन्दू सामन्त को, उच्चपदस्थ देखने के लिए प्रस्तुत नहीं थे। शाहजी अपनी निर्दोषता की दुहाई देते रहे, किन्तु उनको दरबार से खींचकर बाहर ले जाया गया और बेड़ियों से जकड़ दिया गया।

यह स्पष्ट है कि इस समय सुल्तान यदि अपनी शक्ति का प्रयोग करता तो उसके लिए शिवाजी का दमन करना कोई कठिन काम नहीं था। शिवाजी के पास तो कुछ-भी शक्ति नहीं थी। यह माना कि वे एक अत्यन्त प्रतिभाशाली पुरुष थे, किन्तु उनके अनुयायी तो अभी तक भी सैनिक कहलाने योग्य नहीं थे। न तो उनको किसी प्रकार से शिक्षित-दीक्षित किया गया था, और न उनके पास ठीक प्रकार के शस्त्रास्त्र ही थे। सुल्तान के तोपखाने के सामने उनका डटे रहना असम्भव रहता।

किन्तु सुल्तान के परामर्शदाताओं ने सुल्तान को यही समझाया कि सैन्यबल का प्रयोग करने की कोई आवश्यकता नहीं। और उन्होंने एक सुन्दर योजना भी सुल्तान के सामने रक्खी। हल्दी लगे न फिटकरी, और शिवाजी का दमन भी हो जाए! बस, शाहजी को कारागार से बाहर निकाल लिया गया, और उनको कह दिया गया कि शिवाजी ने यदि तुरन्त ही बीजापुर में आकर आत्मसमर्पण नहीं किया तो उनको जीवित ही दीवार में चिन दिया जाएगा!

शाहजी ने फिर अपनी निर्दोषता की दुहाई दी। उनको आदेश दिया गया : "अपने पुत्र को बुलाने के लिए एक पत्र लिख दो। उसको अपने शिर पर खड़े संकट का समाचार भेज दो। यदि वह नहीं आया तो तुम मारे जाओगे!" और शाहजी ने शिवाजी के नाम एक पत्र लिख दिया। पत्र में बहुत घबराहट प्रकट की गई थी। तब उनको दीवार में बने हुए एक आले में खड़ा किया गया और शृंखला-बंधन से दीवार के साथ बाँध दिया गया। राजमजदूर आले को ईंटों से चिनने लगे। फिर कई दिन तक चिनाई बन्द कर दी गई। सुल्तान शिवाजी के आगमन की प्रतीक्षा कर रहा था। किन्तु शिवाजी के आगमन का तो कोई संकेत ही नहीं मिला। और राजमजदूर फिर ईंट पर ईंट उठाने लगे। अन्त में केवल एक ईंट रखने भर का स्थान रह गया। बन्दी शाहजी सदा के लिए प्रकाश और वायु से वंचित होने वाले थे।

शिवाजी की उद्विग्नता तथा किंकर्त्तव्य-विमूढ़ता की कल्पना की जा सकती है। यदि वे आत्मसमर्पण कर देते तो सम्भवतः उनके अपने प्राणों का हरण हो जाता। दूसरी ओर सुल्तान अपनी धमकी को पूरा करने पर तुला हुआ था, और शाहजी जीवित ही दफ़नाए जाने वाले थे। यद्यपि शिवाजी के पिता ने कभी उनके प्रति स्नेह प्रकट नहीं किया था, फिर भी पिता के संकट की कल्पना करके ही शिवाजी अस्थिर हो गए। यह सत्य था कि शाहजी ने शिवाजी के साथ एक पिता के अनुरूप आचरण नहीं किया था। किन्तु यह भी सत्य था कि शिवाजी के पिता होने के कारण ही उनको ऐसा यातनापूर्ण प्राणदण्ड मिल रहा था।

शिवाजी बीजापुर जाने के लिए प्रस्तुत होने लगे। पिता के परित्राण के लिए यदि उनको अपने प्राण भी गँवाने पड़ते तो वे प्रस्तुत थे। अब और कोई मार्ग ही उनके सम्मुख नहीं रह गया था। यह कहा जाता है कि उनकी धर्मपत्नी सईबाई की आर्त अभ्यर्थना ही उनको बीजापुर जाने से रोक पाई थी। साथ ही जीजाबाई भी वहीं विद्यमान थीं। उनको अपने पति पर वैसे ही आस्था नहीं थी, और शिवाजी तो उन्हें प्राणों से भी प्यारे थे। उन्होंने शिवाजी को उनके आदर्श का स्मरण करवाया, और कहा कि इस प्रकार के आत्मसमर्पण से शिवाजी के प्राण ही नहीं हिन्दू स्वराज्य का स्वप्न भी संकट में पड़ जाएगा।

और तब शिवाजी के मानस में एक अद्‌भुत प्रेरणा उद्‌भूत हुई।

उन्होंने एक घुड़सवार उत्तर दिशा की ओर दौड़ा दिया—मुगल शाहंशाह के दक्षिणस्थ दरबार की ओर। शिवाजी ने शाहंशाह से प्रार्थना की कि उनको दरबार में उपस्थित होकर शाहंशाह का आधिपत्य स्वीकार करने का अवसर दिया जाए। और शाहंशाह के प्रति अपनी भक्ति प्रकट करने के लिए उन्होंने वचन दिया कि वे बीजापुर के प्रत्यन्त प्रदेश में अधिकृत अपनी दुर्गमाला मुग़ल सेनापतियों को सौंप देंगे।

इस समय के पूर्व होने वाले युद्ध में दिल्लीपति शाहजहाँ बीजापुर को पूर्णतया पराजित नहीं कर पाए थे। दिल्लीपति ने बीजापुर को करद बनाकर ही सन्तोष कर लिया था। अब फिर किसी दिन भी बीजापुर के साथ संघर्ष हो उठना सम्भव था। बीजापुर का शासक कर देना बन्द कर सकता था। अथवा वह दिल्ली का ध्यान अपने साम्राज्य के उत्तर-पश्चिमी प्रत्यन्त पर निविष्ट

देखकर अपने-आपको स्वाधीन घोषित कर सकता था। उस अवस्था में बीजापुर की ओर जाने वाले पार्वत्य पथ पर बने हुए वे दुर्ग बहुत काम के सिद्ध हो सकते थे।

मुग़ल दरबार में शिवाजी के दूत का यथोचित सत्कार किया गया। शाहंशाह के पुत्र शाहज़ादा मुरादबख्श ने केवल शिवाजी के नाम ही नहीं, अपितु शाहजी के नाम भी कृपापूर्ण पत्र लिख दिए। मुरादबख्श उस समय मध्यभारत का सूबेदार था। शाहज़ादा बीजापुर पर दबाव डाल रहा था कि शाहजी को मुक्त कर दिया जाए। शाहजी उस समय दीवार में चिने जा रहे थे। अकस्मात् उनके भाग्य ने पलटा खाया। शाही पत्र को उनके पास पहुँचने से कोई भी नहीं रोक सकता था।

बीजापुर के शासकों को यह काण्ड बिलकुल भी नहीं भाया। वे बीजापुर के अभ्यन्तर मामलों में मुग़ल हस्तक्षेप की सम्भावना देखकर अत्यधिक आतंकित हो उठे। यदि शिवाजी ने सचमुच ही प्रत्यन्त प्रदेश की दुर्गमाला मुग़लों को सौंप दी तो सीमान्त पर स्थित मुग़ल सेना, बीजापुर की ओर से किसी भी सेना के पहुँच पाने के पूर्व ही, उस दुर्गमाला को सुदृढ़ कर लेगी।

और इससे भी अधिक आपत्ति-जनक एक अन्य घटना घटी थी। शाहंशाह की ओर से शाहजी को केवल एक कृपापूर्ण पत्र तथा खिल्अत ही नहीं भेजी गई थी, अपितु शाहजी को दिल्ली के दरबार में एक पद भी प्रदान किया गया था। इस का अर्थ यह था कि शाहजी अब मुग़ल साम्राज्य की प्रजा थे, और बीजापुर की सरकार को उनके संरक्षण के लिए दायी ठहराया जा सकता था। बीजापुर के सुल्तान को विवश होकर आदेश देना पड़ा कि शाहजी को ईंटों की क़ब्र से बाहर निकाल कर मुक्त कर दिया जाए।

अब एक और नई स्थिति ने जन्म लिया। शिवाजी यदि मुग़ल शाहंशाह को दिया गया अपना वचन पूरा करते, और बीजापुर की प्रजा न रहकर मुग़ल साम्राज्य की प्रजा बन जाते थे तो उनके हाथ में कूटकौशल का कोई सूत्र ही नहीं रह जाता। तब यह निश्चित हो जाता कि बीजापुर वाले उनके पिता को फिर से बन्दी बनाकर उनका वध कर डालते। दूसरी ओर शाहंशाह तुरन्त ही शिवाजी से अनुरोध कर सकता था कि वे अपना वचन पूरा करें। मुग़ल साम्राज्य के प्रति आत्मसमर्पण कर देना उनकी नीति की पूर्ण पराजय होती।

किन्तु मुग़ल सेना के आक्रमण को रोक पाना भी उनके लिए अभी सम्भव नहीं था।

इसलिए आगामी कई मास तक शिवाजी एक अत्यन्त दु:साध्य नीति का अवलम्बन लेते रहे। उन्होंने दिल्ली के दरबार में अत्यन्त ही विनयपूर्ण और प्रशंसात्मक पत्र भेजने आरम्भ किए। उनका उद्देश्य था कि शाहंशाह उनके विनयभाव पर मुग्ध होकर यह भूला रहे कि प्रत्यन्त की वह दुर्गमाला अभी भी शिवाजी के अधिकार में है। न ही उन्होंने बीजापुर के प्रति कोई वैरपूर्ण आचरण किया। बीजापुर के अधिकारी अपनी ओर से शिवाजी के विरुद्ध कोई क़दम उठाना नहीं चाहते थे। उनको आशंका थी कि कोई क़दम उठाते ही शिवाजी मुग़ल शाहंशाह के प्रति आत्मसमर्पण कर देने की अपनी धमकी को पूरा कर सकते हैं।

: ३ :

शिवाजी तथा उनकी प्रतिवेशी मुस्लिम शक्तियों के मध्य यह कूटयुद्ध चलता रहा। इसी बीच सन् १६४९ में शिवाजी का साक्षात्कार उन दो महापुरुषों से हुआ जिनकी ख्याति पश्चिम भारतवर्ष में उतनी ही है जितनी कि स्वयं शिवाजी की। उन महापुरुषों में एक थे सन्त तुकाराम, और दूसरे समर्थ रामदास।

सन्त तुकाराम, जिनके अभंग महाराष्ट्र के गाँव-गाँव में आज भी गाए जाते हैं, एक बनिया के बेटे थे। अपने शैशवकाल में ही वे ध्यान में लीन होकर ग्रामांचल में घूमते रहते थे। उनके विचार अनिवार्यत: और बारम्बार वैराग्य की ओर प्रवृत्त होते थे। वे बालक ही थे कि उनके पिता का देहान्त हो गया, और परिवार का व्यवसाय चलाने का दायित्व स्वयं उनको उठाना पड़ा। किन्तु व्यवसाय के लिए न तो उन के पास बुद्धि थी, न रुचि ही। गाँव के बहुत से परिवारों से दूकान का पावना था। किन्तु तुकाराम झेंपू होने के कारण किसी से भी ऋणशोध के लिए नहीं कह पाए। और उनके हाथ में जब भी कुछ रुपया आता था तभी वे उसको दान में लगा देते थे। एक ब्राह्मण देवता किसी का ऋणशोध न कर पाने के कारण काराग्रस्त हो गए थे। तुकाराम ने अपने हाथ की अन्तिम पाई व्यय करके ब्राह्मण को बन्धन से छुड़ा लिया। और वे स्वयं सर्वथा

अकिञ्चन होकर रह गए।

तब वे तीर्थयात्री बन कर पहाड़ों में चढ़ गए। वहाँ पर घूमते-घूमते ही उन्होंने उन अभंगों की रचना की जिनके कारण आज उनका नाम विख्यात है। इस देश में आतिथ्य की तो कभी कमी नहीं रही। गाँवों के ग़रीब किसानों तथा चरवाहों ने उनके भरण-पोषण का भार अपने ऊपर ले लिया। वे लोग तुकाराम को घेर कर उनके अंभग सुनते थे, और घर लौट कर उनकी ख्याति का विस्तार करते थे।

एक दिन किसी घूमते-फिरते गानेवाले ने तुकाराम का एक अभंग शिवाजी को भी सुनाया। शिवाजी उसको सुनकर इतने विभोर हो उठे कि उन्होंने तुरन्त ही एक दूत तुकाराम के पास भेज दिया। शिवाजी ने तुकाराम से प्रार्थना की कि वे तुरन्त ही आकर शिवाजी के साथ निवास करें। तुकाराम को सब प्रकार के सुख तथा सम्पत्ति देने का वचन भी दिया था। प्रत्युत्तर में तुकाराम ने एक अभंग लिख भेजा:

> "राजन्! आपके दण्डप्रदीप, राजछत्र और साज से सजे घोड़े, आपकी धूमधाम, आपके ठाट-बाट और राजसी भोग मेरे लिए नहीं हैं। मैं संसार से भाग कर आया हूँ, और आप मुझको फिर उसी में फँसाना चाहते हैं। मुझको तो एकाकी ही रहने दीजिए, एकान्त में और शान्त ही रहने दीजिए। आप मुझको राजसी वस्त्र और प्रासाद देना चाहते हैं। किन्तु मेरे लिए तो वे किसी काम के नहीं। मेरे लिए तो वन और बीहड़ ही एकमात्र निवासस्थान हैं। घास से लदी चट्टान मेरा पलंग है, और ऊपर फैला हुआ आकाश ही मेरा अँगरखा है।"

शिवाजी ने जब यह अभंग पढ़ा तो वे कुछ क्षण तक मौन रहे। फिर वे अपने शिविर को त्यागकर चल पड़े, और महाराष्ट्र के पठार पर उस समय तक एकाकी ही भटकते रहे जब तक कि सन्त तुकाराम उनको नहीं मिल गए। और वे सन्त के चरणों में जा गिरे। शिवाजी ने अपने वस्त्र फाड़ कर फैंक दिए, और सन्यासी के समान चीथड़े पहिन लिए। फिर वे विनय भाव धारण करके सन्त के पास मौन बैठे रहे। दोनों में से किसी ने भी एक शब्द नहीं कहा।

शिवाजी के अनुयायी बड़ी व्यग्रता से उनकी खोज में लगे हुए थे। यहाँ आकर उन्होंने अपने नेता को देखा। उन लोगों ने शिवाजी से प्रार्थना की कि वे

अपने शिविर में लौट चलें। किन्तु शिवाजी ने उन लोगों की एक नहीं सुनी। हारकर उन लोगों ने जीजाबाई के पास समाचार भेज दिया कि वे ही आकर अपने पुत्र को सँभालें। जीजाबाई आईं, और उन्होंने अपने पुत्र की भर्त्सना की—शिवाजी ने अपने अनुयाइयों को मुसलमानों के विरुद्ध विद्रोह करने के लिए प्रोत्साहित किया था, और अब वे उन लोगों को छोड़े जा रहे थे! हिन्दुओं के भारत में सन्त तो अनेक थे, किन्तु शिवाजी के समान सामर्थ्यवान् पुरुष तो केवल एक ही था!! हिन्दू राष्ट्र को उस समय साधुओं और सन्यासियों की नहीं, प्रत्युत सेनानियों और सेनाओं की आवश्यकता थी!!!

शिवाजी ने शोक से सन्तप्त होकर भी माता की विवेचना को न्यायसंगत समझा। वे अपने अनुयाइयों के साथ लौट आए। तुकाराम के साथ उनका साक्षात्कार फिर नहीं हो पाया। कारण, उसी वर्ष तुकाराम का देहान्त हो गया। किन्तु अपने अवशिष्ट जीवनकाल में शिवाजी सदा ही समर्थ रामदास के सम्पर्क में रहे। रामदास सन्त तुकाराम के ही समकालीन थे, और उनके साथ भी शिवाजी का प्रथम साक्षात्कार सन् १६४९ में ही हुआ था।

समर्थ रामदास ने अपनी बाल्यावस्था से ही वैराग्य की ओर अपनी प्रवृति प्रकट की थी। बाल्यकाल में ही वे अपने आसन्न विवाह से बचने के लिए घर से भाग निकले थे। तदनन्तर वे पाँव-पाँव चलकर भारतवर्ष के विविध तीर्थों की यात्रा कर आए थे। अन्त में वे सतारा के निकट श्रीराम के एक मन्दिर में निवास करने लगे थे। बाल्यावस्था में ही वे अनेक चमत्कार दिखला चुके थे। अतएव वह मन्दिर शीघ्र ही एक तीर्थस्थान बन गया और वहाँ पर यात्रियों की भीड़ लगने लगी।

शिवाजी ने ज्योंही समर्थ रामदास के विषय में सुना त्योंही उन्होंने रामदास को भी एक पत्र लिख दिया। रामदास ने भी तुकाराम के समान एक अभंग के द्वारा अपना प्रत्युत्तर पठा दिया। किन्तु जहाँ तुकाराम ने त्याग तथा विविक्तवास का गुणगान किया था, वहाँ समर्थ रामदास ने सिंहनाद किया कि शिवाजी ही वे नवीन महावीर हैं जो हिन्दुओं को परतन्त्रता के पाश से मुक्त करेंगे। और अभंग के साथ रामदास ने एक मुट्ठी मिट्टी, कुछ कंकड़ तथा घोड़े की लीद भी शिवाजी के पास भेज दी।

ये अपूर्व उपहार जिस समय पूना में पहुँचे, उस समय शिवाजी अपनी माता

के पास उपासीन थे। जीजाबाई धर्मप्राण स्त्री थीं। किन्तु इस प्रकार के स्थूल संकेत उनकी समझ में नहीं आए। उन्होंने असहिष्णु-सी होकर पूछा कि क्या कोई इस प्रकार के उपहार भी किसी श्रीमन्त के पास भेजा करता है! किन्तु शिवाजी एक क्षण विचार करके बोले: "ये तो केवल प्रतीक हैं, माँ! एक भविष्यवाणी का वहन करने वाले प्रतीक। मिट्टी का आशय है कि मैं इस समस्त देश पर विजय प्राप्त करूँगा। कंकड़ें वे दुर्ग हैं जिनकी सहायता से मैं अपने आधिपत्य को अक्षुण्ण रक्खूँगा। और घोड़े की लीद उस अश्वारोहिणी की ओर संकेत कर रही है जिसके कारण एक दिन मैं प्रसिद्ध हो जाऊँगा।"

तदनन्तर शिवाजी निरन्तर ही समर्थ रामदास के साथ पत्रव्यवहार करते रहे। वे राजकार्य, शासन-व्यवस्था तथा नीति-कौशल के विषय में रामदास के आदेश माँगते रहते थे। अपनी सत्ता के शिखर पर आरूढ़ होकर शिवाजी समर्थ रामदास के पास पहुँचे, और रामदास को प्रणाम करके शिवाजी ने एक प्रतिज्ञा-पत्र उनके चरणों में न्यस्त कर दिया। उस प्रतिज्ञा-पत्र द्वारा शिवाजी ने अपना सारा राज्य रामदास को समर्पित कर दिया था। रामदास बोले, "मैं भगवान् की ओर से इस भेंट को स्वीकार करता हूँ। अपना राज्य वापिस ले लो, और भगवान् के नाम पर उसका शासन चलाओ। निरंकुश अधिपति बनकर कभी शासन मत करना। विनय का भाव धारण करके भगवान् के सेवक ही बने रहना।"

समर्थ रामदास की उपासना-पद्धति के प्रति अपनी श्रद्धा प्रकट करने के उद्देश्य से शिवाजी ने अपने समस्त अनुयाइयों को आदेश दिया कि वे लोग "राम, राम" कहकर एक-दूसरे का अभिवादन करें। मराठा लोग आज तक अभिवादन करते समय शिवाजी के आदेश का पालन करते हैं। आधुनिक तानाशाह लोग सम्भवत: यह जान कर विस्मय प्रकट करेंगे कि मराठा लोग अपने अभिवादन में एक सफल शासक के नाम का नहीं, प्रत्युत् एक सन्त के नाम का प्रयोग करते हैं।

अन्त में उन यात्रियों के प्रति श्रद्धा प्रकट करने के लिए, जो समर्थ रामदास के दर्शन करने के लिए आते रहते थे, शिवाजी ने अपने राज्य का राष्ट्रीय ध्वज भगवा रंग का स्वीकार किया। हिन्दू तीर्थयात्री यात्रा पर जाते समय एक दीर्घकाल से यही ध्वज धारण करते रहे हैं। और इस सीधे-साधे ध्वज के दर्शन

मात्र से मराठों का मानस भक्ति से भर जाता है।

समर्थ रामदास का आशीर्वाद पाकर शिवाजी ने एक धर्मयुद्ध का सूत्रपात किया था। किन्तु यह एक अद्‌भुत सत्य है कि विपक्षी धर्मों के प्रति शिवाजी ने कभी किसी प्रकार के विद्वेष अथवा वैमनस्य का भाव प्रकट नहीं किया। पुर्तगाल के शासक उस समय अपने अधिकृत प्रदेश में रहने वाले मराठा ब्राह्मणों पर अत्याचार कर रहे थे। किन्तु कैथॉलिक पादरियों के प्रति शिवाजी का व्यवहार बहुत ही भद्र रहा। और मुसलमान मौलवियों, मस्जिदों तथा कुरानशरीफ़ के प्रति उनके सर्वथा सम्यक् व्यवहार की प्रशंसा तो उनके शत्रु भी करते थे।

मुस्लिम इतिहासकार ख़फी खाँ अपनी तवारीख में जब-जब शिवाजी का उल्लेख करता है तब-तब वह अत्यन्त अभद्र अपशब्दों का प्रयोग करता है। किन्तु वह भी यह स्वीकार करता है कि मस्जिदों के परित्राण की पूरी व्यवस्था किए बिना शिवाजी किसी भी विजित प्रदेश में अपनी विजययात्रा प्रारम्भ नहीं करते थे। जब-जब कुरानशरीफ़ की कोई प्रति उनके हाथों में पड़ती थी तब-तब वे उसका वैसा ही आदर करते थे जैसा कि अपने धर्म-ग्रन्थों का। उनके अनुयायी जब-जब मुसलमान स्त्रियों को बन्दी बनाकर उनके पास लाते थे तब-तब वे उन स्त्रियों की देखभाल ऐसे यत्नपूर्वक करते थे मानो वे स्वयं ही उन स्त्रियों के संरक्षक हों, और वे सदा ही उन स्त्रियों को सम्मानपूर्वक उनके सगे-सम्बन्धियों के पास पहुँचा देते थे।

: ४ :

सन् १६५० में शाहज़ादा औरंगज़ेब मध्यभारत का सूबेदार बना। मुग़ल-वंश का अन्तिम बादशाह होना ही उसके भाग्य में बदा था। बादशाह बनने पर उसने गोलकुण्डा तथा बीजापुर के स्वाधीन राज्यों को तो निःशेष कर दिया। किन्तु मराठों का दमन करने के प्रयास में उसने मुग़ल साम्राज्य को मिट्टी में मिला दिया।

औरंगज़ेब में अपने वंश के अनेक गुण विद्यमान थे। वह योग्य था, परिश्रमी तथा अध्यवसायी भी था। किन्तु उसके इन समस्त गुणों को उसकी मतान्धता ने आछन्न कर लिया। वह एक अनुदार तथा असहिष्णु मज़हब का

अन्ध अनुयायी था। इस्लाम की परम्परा में जिस महान् संस्कृति का विकास हुआ था, जिस तत्त्वशास्त्र की सृष्टि हुई थी, और इस्लाम ने सूफीमत के माध्यम से जिस आत्मानन्द का साक्षात्कार किया था, उस समस्त से औरंगज़ेब का कोई सम्पर्क ही कभी नहीं हो पाया था। उसका मज़हब तो अरब के एक ख़ानाबदोश सरदार अथवा मारकाट मचाने वाले महायोद्धा का मज़हब ही था। वह संगीत, शिल्प तथा सब प्रकार की सौन्दर्य-साधना से घोर घृणा करता था। इस्लाम के अनेक कवियों ने भगवान् को भी एक कवि कहकर उनका स्तवन-गान किया था। किन्तु औरंगज़ेब तो भगवान् के कवि होने की कल्पनामात्र से ही काँप उठता था।

औरंगज़ेब की आयु ज्यों-ज्यों बढ़ती गई त्यों-त्यों वह अधिकाधिक कृच्छ्रव्रती होता चला गया। वह समस्त संसार में ख़लीफ़ा उमर की सादगी पुनः प्रस्थापित करना चाहता था। इसलिए वह अपने भरण-पोषण के लिए राजकोष से कभी कुछ नहीं लेता था। वह टोपियाँ सीकर अपने सामन्तों के हाथ बेच देता था, और इस प्रकार अपने लिए एक अल्प आजीविका जुटा लेता था। वह धरती के ऊपर एक व्याघ्रचर्म बिछाकर ही शयन करता था। सिंहासनारूढ़ होते ही उसने अपने साम्राज्य में मद्यपान का निषेध कर दिया था। किन्तु मद्यपान का इतना प्रचार हो चुका था कि औरंगज़ेब को स्वयं स्वीकार करना पड़ा : "भारत में केवल दो ही पुरुष हैं जो कि मद्यप नहीं हैं—मैं और प्रधान काज़ी।"

किन्तु धर्मनिष्ठ लोगों के विषय में उसका यह अनुमान भी भ्रान्त था। मनुच्ची लिखता है : "शाहंशाह ने प्रधान काज़ी के विषय में भूल की थी। कारण, काज़ी के पास मैं नित्यप्रति ही एक बोतल भेजता था जिसे वह छुपछुप कर पीता था।" औरंगज़ेब की परमप्रिय पत्नी उदयपुरी नाम की एक ज्यॉर्जियन सुन्दरी थी। वह भी महान् मद्यप थी। कभी-कभी तो औरंगज़ेब ने अपनी आँखों से देखा था कि उदयपुरी "प्रमत्त होकर पड़ी है, उसके केश अस्त-व्यस्त हैं, और उसके शिर पर नशा सवार है।" औरंगज़ेब में किसी के लिए भी किसी प्रकार की मृदुलता नहीं थी। फिर भी उदयपुरी की शय्या के पास उपासीन होकर वह उसका शिर सहलाने लगता था। परन्तु उदयपुरी तो इतनी मात्रा में मद्यपान किए रहती थी कि वह अपने पति तथा भृत्यों के बीच भेद

करने में भी असमर्थ हो जाती थी। वह औरंगज़ेब की प्रणयपूर्ण भर्त्सना के प्रत्युत्तर में कह उठती थी—मेरा मद्यपात्र फिर-से भर दो!

औरंगज़ेब के एक दूसरे आदेश के अनुसार दाढ़ियों का आयतन नियत किया गया था। शाही फ़रमान में कहा गया था कि कोई भी मुसलमान चार अंगुल से बड़ी दाढ़ी न बढ़ाए। और पुलिस के लोग पैमाने तथा कैचियाँ लेकर रास्तों पर खड़े होने लगे। बहुत से सामन्तों को अपनी लम्बी दाढ़ियों पर बहुत गर्व था। वे जुकाम का बहाना बनाकर अपनी दाढ़ियों को शाल से ढकने लगे।

एक तीसरे आदेश ने सब प्रकार के संगीत को निषिद्ध कर दिया। साथ-ही-साथ सब प्रकार के वाद्यों को नष्ट कर डालने का आदेश भी दिया गया था। राजप्रासाद के पास एक जनसमवाय इकट्ठा हुआ, और विलाप करने लगा। औरंगज़ेब ने विलाप का कारण पूछा। जनसमवाय ने उत्तर दिया : "हम संगीत-देवी के मरण पर शोक मना रहे हैं।" औरंगज़ेब बोला : "उसको सत्यशः और भलीभाँति दफ़ना दो।"

ये सब शाही आदेश तो अभी भविष्य के गर्भ में थे। अभी तक तो किसी को यह आभास भी नहीं था कि औरंगज़ेब तख्ते-ताऊस का आरोहण करेगा। कारण, उत्तराधिकारी शाहज़ादों में उसका नम्बर तीसरा था। इन आदेशों का उल्लेख इस स्थान पर इस आशय से किया गया है कि वे औरंगज़ेब के चरित्र को विशेषतया अभिव्यक्त करते हैं। अब वह सूबेदार नियुक्त हो चुका था। अपनी नियुक्ति के क्षण से ही वह दक्षिण-भारत के प्रति बरती जाने वाली मुग़ल विदेश-नीति का प्रतिनिधि था। सरस-जीवी शाहजहाँ की विदेश-नीति अस्त-व्यस्त ही रहती आई थी। अब सहसा उस नीति में अध्यवसाय तथा आग्रह का समावेश होने वाला था।

सूबेदार के दरबार का रूपान्तर होने लगा। औरंगज़ेब स्वयं सूर्योदय के पूर्व ही शय्यात्याग करके स्नानादि से निवृत्त हो जाता था। फिर वह नमाज़ के उपरान्त अल्प मात्रा में शाकाहार करके दो घण्टे तक अपने कर्मचारियों के साथ कर्मरत रहता था। मध्याह्न के समय वह फिर नमाज़ पढ़ता था, और भोजन करता था। और तदुपरान्त साँझ की नमाज़ की वेला आने तक अविराम कर्मरत रहता था। इस प्रकार अजस्र अध्यवसाय, नमाज़ तथा धर्मसाधना ने उसको एक अतिमानुषीय मात्रा में कठोर बना दिया था।

उसके मुख पर कभी किसी प्रकार का आवेश अभिव्यक्त नहीं हो पाता था। यदि कोई व्यक्ति उससे कुछ कहता था तो वह मौन रहकर अपना प्रत्युत्तर निश्चित कर लेता था। और जब वह सिर उठाकर उत्तर देता था तो किसी के लिए भी कुछ और कहने की गुँजाइश नहीं रह जाती थी। औरंगज़ेब को अपने आत्मगोपन के सामर्थ्य पर बड़ा गर्व था। अधिकतर लोग इस सामर्थ्य को एक शाहंशाह के लिए शोभनीय नहीं समझते थे। किन्तु औरंगज़ेब स्वयं लिख गया है : ''धोखा-धड़ी के बिना कोई शासन नहीं कर सकता। धोखा-धड़ी पर निर्भर रहने वाला राज्य अनन्तकाल तक अमर रहेगा।''

औरंगज़ेब में अपने मज़हब के प्रति नितान्त निष्ठा थी। फिर भी उसने एक क्षण के लिए भी आत्मग्लानि का अनुभव किए बिना अपने भाइयों की हत्या कर डाली, और अपने पिता को कारागस्त कर दिया। कारण, वह अपने-आप को खुदा की मर्ज़ी का निमित्त मात्र मानता था। अतएव वह औचित्य के विषय में सदा ही विगतसंशय बना रहा। उसके उद्देश्य की पूर्ति का मार्ग भले ही रक्त से स्नात हो उठे, किन्तु इस क्षुद्र-सी बात पर वह अपने उद्देश्य की पूर्ति से विरत नहीं होता था। उसका उद्देश्य था कि काफ़िरों को दण्ड देकर मूल इस्लाम मज़हब की जटिलता-विहिन आस्था का पुनरुद्धार किया जाए। साम्राज्य की समस्त समस्याओं को वह अपने मज़हब की ही एकमात्र दृष्टि से सुलझाना चाहता था। जिस समय वह मरणासन्न हुआ उस समय उसकी इस नितान्त निष्ठा का स्वरूप व्यक्त हो गया। उसके एकाकी जीवन की कृच्छ्रसाधना में समाविष्ट कारुण्य भी उसी समय व्यक्त हुआ। उसने अपने पुत्र को लिखा : ''मैं नहीं जानता कि मैं कौन हूँ, मैं कहाँ जाऊँगा, और पापों से आपूर्ण मुझ पापी की कौन-सी गति होगी...मेरा जीवन व्यर्थ ही बीत गया। भगवान् मेरे हृदय में वास कर रहे थे। किन्तु मेरी अन्ध दृष्टि उनके प्रकाश को नहीं देख पाई। मैंने महान् पाप किए हैं। और मैं नहीं जानता कि किस प्रकार की यन्त्रणा मेरी प्रतीक्षा कर रही है।''

औरंगज़ेब के पदस्थ होते ही सीमान्त के मुग़ल पार्श्व पर बने हुए शिविरों तथा दुर्गों में एक प्रकार का कुटिल चाञ्चल्य व्याप्त होने लगा। शिवाजी भी मुग़ल सेना के सांग्रामिक समारम्भ को देखकर सावधान हो गए। कारण, मुग़लों के साथ उनका अपना सम्बन्ध भी संशय-विहीन नहीं था।

शिवाजी ने एक पत्र औरंगज़ेब के पास भेजा। पत्र में उन्होंने एक बार फिर शाहज़ादे को स्मरण करवाया था कि वे किस प्रकार मुग़ल पक्ष के प्रति अनुरक्त रहे हैं, .और भूतपूर्व सूबेदार किस प्रकार उनके तथा उनके पिता पर अनुग्रह करता आया था। औरंगज़ेब ने एक शिष्ट किन्तु सन्दिग्धार्थ उत्तर भेज दिया। उसको एक क्षुद्र-बल हिन्दू सरदार में कोई दिलचस्पी नहीं थी। उस सरदार के पास मावले लोगों की एक टोली के अतिरिक्त और था ही क्या? औरंगज़ेब की दृष्टि तो और भी दूर दक्षिण में बीजापुर राज्य पर निविष्ट थी।

बीजापुर के राजवंश ने शीया मत स्वीकार कर लिया था। अतएव उत्तर भारत के सुन्नी मुसलमान उस वंश को काफ़िर कहकर उससे घोर घृणा करते थे। किन्तु उस वंश का कुफ्र औरंगज़ेब की घृणा के कई-एक कारणों में से केवल एक था। वह तो उस नगर से भी घृणा करता था जिसमें सार्वजनिक स्नानागार बने हुए थे, जहाँ संस्कृति का विलास-वैभव व्याप्त था, जहाँ मूर्तिपूजा के अनुरूप आयोजन होते रहते थे, जहाँ विदेश से आने वाले काफ़िर चित्रकारों द्वारा दीवारों पर ग्रीक देवताओं के वे चित्र अंकित किये हुए थे जिनमें देवता लोग वनकुंजों में विहाररत थे, और जिनमें ग्रीक देवियों के अवदात अवयव अर्धनग्न रह गए थे।

बीजापुर की सरकार भी इसके पूर्व ही यह समझ चुकी थी कि औरंगज़ेब के आगमन के साथ ही मुग़ल साम्राज्य के साथ उस राज्य का एक और संघर्ष अनिवार्य हो चला है। इसलिए शिवाजी के प्रसंग में उस सरकार का कर्त्तव्य अब सर्वथा स्पष्ट था। उस सरकार के लिए अब यही उचित था कि वह शिवाजी के साथ कोई निश्चयात्मक निर्णय कर ले—शिवाजी का दमन किया जाए, अथवा उनकी स्वाधीनता को स्वीकार कर लिया जाए। कारण, शिवाजी जिस प्रदेश के अधिपति थे वह मुग़ल सेना के अभियान-पथ में पड़ता था। किन्तु बीजापुर की सरकार शिवाजी का दमन अथवा तोषण न करके, उनकी हत्या करवाने का प्रयास ही कर पाई। एक मराठे को घूस देकर प्रस्तुत किया गया कि वह शिवाजी के प्राण ले ले। किन्तु यह प्रयास असफल हो गया।

हत्या करने के लिए तत्पर मराठा मोरे नाम के एक हिन्दू जागीरदार के प्रदेश में आ पहुँचा। शिवाजी जिस समय बालक ही थे उसी समय जीजाबाई ने इच्छा प्रकट की थी कि मोरे की एक पुत्री का विवाह शिवाजी के साथ हो

जाए। मोरे ने यह प्रस्ताव अस्वीकार कर दिया था। और तदनन्तर दोनों कुलों के मध्य मनोमालिन्य हो गया था। मोरे या तो शिवाजी का उत्थान नहीं सहन कर पा रहा था (अन्ततः शिवाजी वे ही तो थे जिनको उसने अपना जामाता बनाना अस्वीकार कर दिया था), अथवा बीजापुर ने मोरे की मुट्ठी भी गरम कर दी थी। इतना निश्चित है कि मोरे ने बीजापुर के भेजे हुए हत्यारे को अपनी जागीर में ठहरने में और हत्याकाण्ड की तैयारी करने में पूरी सहायता दी।

शिवाजी को जब इस योगदान का समाचार मिला तो उन्होंने मोरे का आह्वान किया कि वह तुरन्त ही उनके साथ मैत्री सम्बन्ध स्थापित कर ले। सन्धिवार्ता लम्बी हो गई। दोनों पक्षों में से किसी का भी उद्देश्य यह नहीं था कि कोई समझौता हो जाए। एक पक्ष के द्वारा दूसरे की हत्या का प्रयास होने के उपरान्त समझौता सम्भव नहीं था। किन्तु शिवाजी तो मोरे का धैर्य नष्ट करना चाहते थे। कुछ दिन के उपरान्त शिवाजी के गुप्तचरों ने उनको वही समाचार दिया जो वे सुनना चाहते थे—मोरे ने शिवाजी के विरुद्ध बीजापुर से सहायता की याचना की है। अब शिवाजी कह सकते थे कि मोरे ने झगड़ा मोल लिया है। और उन्होंने तुरन्त ही अपनी सेना सहित मोरे की जागीर पर चढ़ाई करके मोरे के प्रमुख नगर का घेरा डाल दिया।

शिवाजी के दूत अब भी मोरे के साथ सन्धिवार्ता में व्यस्त थे। ज्योंही मोरे ने सुना कि शिवाजी सहसा चढ़ आए हैं, त्योंही वह क्रुद्ध होकर शिकायत करने लगा। दोनों पक्षों के लोग सुरापान कर रहे थे, और सबका पारा तुरन्त ही गरम हो गया। शिवाजी के दूतों ने उत्तर दिया कि मोरे ने बीजापुर के साथ बातचीत करके विश्वासघात किया है। अन्त में शिवाजी के एक दूत ने कृपाण निकालकर मोरे का वध कर दिया। और फलस्वरूप फैलने वाली हायतोबा में शिवाजी के सब दूत निकल भागे। कुछ काल के उपरान्त शिवाजी ने नगर में प्रवेश किया और, उसका आत्मसमर्पण स्वीकार कर लिया।

शिवाजी से द्वेष रखने वाले इतिहासकार इस घटना का अवलम्बन लेकर शिवाजी पर जानबूझ कर की गई हत्या का आरोप लगाते हैं। किन्तु इस आरोप का कोई प्रमाण नहीं। यह निश्चित है कि शिवाजी मोरे की जागीर पर अधिकार करना चाहते थे। किन्तु इस कार्य को वे किसी प्रकार के विश्वासघात का आश्रय लिए बिना ही सम्पन्न कर सकते थे। फिर शिवाजी के समान

विद्वेषविहीन व्यक्ति इतिहास में बहुत कम हुए हैं। इस आरोप का सबसे पक्का खण्डन मोरे के मन्त्री, बाजी प्रभु, के परवर्ती आचरण में प्राप्त होता है। बाजी प्रभु अपनी प्रभुभक्ति के लिए प्रसिद्ध थे। उन्होंने शिवाजी की सेवा करना स्वीकार किया, और वे शिवाजी के अनुरक्त अनुयायी बन गए। अन्ततः राँगणा की घाटी में उन्होंने शिवाजी के लिए अपने प्राणों का उत्सर्ग कर दिया। यह असम्भव है कि बाजी प्रभु के समान गुणसम्पन्न पुरुष किसी ऐसे व्यक्ति की सुचारु सेवा कर सकते थे जिसने उनके भूतपूर्व प्रभु की जानबूझ कर हत्या की हो।

इस प्रकार शिवाजी से पिंड छुड़ाने के लिए किए गए बीजापुर के समस्त प्रयास का उल्टा ही परिणाम हुआ। शिवाजी की शक्ति पर्याप्त मात्रा में बढ़ गई, और शिवाजी के साथ किसी भी प्रकार की सन्धि अथवा समझौते की सम्भावना बहुत कम हो गई।

सन् १६५६ में शाहज़ादा औरंगज़ेब बीजापुर पर आक्रमण करने के लिए कटिबद्ध था। भाग्य ने उसको एक बहाना भी जुटा दिया। उस वर्ष के नवम्बर मास में बीजापुर का सुल्तान मर गया, और सिंहासन पर एक उन्नीस वर्ष के लड़के, बेचारे अली, को बैठाया गया। अली के सिंहासनारोहण के समय सब ओर उत्पात फैल गया, और स्वयं बीजापुर में ही विभिन्न पक्षों के बीच द्वन्द्व होने लगा। औरंगज़ेब ने अपने पिता को लिख भेजा कि बीजापुर मुग़ल साम्राज्य का करद राज्य है, और नए सुल्तान ने शाहंशाह की अनुमति प्राप्त किए बिना ही तथा पुराने सुल्तान के समान आत्मसमर्पण की प्रतिज्ञा किए बिना ही सिंहासन पर पर्दापण किया है। औरंगज़ेब ने यह भी लिखा कि अली पुराने सुल्तान का औरस पुत्र नहीं है (यह कथन सर्वथा असत्य था), और बीजापुर राज्य में अराजकता होने के कारण उसको जीत लेना सुकर हो सकेगा। शाहजहाँ औरंगज़ेब से सहमत हो गया। और तब सन् १६५७ की फरवरी में मुग़ल सेना अपने सीमान्त का अतिक्रमण करने लगी।

शिवाजी ने औरंगज़ेब के अभियान का कोई विरोध नहीं किया। वे तो अपने-आपको मुग़ल साम्राज़्य के अधीनस्थ घोषित कर चुके थे। अतएव उनके पास कोई कारण नहीं था कि वे मुग़ल सेना को अपनी जागीर में प्रवेश करता देखकर किसी प्रकार की आपत्ति उठाते। और खुलकर किसी प्रकार का

विरोध करना उनके लिये व्यर्थ रहता। अभी वह समय दूर था जब कि वे मुग़ल साम्राज्य की शक्ति से जूझने के लिए प्रस्तुत हो सकेंगे।

अतएव शिवाजी पार्वत्य प्रदेश में चले गए और अपनी दुर्गमाला के दोनों ओर कूच करती हुई मुग़ल सेना को देखने लगे। मुग़ल सेना, पठार तथा समुद्रतीरवर्ती प्रदेश, दोनों ओर से अभियान कर रही थी। मराठों ने कल्याण को खाली कर दिया। वहाँ के प्रासाद में एक बार फिर एक मुसलमान सूबेदार निवास करने लगा। नया सूबेदार मुग़ल शाहंशाह का सेवक था। और मुग़ल सेना धीरे-धीरे अग्रसर होती गई।

बीजापुर के अली ने संत्रस्त होकर अत्यन्त दीनतापूर्ण भाव से आत्मसमर्पण करने का निश्चय किया। वह नित-नए दूत औरंगज़ेब के पास पठाने लगा। किन्तु औरंगज़ेब ने उसके समस्त आवेदन जुगुप्सापूर्ण हँसी हँसकर अस्वीकार कर दिए। वह किसी प्रकार की कोई नई सन्धि करने नहीं आया था। वह तो मुग़ल साम्राज्य के सीमान्त का विस्तार करने के लिए व्यग्र था। और वह काफ़िरों के उस केन्द्र, बीजापुर, को भी ध्वस्त करना चाहता था।

मुग़ल सेना के साथ खुले मैदान में संघर्ष करना असम्भव था। बीजापुर की प्रजा ने अपने खेतों को जला डाला, अपने गाँव खाली कर दिये, और वे लोग बीजापुर की सुदृढ़ दुर्गप्राचीर के पीछे परित्राण पाने के लिए नगर में भीड़ बढ़ाने लगे। ग्रामीण लोगों ने पलायन करते समय जो कुछ भी पीछे छोड़ा उसको औरंगज़ेब ने अत्यन्त विद्वेषपूर्ण रीति के साथ विनष्ट कर दिया। वृक्ष, उपवन और उद्यान जला डाले गए। नहरों को मिट्टी से पाट दिया गया। खेतों में नमक बिछा दिया गया। तब श्वेत रंग का एक साधारण अँगरखा पहिने हुए औरंगज़ेब, अपने एक हाथ में पकड़े हुए गुलाब को सूँघता हुआ, बीजापुर पर दृष्टिपात करने लगा। वह नगर उसके पाँव तले पड़ा था।

इसी बीच पार्वत्य प्रदेश में सुरक्षित बैठे हुए शिवाजी अपनी अकर्मण्यता के प्रति अधीर होने लगे थे। मुग़ल सेना के पृष्ठ पर छोटा-मोटा छापा मारने के लोभ का वे संवरण नहीं कर सकते थे। यदि इस प्रकार का छापा अप्रयोजनीय तथा अविचारपूर्ण प्रतीत होता था तो साथ-ही-साथ उसकी एक मार्जना भी थी। शिवाजी की अश्वारोहिणी अभी तक उन दुबले-पतले खच्चरों का ही उपयोग करती थी जिन्हें मावले लोग दुर्गम पार्वत्य पथ पर आरोहण करते समय काम

में लाते हैं। यदि उनकी अश्वारोहिणी को किसी दिन मुग़ल सेना का सामना करना था तो उनके अश्वारोहियों को अपने खच्चरों की अपेक्षा अधिक अच्छे घोड़ों की आवश्यकता थी। मुग़ल सेना के अश्वारोही घुड़सवारी में अत्यन्त कुशल थे। अपने मुग़ल पूर्वजों तथा इस देश के राजपूतों का कौशल भी उनको उत्तराधिकार में मिला था। शिवाजी अपनी अश्वारोहिणी को भी वह कौशल सिखाना चाहते थे।

अतएव अपने साथ दो-चार सौ सैनिक साथ लेकर शिवाजी मुग़ल सीमान्त की ओर अग्रसर हुए, और उन्होंने सीमान्त प्रान्त की राजधानी, अहमदनगर, पर छापा मारा। उस नगर पर अपना अधिकार बनाए रखना उन के लिए असम्भव था। किन्तु उन्होंने औरंगज़ेब के अपने अस्तबल में से एक हज़ार घोड़े निकाल लिए। और वे वापिस लौटकर अपनी पर्वतमाला के संरक्षण में जा बैठे।

इस धृष्टतापूर्ण छापे का समाचार जिस समय औरंगज़ेब के पास पहुँचा उस समय वह बीजापुर की दुर्गप्राचीर के बाहर अपने शिविर में बैठा था। उसने अत्यन्त क्रुद्ध होकर अपने अधीनस्थ अधिकारियों की भर्त्सना की कि वे अकर्मण्य हो गए हैं। तदनन्तर औरंगज़ेब ने आदेश भेजा कि शिवाजी को क्या-क्या दण्ड दिया जाना चाहिए—मुग़ल सेना को तुरन्त ही शिवाजी की जागीर को पददलित कर देना चाहिए; गाँव उजाड़ दिए जाएँ और प्रजा का निर्मम नरमेध किया जाए; छापा मारने के लिए जाते हुए शिवाजी जिस-जिस प्रदेश में से होकर कर गए थे उस-उस प्रदेश के समस्त मुग़ल अधिकारियों तथा ग्राम-वासियों का वध किया जाए; उन लोगों के लिए उचित था कि वे शिवाजी का रास्ता रोकते; यह तथ्य कि मराठे बिना किसी बाधा के ही अहमदनगर पहुँच गए थे इस निष्कर्ष का प्रमाण था कि स्थानीय अधिकारी अयोग्य तथा द्रोह-दूषित थे; और उनके इस अपराध की मार्जना उनकी मृत्यु द्वारा ही हो सकती थी।

वर्षाकाल आ जाने के कारण औरंगज़ेब की यह विशद दण्ड-योजना तुरन्त ही कार्यान्वित नहीं हो पाई। और इसी बीच शिवाजी ने औरंगज़ेब को एक पत्र लिखवा दिया जिसमें उन्होंने क्षमा-याचना की गई थी, और आत्मसमर्पण तथा क्षतिपूर्ति का आश्वासन दिया गया था। शिवाजी को अब पर्याप्त संख्या में घोड़े मिल चुके थे। किन्तु अपने अश्वारोहियों को दीक्षित करने के लिये उनको

अभी भी कुछ अवकाश की आवश्यकता थी।

औरंगज़ेब शिवाजी के पत्रों के प्रति भी वैसी ही जुगुप्सा प्रकट करता जैसी कि उसने बीजापुर के पत्रों के प्रति प्रकट की थी। किन्तु वर्षाकाल बीतते-बीतते दिल्ली से समाचार आ गया कि शाहजहाँ रोगग्रस्त है। शाहजहाँ की मृत्यु किसी समय भी हो सकती थी, और उसका उत्तराधिकारी शाहज़ादा दाराशि-क़ोह अभी-से राज्य का काम सँभालने लग गया था।

मुग़ल शाहज़ादों में केवल औरंगज़ेब के पास ही एक ऐसा सैन्य था जो कि संग्राम के लिए सर्वथा प्रस्तुत था। उसने दाराशिकोह के उत्तराधिकार को मानना अस्वीकार कर दिया। और वह बीजापुर का घेरा उठाकर दिल्ली की ओर कूच कर गया। इस अवस्था में बीजापुर के साथ एक अप्रत्याशित विनम्रता का व्यवहार हुआ। किन्तु उत्तर की ओर अभियान-रत औरंगज़ेब ने उस दिसम्बर मास में अपने अधीनस्थ सीमान्त के अधिकारियों को आदेश दिया कि वे लोग शिवाजी की गतिविधि का अवलोकन करते रहें।

आगामी वर्ष में उत्तराधिकार के लिए होने वाले गृहयुद्ध ने उत्तर भारत को विभीषिका-ग्रस्त कर दिया। औरंगज़ेब को जब तक अपने आचरण के औचित्य पर आस्था नहीं हो जाती थी तब तक उसको सन्तोष नहीं होता था। अब सम्भवतः उसको विश्वास हो गया था कि दारा के आधिपत्य में इस्लाम की स्थिति संकटग्रस्त हो जाएगी। दारा के विषय में यह विख्यात होता जा रहा था कि उसका झुकाव ईसाइयत की ओर है। किन्तु वस्तुतः जिस प्रवाद का प्रचार औरंगज़ेब ने किया वह मिथ्या था, और औरंगज़ेब को ज्ञात था कि वह मिथ्याभाषण कर रहा है। उसने कहना आरम्भ कर दिया कि दारा ने शाहजहाँ के भोजन में विष मिला दिया है। औरंगज़ेब बहुत धूर्त था। उसने तुरन्त ही अपने किसी अधिकार का दावा नहीं किया। उसने घोषणा कर दी कि उसका बड़ा भाई और गुजरात का सूबेदार, शाहज़ादा मुराद, ही साम्राज्य का संरक्षक है। बंगाल के सूबेदार, शाहज़ादा शुजा, ने भी मुराद का समर्थन किया।

किन्तु दुर्भाग्यवश शाहजहाँ सहसा स्वस्थ हो गया, और उसने अपने पुत्रों को आदेश दिया कि वे सब अपने-अपने नियोग पर लौट जाएँ। किन्तु पुत्रों ने पिता के आदेश की अवहेलना कर दी, और वे राजधानी पर चढ़ आए। इसी बीच औरंगज़ेब ने शुजा के विरुद्ध मुराद के कान भरने आरम्भ कर दिये थे।

उसने मुराद को पट्टी पढ़ाई कि शुजा तो काफ़िर बन चुका है। अपने विषय में औरंगज़ेब ने कहा, "जहाँ तक मेरा सवाल है, मेरी तो एक ही आकांक्षा है—एक धर्मनिष्ठ शाहंशाह को सिंहासनारूढ़ देखूँ। तदनन्तर मैं सहर्ष फ़क़ीर बन कर अपना जीवन व्यतीत कर दूँगा।"

शाही दरबार में शाहंशाह की दो पुत्रियाँ, जहानारा और रौशनारा, षड्यन्त्र कर रही थीं, और कूटकौशल से काम ले रही थीं। जहानारा अपने पिता की मुँहलगी पुत्री थी। वह बहुत ही रूपवती थी। वह पण्डिता तथा कवयित्री भी थी। उसकी श्रद्धा दारा के ऊपर निविष्ट हो चुकी थी। वह दारा के साथ फ़ारसी के कवियों का अध्ययन करती थी, और अपने समकालीन रहस्यवादी महाकवि तबरेज़ी की रुबाइयों पर चर्चा चलाती थी। तबरेज़ी के समस्त सिद्धान्त को एक सूत्र में बद्ध किया जा सकता है। उसके प्रसिद्ध प्रवचन के अनुसार, "धर्म तथा विधर्म के विषय में यह समस्त विवाद एक ही निष्कर्ष निष्पन्न करता है—सब का स्वप्न एक ही स्वप्न है, केवल मीमांसा-मात्र का मतभेद रह जाता है।"

रौशनारा अपनी बहिन के समान सुन्दरी नहीं थी। इस त्रुटि की पूर्ति करने के लिए उसने एक अतिशय आडम्बर तथा विलास से पूर्ण जीवन-प्रणाली का आश्रय लिया था। जहानारा को उसके पिता की ओर से तथा सारे दरबार की ओर से बहुत मान मिलता था। रौशनारा अपनी विषाक्त वाणी तथा व्यंग्योक्तियों के बल पर सब को भयभीत किए रहती थी। उसको अपने भाई दारा की जनप्रियता पसन्द नहीं थी। इसलिए वह औरंगज़ेब की प्रबल पक्षपातिनी बन गई थी। उसके षड्यन्त्रों के कारण शाहंशाह की नीतियाँ बहुधा विफल हो जाती थीं। वह नित्यशः ही यह कहती रहती थी कि औरंगज़ेब एक ऐसा सुपुत्र है जिसको समझने में शाहंशाह ने भूल की है; औरंगज़ेब एक निष्ठावान् मुसलमान और सिंहासन के लिए सुयोग्य सुपात्र है।

किन्तु शाहजहाँ ने अन्ततः अधीर होकर अपने तीनों पुत्रों को विद्रोही घोषित कर दिया, और साम्राज्य की ओर से उनको दण्ड देने का निर्णय कर लिया। वलीअहद दारा को आदेश दिया गया कि वह राजभक्त सैन्य का सेनापतित्व ग्रहण करे। दारा जब अपने पिता से विदा माँगने आया तो वृद्ध शाहजहाँ विकल होकर विलाप करने लगा, और कहने लगा कि दारा को

अपनी विशेष देखरेख रखनी चाहिए। दारा ने एक संक्षिप्त-सा उत्तर दिया— "तख्त या तख्ता।" तदनन्तर उसने अपनी सेना लेकर प्रस्थान किया और वह पराजित हो गया। विद्रोही शाहज़ादों ने आगरा में प्रवेश किया, और शाहजहाँ को सिंहासन-च्युत कर दिया। शाहजहाँ को आगरे के दुर्ग में कारागस्त किया गया। जहानारा ने उसके साथ-साथ कारागार का कष्ट स्वीकार किया। और रौशनारा सहर्ष औरंगज़ेब की शोभायात्रा में सम्मिलित हो गई।

तब औरंगज़ेब ने शाहज़ादा मुराद को भोजन के लिए आमन्त्रित किया। उसको अत्यधिक मात्रा में सुरापान कराया गया, और एक लौण्डी को घूस देकर तैयार किया गया कि वह अभिसार के आलिंगन का उपक्रम करके मुराद को निशस्त्र कर दे। मुराद के निशस्त्र होते ही औरंगज़ेब के अंगरक्षकों ने उसको धर दबाया। मुराद को सुवर्ण-श्रृंखलाओं से निगडित करके रात्रि के अन्धकार में ही अन्यत्र ले जाया गया। अगले दिन प्रातःकाल ही औरंगज़ेब ने अपने-आप को शाहंशाह घोषित कर दिया। कई-एक मास उपरान्त दारा का वध किया गया। दारा ने सर्वथा शान्त रहकर ही मरण का वरण किया। उसका शिर एक चाँदी की थाली में औरंगज़ेब के समक्ष प्रस्तुत किया गया। औरंगज़ेब ने अपनी तलवार की नोंक से उस शिर को स्पन्दित किया, और एक मृत मनुष्य का मज़ाक उड़ाया। तब उसने उस शिर को वस्त्राच्छादित करवाकर अपने पिता के पास भेज दिया। प्रथमतः शाहजहाँ पुलकित हो उठा। वह समझा कि उसके पुत्र ने उसके लिए कोई उपहार भेजा है। वह व्यग्र होकर उस पोटली को खोलने लगा। किन्तु जब उसने देखा कि पोटली में कौन-सा पदार्थ है तो वह पछाड़ खाकर मूर्छित हो गया।

मृत शाहज़ादे के अपमान को पराकाष्ठा पर पहुँचाने के लिए औरंगज़ेब ने उसकी स्त्री, रानादिल, को परामृष्ट करने का निश्चय किया। वह एक हिन्दू नर्तकी थी जिस पर दारा इतना अधिक मुग्ध हो गया था कि उसने नर्तकी का पाणिग्रहण करके अपने पिता के द्वारा उसको मुग़ल बेगम का पद प्रदान करवा दिया था। जब उसको औरंगज़ेब के हरम में आहूत किया गया तो रानादिल ने सन्देश भेज दिया: "जिस रूप के लिए तुम लालायित हो वह तो लुप्त हो चुका। यदि मेरे रुधिर से तुम्हारा चित्त रञ्जित हो सकता है तो वह प्रस्तुत है।" तदनन्तर उसने एक क्षुरिका लेकर अपने मुख को क्षतविक्षत कर डाला।

इस गृहयुद्ध की समापना शाहज़ादा मुराद के शिरच्छेद द्वारा सम्पन्न हुई। इसी बीच शाहज़ादा शुजा ब्रह्मदेश की ओर पलायन कर गया, जहाँ वह मारा गया। दारा के पुत्र सुलेमान शिकोह को शनैः-शनैः प्राणत्याग करने के लिए विवश किया गया। उसको नित्यप्रति अफ़ीम पिलाई जाती थी जिसके परिणामस्वरूप वह धीरे-धीरे घुलने लगा, सर्वथा अशक्त हो गया, और फिर भीषण यन्त्रणा भोगता हुआ मर गया। इस प्रकार की अप्रमत्त तथा आततायी-सुलभ क्रूरता द्वारा ही औरंगज़ेब के उस द्वेष का शमन हो पाया जो अपने असाधारण भ्राता के विरुद्ध उसके हृदय को दग्ध करता रहा था। उसका भाई धर्म के प्रसंग में उदार था। वह कवि था। उस विनोद-प्रिय अभागे ने औरंगज़ेब के साथ परिहास करके उसको "भगत" कहने की भूल की थी।

: ५ :

इधर औरंगज़ेब की ओर से इस प्रकार अप्रत्याशित रूप से परित्राण पाकर बीजापुर की सरकार में नए प्राणों का संचार हो गया था। इतना तो स्पष्ट था कि मुग़ल सेना एक-न-एक दिन पुनः उस ओर प्रत्यावर्तन करेगी। किन्तु मुग़ल साम्राज्य के भीतर जब तक वह भ्रातृ-कलह व्याप्त था तब तक बीजापुर को अवकाश प्राप्त था।

भूतपूर्व सुल्तान की मृत्यु के उपरान्त बीजापुर के दरबार में उसकी बड़ी बेगम का ही दबदबा था। वह एक बुद्धिमती एवं अध्यवसाय-रत स्त्री थी। अपने पुत्र अली की तुलना में वह ही बीजापुर की सुल्तान बन गई थी। अली की अवस्था केवल उन्नीस वर्ष की थी। बेगम ने सारे वज़ीरों को बुलाकर उनसे अनुरोध किया कि राज्य के विभिन्न जागीरदारों का तुरन्त दमन होना चाहिए। जागीरदारों के विद्रोही बन जाने के कारण ही मुग़ल-सेना राज्य में धँस पाई थी।

और इन जागीरदारों में सबसे प्रथम तथा प्रधान थे शिवाजी। तदनन्तर बीजापुर के दरबार में नित्यप्रति शिवाजी की ही चर्चा चलने लगी।

सन् १६५९ के आरम्भ में बड़ी बेगम ने दरबार के समस्त सामन्तों को आहूत करके कहा कि वे स्वेच्छापूर्वक एक ऐसा सैन्य समवेत करें जो कि शिवाजी को पूर्णतया परास्त करके राज्य की परम्परागत सीमाओं का उद्धार

करने में समर्थ हो। इस प्रसंग में सर्वप्रथम जिसने अपनी सेवाएँ समर्पित कीं वह बड़ी बेगम का बहनोई, अफ़ज़ल खाँ, था। अफ़ज़ल खाँ एक लम्बा-तड़ंगा तथा बलिष्ठ पठान था। वह एक सफल सेनानायक रह चुका था। और वह एक उद्धत सुभट भी था, जिसने मुग़ल-सेना द्वारा बीजापुर के घेरे के समय खूब हाथ दिखाए थे।

अफ़जल खाँ के अधिनायकत्व में एक बड़ी-सी सेना संगठित हुई। सेना के साथ तुर्की तोपखाना भी जा रहा था। अफ़ज़ल खाँ ने खुले दरबार में मुक्तकण्ठ से आत्मप्रशंसा की—वह उस कम्बख्त हिन्दू लुटेरे को अपने अश्व से अवरोहण किये बिना ही पकड़ लेगा; वह उस चूहे को एक पिंजरे में बन्द करके बीजापुर ले आएगा जिससे कि जनता उसका उपहास उड़ा सके! किन्तु एकान्त में बातचीत करते समय अफ़ज़ल खाँ इतने आत्मविश्वास का परिचय नहीं दे पा रहा था। उसने बड़ी बेगम के साथ बातचीत की। बड़ी बेगम ने परामर्श दिया कि वह शिवाजी के प्रति मित्रता का मिथ्याचार करके शिवाजी को पकड़ ले।

अफ़ज़ल खाँ के दुर्भाग्य पर चिन्तन करते हुए एक मुसलमान इतिहासकार ने लिखा है: "मौत का फ़रिश्ता उसकी गरदन पकड़कर उसे बरबादी की तरफ ले चला!" और यह सत्य है कि अफ़ज़ल खाँ के समस्त समारम्भ पर ही एक आशंका एवं अपशकुन का वातावरण मँडरा रहा था। मराठा जनश्रुति के अनुसार अपने अभियान के लिए दुआ करने के उद्देश्य से अफ़ज़ल खाँ जब बड़ी मस्जिद में गया तो वहाँ का बड़ा मुल्ला उसको देखते ही आर्तनाद करता हुआ दूर भाग गया। मुल्ला कह रहा था कि अफ़ज़ल खाँ के कन्धों पर उसका शिर नहीं दिखाई देता; शिर के स्थान पर उसे एक विवर ही दीख पड़ता था; और अफ़ज़ल खाँ का रुण्ड रक्त से स्नात था!

अफ़ज़ल खाँ समझ गया कि यह अपशकुन उसकी मृत्यु का संकेत है। वह अपने महल में लौट आया, और उसने आदेश दिया कि उसके हरम की चौंसठ औरतों को जल में डुबाकर मार डाला जाए। वह नहीं चाहता था कि उसकी मृत्यु के उपरान्त वे औरतें किसी अन्य पुरुष के आलिंगन में आबद्ध हों। अन्य सब औरतों ने तो मौन रहकर ही मरण का वरण कर लिया। केवल एक स्त्री ने ही भागकर त्राण पाने का प्रयास किया। उसको तलवार से काट

डाला गया। आज भी बीजापुर में जाने वाले यात्री को उन औरतों की क़ब्रें दिखाई जाती हैं। ६३ क़ब्र एक साथ बनी हुई हैं, और चौंसठवीं क़ब्र कुछ दूर पर बनी हुई है। यह उस औरत की क़ब्र है जिसने पलायन का प्रयत्न करते हुए प्राण गँवाए थे।

और भी अपशकुन होते रहे, और अफ़ज़ल खाँ विक्षिप्त-सा होने लगा। फिर वह अपनी सेना लेकर बीजापुर से निकल पड़ा। मराठों के प्रदेश में प्रवेश करके उसने अवर्णनीय नृशंसता का परिचय दिया। स्पष्टत: ही उसका आशय था कि या तो मराठा लोग आतंकित होकर आत्मसमर्पण कर देंगे, या फिर शिवाजी आवेश में आकर पहाड़ों से नीचे उतर आएँगे। हिन्दू मन्दिरों को तोड़कर उनकी मूर्तियों को चूर्ण किया गया। फिर अनेक गायों का वध करके उनका रक्त मन्दिरों के गर्भगृहों में छिड़क दिया गया। बीच-बीच में इस विक्षिप्त आचरण से अवकाश लेकर अफ़ज़ल खाँ एक विचित्र आकार-प्रकार का पिंजरा तैयार करवा रहा था—पिंजरा ऐसा होना चाहिए कि उसमें बंद होने वाले को घोर यन्त्रणा मिल सके। यही अफ़ज़ल खाँ का एकमात्र मनोविनोद था।

शिवाजी के शिविर में भी अफ़ज़ल खाँ के आगमन का समाचार पहुँचा। उसकी आत्मप्रशंसा तथा अत्याचार का समाचार भी। एक बार तो मराठा पक्ष में आशंका की एक लहर दौड़ गई। अभी तक मराठों ने ऐसे नगरों पर छापे मारे थे जिनके त्राण की व्यवस्था सम्यक् नहीं थी, अथवा अपने पार्वत्य प्रदेश के उन दुर्गों पर अधिकार किया था जिनके संरक्षण में सावधानी से काम नहीं लिया गया था। किन्तु अबकी बार एक महती सेना महान् मनोयोग के साथ उनकी ओर अग्रसर हो रही थी। उस सेना में अरब अश्वारोही थे, पठान पदाति थे, तथा तुर्की तोपखाना था। शिवाजी की सफलताओं द्वारा संचित आत्म-विश्वास सहसा विच्छिन्न होने लगा।

शिवाजी की संग्राम-परिषद् समाहूत हुई। शिवाजी के समस्त सेनानायक युद्ध के विरुद्ध बोले। उन लोगों ने परामर्श दिया कि किसी-भी प्रकार की सन्धि स्वीकार कर लेनी चाहिए, और शिवाजी भी सन्धिवार्ता के लिए प्रस्तुत थे। अफ़ज़ल खाँ जैसे स्थूल-बुद्धि मुसलमान सामन्त को अपने सूक्ष्म शिष्टाचार द्वारा सन्तुष्ट कर लेने की क्रिया में शिवाजी सर्वथा सिद्धहस्त थे। किन्तु वे यह

भी जानते थे कि उनके मराठे जब तक एक बार खुले मैदान में मुसलमानों के साथ संघर्ष नहीं कर लेंगे तब तक वे स्वातन्त्र्य के पात्र नहीं बन पाएँगे।

संग्राम-परिषद् सारी रात वाद-विवाद में रत रही। तब भोर होने से एक पहर पूर्व शिवाजी शयन के लिए चले गए। जनश्रुति है कि उनकी दृढ़ प्रतिज्ञा की पुष्टि एक स्वप्न द्वारा हुई, और युद्ध के लिए ही कृतनिश्चय होकर शिवाजी परिषद् में लौट आए। उन्होंने आग्रह किया कि युद्ध ही होगा। उनके सेनानायक सहमत हो गए। किन्तु उन सबके मन में अब भी आशंका थी कि वे लोग सर्वनाश की ओर चले जा रहे हैं।

तब शिवाजी ने अपनी माता के पास समाचार भेजा। धैर्य-ध्रुवा जीजाबाई तुरन्त ही शिवाजी के शैल-शिविर में आ पहुँची। जीजाबाई ने जब सुना कि शिवाजी मरण-पर्यन्त युद्ध के लिए कृतनिश्चय हैं तो उन्होंने पुत्र का अनुमोदन किया। जीजाबाई के मतानुसार कोई अन्य पथ शिवाजी के लिए अपावृत ही नहीं रह गया था।

इसी समय अफ़ज़ल खाँ की ओर से एक अप्रत्याशित समाचार लेकर एक दूत-वृन्द आ पहुँचा। अफ़ज़ल खाँ बड़ी ही सहज शर्तों पर सन्धि करना चाहता था—शिवाजी यदि औपचारिक रूप से ही बीजापुर का आधिपत्य स्वीकार कर लें तो बीजापुर का सुल्तान उनके द्वारा अभी तक अधिकृत समस्त अञ्चल पर उनके प्रभुत्व की पुष्टि कर देगा।

शिवाजी को यह ज्ञात नहीं था कि बड़ी बेगम ने विश्वासघात द्वारा शिवाजी को बन्दी बना लेने का परामर्श दिया है। अतएव वे अफ़ज़ल खाँ का प्रस्ताव सुनकर विस्मित हो उठे—विशेषकर इसलिए कि अफ़ज़ल खाँ अभी कल तक तो आत्मप्रशंसा करता आ रहा था, पिंजरा तैयार करवा रहा था, और उनकी प्रजा के ऊपर जानबूझ कर अत्याचार करता आ रहा था। किन्तु शिवाजी ने अपनी शंकाओं को प्रकट नहीं किया। और वे दूत-वृन्द का भरपूर सत्कार करते रहे।

दूतों में से एक दूत ब्राह्मण था। रात के समय शिवाजी चुपचाप उसके तम्बू में प्रविष्ट हुए, और अपने-आपको ब्राह्मण की कृपा का पात्र बतलाते हुए याचना करने लगे कि यदि वह निष्ठावान हिन्दू है और यदि उसको स्मरण है कि हिन्दू समाज में सनातन काल से उसके वर्ण का कैसा सम्मान रहा है तो वह

स्पष्ट शब्दों में सूचना दे दे कि अफ़ज़ल खाँ के इस अप्रत्याशित प्रस्ताव का क्या आशय है। ब्राह्मण को कुछ क्षण तक बाधा का बोध हुआ। वह जानता था कि यदि अफ़ज़ल खाँ को उसके द्वारा होने वाले मन्त्रभेद का समाचार मिल गया तो उसको कैसी-कैसी यातना भुगतनी पड़ेगी।

तब शिवाजी ने ब्राह्मण को स्मरण करवाया कि अफ़ज़ल खाँ ने उस ओर अग्रसर होते समय कितने मन्दिर ध्वस्त कर डाले थे, कितनी देव-मूर्तियाँ चूर्ण कर दी थीं, और कितने गर्भगृह अपवित्र किए थे। और वह ब्राह्मण शिवाजी का अनुरोध मान गया। उसने बतला दिया कि वह स्वयं तो कुछ भी नहीं जानता, किन्तु उसने अफ़ज़ल खाँ के नायकों को सन्धिवार्ता के विषय में परामर्श करते हुए सुना है; नायकों को पूरी आशा है कि सन्धिवार्ता के लिए नियत किसी स्थान पर शिवाजी को बुलाकर वे लोग उन्हें बन्दी बना लेंगे; इसीलिए शिवाजी के पास सन्धि की ऐसी सहज शर्तें भेजी गई हैं।

शिवाजी ने ब्राह्मण का आभार माना, और वचन दिया कि युद्ध समाप्त होते ही वे उसको भूमिदान द्वारा पुरस्कृत करेंगे। तब शिवाजी ने ब्राह्मण से एक और याचना की। क्या वह अफ़ज़ल खाँ के पास लौटकर उससे यह कह देगा कि शिवाजी भय के कारण विक्षिप्त-से हो गए हैं, और इसीलिए सन्धि के लिए सर्वथा उत्सुक होकर भी वे खाँ के शिविर में आने का साहस नहीं करते? क्या वह अफ़ज़ल खां को सुझा सकेगा कि सिंह के समान साहस-सम्पन्न खान हीं शिवाजी के साथ साक्षात्कार करने क्यों न चला आए?

अगले दिन दूत-वृन्द वापिस लौट गया। अफ़ज़ल खाँ ने सर्वथा संतुष्ट होकर ही ब्राह्मण के मुख से शिवाजी के भयभीत हो उठने का समाचार सुना। वह तो शिवाजी के साथ कहीं भी साक्षात्कार करने के लिए प्रस्तुत था। शिवाजी जहाँ चाहें, उसी स्थान पर। ब्राह्मण ने एक सुनिश्चित स्थल का नाम सुझा दिया। प्रतापगढ़ दुर्ग के नीचे एक पर्वतशिखर था। यह दुर्ग शिवाजी ने मोरे के धन से बनाया था। वह शिखर एक खुला हुआ पठार-सा था। कोयना की घाटी के ऊपर। और वह चारों ओर घने वन से घिरा हुआ था। उस वन के जटिल मार्ग केवल शिवाजी के मावले लोगों को ही ज्ञात थे।

शिवाजी के अनुयायी उस वन के झाड़-झंखार के बीच से पठार तक जाने का एक पथ परिष्कृत करने लगे। वह पथ पठार के समीप पहुँच कर वहीं

समाप्त हो जाता था। यदि कोई व्यक्ति वन-पथों से परिचित नहीं होता तो उसके लिए नए पथ के अतिरिक्त पठार से उतरने का कोई अन्य पथ ही नहीं था। और नए पथ के दोनों पार्श्वों पर वन-प्रान्त के भीतर शिवाजी ने अपने सैनिक निगूढ़ कर दिए। वन की धूपछाँव में किसी के लिए भी उन लोगों को देख पाना कठिन काम था।

अफ़ज़ल खाँ के साथ साक्षात्कार करने से पूर्व की रात्रि को शिवाजी ने भवानी के मन्दिर में एक अविराम साष्टांग प्रणाम करते हुए व्यतीत किया। संकटग्रस्त सुभट शिवाजी साधना में रत थे। प्रत्यूष के समय उन्होंने उत्थान किया, और नित्यकर्म से इस प्रकार निवृत्त हुए जैसे किसी उत्सव के लिए उद्यत हो रहे हों। तब उन्होंने वसुन्धरा देवी से प्रार्थना की कि उस दिन वे देवी उनका भार सावधानी से वहन करें। सूर्यदेव की ओर अपना मुख उन्नत करके उन्होंने झरने के शीतल जल की अञ्जलि अर्पण की। शिवाजी सृष्टिकर्ता सूर्यदेव का आवाहन कर रहे थे।

अन्त में शिवाजी ने अपना शुभ्रवर्ण अँगरखा पहन लिया। किन्तु उसके नीचे उन्होंने एक लोहकवच धारण किया हुआ था। अपने कटिसूत्र में उन्होंने बिच्छू के समान मण्डलाकार एक कृपाण खोंस ली। और अपने वामहस्त की हथेली में छुपा लिया एक बाघनख।

शिवाजी अपने संकट को तुच्छ नहीं समझ रहे थे। इसलिए उन्होंने अपने सेनानायकों को आदेश दिया कि वे हत हो जाएँ तो वे लोग उनके परिवार का परित्राण करें। उन्होंने अपने उत्तराधिकार के विषय में भी समुचित व्यवस्था कर दी—उनके उपरान्त नेता कौन बनेगा, उनकी जागीर को कौन सँभालेगा, और उनकी सेना का अधिनायक कौन बनेगा।

वे एक ऊबड़-खाबड़ पहाड़ी के शिखर पर अपने सेनानायकों के साथ खड़े थे। सेनानायकों के मुखमण्डल आशंका के आवेश से मलिन थे। इसी समय उनकी माता जीजाबाई सहसा वनप्रान्त से बाहर निकलीं। वे भी अपने पुत्र के समान अम्लान और शुभ्र परिधान पहने हुई थीं। उस दीर्घायतन परिधान में वे पुजारिन-सी प्रतीत हो रहीं थीं। वे अपना शिर उन्नत करके आगे बढ़ी। उनके नेत्र जाज्वल्यमान थे।

शिवाजी अपने सेनानायकों को वहीं छोड़कर जीजाबाई की ओर प्रधावमान

हुए। फिर उन्होंने माता के सामने जानुपात करके उनका चरणस्पर्श किया। एक क्षण तक वे दोनों आकाश पर अंकित चित्रों के समान अचल रहे—महायोद्धा ने जानुपात किया हुआ था, उनकी माता खड़ी हुई थीं, और उनके सेनानायक उस ओर से मुख फेरकर अवरूढ़ थे। उस निर्जन पर्वतशिखर पर वह एक क्षण मानो रुद्ध आवेग से विद्ध था।

तब जीजाबाई ने मौन भंग किया। शिवाजी के मस्तक पर अपना करतल न्यस्त करके उन्होंने आशीर्वाद दिया: "तुम्हारी जय होगी!" किन्तु उस अनुपम अवसर के अनुरूप वे शब्द कहते-कहते उनका कण्ठ आर्द्र हो गया, और उन्होंने गद्‌गद वाणी में कहा: "सावधान रहना, पुत्र! सर्वथा सावधान रहना!"

इसी बीच अफ़ज़ल खाँ के शिविर में प्रातःकाल होते ही विविध वाद्य बज उठे थे। उसकी अश्वारोहिणी तथा उसका तोपखाना शनैः-शनैः पहाड़ियों पर चढ़ रहे थे। तब आगे-आगे चलने वाला वह हाथी जो बीजापुर के ध्वज का वहन कर रहा था, सहसा पथ-प्रान्त में रुक गया, और काँपने लगा। महावत पूरा प्रयास करके भी उसको आगे नहीं बढ़ा सका।

किन्तु अफ़ज़ल खाँ तो दैव के प्रत्येक संकेत की अवहेलना करके काल का ग्रास बनने के लिए उन्मुख था। उसके हिसाब से शिवाजी उसकी मुट्‌ठी में आ चुका था। वह इसके पूर्व ही स्वप्न देख चुका था कि वह विजयी बनकर बीजापुर लौटेगा, और पताकाओं से सज्जित नगर के मार्ग तथा अलंकृत झरोखे उसका स्वागत करेंगे। इस समय वह एक पालकी में बैठकर अपनी सेना के आगे-आगे चल रहा था। उसके साथ दो अंगरक्षक थे, और बन्दू नाम का एक प्रसिद्ध पटेबाज़ भी।

साक्षात्कार की शर्त के अनुसार शिवाजी तथा अफ़ज़ल खाँ अपने साथ केवल तीन-तीन आदमी और ला सकते थे। अफ़ज़ल खाँ ने ठीक ही अनुमान लगाया था कि उसकी अपनी शक्ति उसके पटेबाज़ की शक्ति के साथ समवेत होकर शिवाजी द्वारा संचीयमान किसी भी शक्ति को परास्त कर देगी। वह हर्षोन्मत्त होकर साक्षात्कार के लिए नियुक्त स्थल की ओर अग्रसर हुआ। शिवाजी द्वारा पठाया हुआ एक ब्राह्मण दूत उसका पथप्रदर्शन कर रहा था। वे लोग शिवाजी द्वारा बनवाए हुए नए पथ को पार कर गए। उस समय सैकड़ों आँखें उन लोगों पर निविष्ट थीं। किन्तु अफ़ज़ल खाँ ने कुछ भी लक्ष्य नहीं

किया। यदि उसने सूखे तिनकों की चरमराहट सुनी तो उसने समझा कि मनुष्यों को आता देखकर कोई वन्य पशु परित्राण पाने के लिए वन के अभ्यन्तर की ओर प्रधावमान हुआ होगा।

साक्षात्कार के स्थल पर एक बहुत बड़ा तम्बू ताना गया था। तम्बू को कालीनों तथा मखमली गद्दों से सजाया गया था। अफ़ज़ल खाँ ने अपने अनुयाइयों के साथ तम्बू में प्रवेश किया। शिवाजी भी आगे बढ़े। और फिर हठात् बन्दू को देखकर वे विजड़ित-से हो गए। उन्होंने पूछा कि बीजापुर वाले ऐसे प्रसिद्ध पटेबाज़ को किस प्रयोजन से अपने साथ लाए हैं। और उन्होंने प्रस्ताव किया कि यदि अफ़ज़ल खाँ बन्दू को तम्बू के बाहर भेज दें तो वे भी अपने एक अंगरक्षक को बाहर भेज देंगे। अफ़ज़ल खाँ ने यह प्रस्ताव स्वीकार कर लिया। तब शिवाजी ने तम्बू में प्रवेश किया।

अफ़ज़ल खाँ तत्क्षण झगड़ा करने के लिए तैयार हो गया। उस स्थान पर अपने आगमन का प्रयोजन बतलाए बिना ही वह उच्चस्वर से भर्त्सना करने लगा कि एक छोटे-से जमींदार के बेटे का एक शाहज़ादे के समान ठाठबाट बनाना और तम्बू को इस प्रकार सजाना सर्वथा अक्षम्य है। शिवाजी ने उत्तर दिया कि कालीन और गद्दे उन्होंने अपने आराम के लिए नहीं प्रत्युत् बीजापुर के महान् दूत का स्वागत करने के लिए ही रखवाए हैं। तब अफ़ज़ल खाँ सन्तुष्ट-सा दीख पड़ा। उसने अपने शिर को ईषत् स्पन्दित करके अपना बाहुद्वय प्रसारित कर दिया। वह सन्धिवार्ता की परम्परा के अनुरूप विपक्ष के नेताओं के बीच अनुष्ठित होने वाले आलिंगन के लिए शिवाजी को आमन्त्रित कर रहा था। शिवाजी भी आलिंगन के लिए आगे बढ़ गए।

अफ़ज़ल खाँ की अपेक्षा शिवाजी एक हाथ छोटे थे। ज्यों ही वे दोनों आलिंगन में आबद्ध हुए त्यों ही अफ़ज़ल खाँ ने अपना एक बाहु ऊपर उठाया और शिवाजी की ग्रीवा को दबोच लिया। यह एक पहलवान की पकड़ थी। शिवाजी ने जब उस बाहु को अपनी ग्रीवा पर निविष्ट होते देखा तो वे एक क्षण के लिए भय से मूर्छायमान हो गए। वे मुसलमान की पकड़ छुड़वाने का प्रयास करने लगे। किन्तु वह पकड़ तो और भी दृढ़ हो गई। दूसरे क्षण वे धरती पर से उपर उठाए जाने वाले थे। किन्तु उन्होंने सहसा सर्पगति से परावृत्त होकर अपना दाहिना हाथ मुक्त कर लिया, और अपने वामहस्त में छुपा हुआ

बाघनख अफ़ज़ल खाँ की पीठ में गहरा गाड़ दिया। तदनन्तर उन्होंने अपने कटिसूत्र से वह कृपाण बाहर निकाला, और उसको अफ़ज़ल खाँ के पार्श्व में प्रविष्ट कर दिया।

पठान तुरन्त ही लड़खड़ाकर पीछे हट गया। वह क्रोध और यन्त्रणा के आवेश में चीत्कार कर रहा था। तब उसके अंगरक्षक दौड़ आए। शिवाजी के अंगरक्षक भी आ पहुँचे। दोनों पक्षों में कुछ क्षण तक द्वन्द्व-युद्ध होता रहा। किन्तु मुसलमान पक्ष को तो अपने आहत नेता को बाहर निकाल ले जाने की चिन्ता थी। इसलिए उनसे युद्ध नहीं बन पड़ा। वे लोग मराठों के वार बचाते हुए अपने नेता को उठाकर पालकी की ओर प्रधावमान हुए। मराठों ने उनको अपना भार गिरा देने पर विवश कर देने के लिए उनके पाँव काट डाले। शिवाजी तथा उनके एक अंगरक्षक ने मिलकर उस प्रसिद्ध पटेबाज़ बन्दू को समेट लिया। अफ़ज़ल खाँ के सारे अंगरक्षक एक-एक करके मारे गए, अथवा आहत हो गए। तब एक मराठे ने अफ़ज़ल खाँ का सिर काटकर विजयघोष के साथ ऊपर उठा दिया।

शिवाजी ने एक स्थान पर दण्डायमान होकर अपना रणसींगा बजाया। उस वाद्य का स्वर उस पार्वत्य प्रदेश में सर्वत्र प्रतिध्वनित हो उठा। वनप्रान्त में निगूढ़ मराठों ने वह स्वर सुना, और अपने शस्त्रास्त्र उठा लिए। पास में ऊर्ध्वशिर प्रतापगढ़ से एक तोप दाग़ी गई। बिगुलों ने रणघोष बजाया, और मराठा सैनिक अपने भाले तानकर पहाड़ी के नीचे पड़ी हुई मुसलमान सेना पर आक्रमण करने के लिए वन से बाहर से निकल आए। बीजापुर की सेना के अधिकांश को अभी-भी ज्ञात नहीं था कि अफ़ज़ल खाँ की क्या गति हो चुकी है। उस सेना के अधिकतर अश्वारोही अवरोहण करके छाया में सुस्ता रहे थे। तोपों पर तैनात तोपची भी सावधान नहीं थे। सन्तरी लोग सुस्ती में सराबोर होकर सिर हिला रहे थे। मराठों का आक्रमण अकस्मात् हुआ था।

मुसलमान अश्वारोही तथा पदाति अस्त-व्यस्त होकर भाग निकले। आंतक-पीड़ित ऊँट अपनी ही सेना में इतस्ततः दौड़ने लगे। हाथी भी संत्रस्त होकर उच्चस्वर से चिंघाड़ने लगे। मराठों ने उन हाथियों पर आक्रमण करके उनके पाँव और सूँड क्षत-विक्षत कर दिए, और वे हाथी भयभीत होकर वन की ओर भाग निकले। बीजापुर के सेनानायक इस छिन्न-भिन्न सैन्य को

सँभालने में असफल रहे। वहाँ पर मची हुई हायतौबा में किसी ने उनकी सुनी ही नहीं, और अपने पलायन करते हुए सैन्य के परिप्लावन में वे लोग भी बह चले। सेना के दस्ते-के-दस्ते पहाड़ियों में बिखरकर रह गए। कई दिन पीछे वे दस्ते दो-दो तीन-तीन करके भूखे-प्यासे और श्रान्त होकर शिवाजी की शरण में आने लगे, और अभय की याचना करने लगे।

विजय की इस अपूर्व वेला में भी शिवाजी के आदेशों का अक्षरशः पालन हुआ। जिस भी बीजापुरी सैनिक ने आत्मसमर्पण किया उसी को प्राणों का दान मिला। स्त्री, बालक, मौलवी, भृत्य तथा युद्ध में भाग न लेने वाले अन्य समस्त लोग संरक्षित होकर अपने-अपने घरों पर पहुँचा दिये गए। बन्दी बनाए जाने वाले सैनिकों को भी नहीं रोका गया। सैनिक तथा सेनानायक, सबको शिवाजी के सम्मुख लाया गया। शिवाजी ने उनके दुर्भाग्य के प्रति संवेदना प्रकट की, और उनको रुपया, भोजन तथा वस्त्र देकर मुक्त कर दिया।

पराजित शत्रु के साथ सौम्य व्यवहार करने वाले शिवाजी अपनी विजयी सेना के प्रति भी उदारहृदय थे। लूट का माल इतना अधिक था कि वे उसे खूब खुल कर बाँट सकते थे। बीजापुर का सारा तोपख़ाना, गोलाबारूद, भारवाहक पशु-वृन्द, रसद तथा कोष उनके हाथों में आ चुके थे। चार हज़ार घोड़े, पैंसंठ हाथी और बारह-सौ ऊँट। जो मराठे उस युद्ध में मारे गये थे उनकी विधवाओं की उन्होंने जीविका बाँध दी। आहत सैनिकों को उन्होंने लूट के माल में से पुरस्कृत किया। और उन सेनानायकों को, जिन्होंने विशेष पराक्रम दिखलाया था, शिवाजी ने हाथी, हीरे और ख़िल्अतें दीं।

इस पराजय का समाचार जब बीजापुर पहुँचा तो वहाँ आतंक तथा आक्रोश की एक लहर दौड़ गई। सारा दरबार मातम मानने लगा। बड़ी बेगम ने अपने-आपको एक प्रासाद-कक्ष में बन्द कर लिया, और खान-पान का त्याग कर दिया। वह अपने विविक्त-वास से बाहर निकली तो सीधी हज्ज करने के लिए मक्का चली गई।

तत्काल तो ऐसा प्रतीत हो रहा था मानो बीजापुर नगर भी मराठों के द्वारा विजित हो जाएगा। नगर में वैसी ही भगदड़ मच गई जैसे एक समय मुग़ल सेना के आगमन पर मची थी। किन्तु वस्तुतः अभी ऐसा कोई काण्ड असम्भव था। जहाँ औरंगज़ेब का तोपखाना असफल रह गया था, वहाँ शिवाजी के मावले

किस प्रकार सफल हो सकते थे। बीजापुर फिर कभी शिवाजी की स्वतन्त्रता का दमन करने योग्य नहीं रह गया था। किन्तु बीजापुर के वैभव ने पराभव से उसका परित्राण कर दिया। विध्वस्त हो गए तोपखाने तथा सैन्य के स्थान में बीजापुर दूसरा तोपखाना तथा सैन्य क्रय कर सकता था।

आयुध-आजीवियों की भरती होने लगी। और उस सेना का अधिनायकत्व एक अबीसीनिया-निवासी सुभट, सिद्दी जौहर, को दिया गया। इस समय तक शिवाजी अपने अपर्याप्त सैन्य को साथ लेकर बीजापुर राज्य के मध्यदेश में घुस आए थे। सिद्दी जौहर अकस्मात् ही उन के ऊपर आ टूटा। शिवाजी ने पन्हाला की ओर प्रयाण किया, और वहाँ वे घेरे में आ गए। अब उन्होंने फ़िर एक बार कूटकौशल का आश्रय लिया। उन्होंने आत्मसमर्पण कर देने का वचन दिया—किन्तु अगले दिन।

आजकल हमें विश्वास नहीं होता कि मुसलमानों ने किस प्रकार उनकी यह शर्त स्वीकार कर ली। किन्तु उस समय तो ऐसा ही हुआ। रात के समय मुसलमान सेना, अगले दिन होने वाली सन्धि की आशा से, असावधान हो गई। और शिवाजी अपने साथ कुछ थोड़े से सैनिक लेकर दुर्ग से खिसक गए। वे लोग सरपट राँगणा की घाटी की ओर दौड़े। वहाँ पर एक अन्य मराठा सैन्य संरूढ़ था।

सिद्दी जौहर ने पन्हाला पर आक्रमण नहीं किया। शिवाजी की अनुपस्थिति में वह दुर्ग सम्भवतः स्वयं ही आत्मसमर्पण कर देता। किन्तु सिद्दी जौहर तो शिवाजी की कूटचाल पर अत्यन्त क्रुद्ध हो उठा था। वह पन्हाला का घेरा उठा कर शिवाजी का पीछा करता हुआ राँगणा की ओर चल दिया। राँगणा में पड़ा हुआ मराठा सैन्य परिमाण में अल्प था। वह सफलता के साथ बीजापुर के समस्त सैन्य से टक्कर नहीं ले सकता था । मराठों का मुख्य सैन्य वहाँ से बहुत दूर था। शिवाजी उस सैन्य की ओर प्रधावमान रहे। किन्तु राँगणा की सैन्य का अधिनायकत्व उन्होंने बाजी प्रभु को सौंप दिया।

बाजी प्रभु को आदेश मिला था कि वे जब तक एक तोप की गर्जना न सुनें तब तक वे उस घाटी को अवरुद्ध किए रहें। तोप की गर्जना का आशय होगा कि शिवाजी सकुशल अपनी मुख्य सेना में पहुँच गए हैं। उस घाटी को अवरुद्ध करने के लिए बाजी प्रभु के पास केवल कई-सौ मावले ही थे। उन्होंने घाटी

के मुहाने पर पत्थरों की एक प्राचीर खड़ी कर ली। और उसके पीछे बैठकर वे मुसलमानों के आक्रमण की प्रतीक्षा करने लगे।

बीजापुर की भीमकाय अश्वारोहिणी सारे दिन उन मावले लोगों के साथ जूझती रही। और मावले लोग एक-एक करके मरण का वरण करते रहे। किन्तु उनमें से किसी ने भी उस मोरचे को नहीं छोड़ा जिस पर डटे रहने का आदेश उन्हें शिवाजी की ओर से मिल चुका था। बाजी प्रभु बहुत बुरी तरह घायल हो गए। किन्तु घोर यन्त्रणा में छटपटाते हुए भी वे निरन्तर अपने साथियों को प्रोत्साहित करने के लिए रणहुँकार करते रहे। साँझ के समय, जब उन लोगों के और डटे रहने की कोई आशा नहीं रह गई थी, दूर से तोप की गर्जना सुनाई दी। शिवाजी सकुशल अपने गन्तव्य-स्थान पर जा पहुँचे थे। तब मावले योद्धा-गण अपने अधिनायक को एक खटिया पर डालकर घाटी से पीछे हटने लगे। उनका शत्रु इस समय तक इतना श्रान्त हो चुका था कि उसने पीछे हटते हुए मावले लोगों के साथ कोई भी छेड़-छाड़ नहीं की।

राँगणा का युद्ध भारतवर्ष के इतिहास में विख्यात हो चुका है। वह पराक्रम उस प्रेरणा का प्रतीक था जो शिवाजी ने अपने अनुयाइयों के अन्तर में प्राणान्वित कर दी थी। अभी तक तिरस्कृत होते आए मावले लोगों की एक टोली ने—उन हिन्दुओं ने जो अभी तक अपने दुर्भाग्य को स्वीकार करके अकर्मण्य पड़े थे—अपनी अपेक्षा एक अत्यन्त शक्तिमान सैन्य का सामना किया था।

तदनन्तर वह युद्ध लँगड़ाने लगा। अब यह स्पष्ट था कि बीजापुर शिवाजी को कभी भी परास्त नहीं कर सकेगा। इस समय तक मराठों ने भी इतनी शक्ति संचित नहीं की थी कि वे बीजापुर को हस्तगत कर लेते। किन्तु बीजापुर की शक्ति छिन्न-भिन्न हो चुकी थी, और शिवाजी इस शर्त पर सन्धि करने के लिए प्रस्तुत थे कि बीजापुर उनका स्वराज्य स्वीकार कर ले। सन् १६६२ में स्थायी सन्धि के लिए बातचीत चल पड़ी। बीजापुर की ओर से आने वाले प्रतिनिधि शिवाजी के अपने पिता शाहजी थे।

शाहजी ने शिवाजी के शैशवकाल से ही उनकी अवहेलना की थी। एक उत्पाती और हठीला लड़का बड़ा होकर विप्लव कर बैठा था, जिसके परिणाम-स्वरूप उसके पिता को कारागार का कष्ट उठाना पड़ा था। किन्तु अब तो वही

हठीला लड़का एक विजयी वीर तथा स्वतन्त्र राजा बन चुका था। शिवाजी अब अपने देशवासियों के लिए एक महावीर के स्थान पर प्रतिष्ठित थे।

पिता तथा पुत्र का वह साक्षात्कार अवश्य ही कुछ अपूर्व-सा रहा होगा। शिवाजी उन्नीस वर्ष के थे, तदनन्तर उन दोनों में भेंट नहीं हुई थी। अब शिवाजी एक विख्यात विजेता थे। उनके मुखमण्डल पर शौर्य तथा स्थिरता की रेखाएँ अंकित हो चुकी थीं। जीजाबाई जिस समय उनको बीजापुर ले गई थीं उस समय शिवाजी ग्रामीण वेशभूषा पहिने हुए थे। किन्तु अब उनका परिधान राजसी था।

शाहजी की समस्त अवहेलना को विस्मृत करके शिवाजी ने अपने वृद्ध पिता की ओर आश्चर्यजनक सौजन्य का आचरण किया। जिस समय वे बालक थे उस समय उन्होंने बीजापुर के सुल्तान के सन्मुख भी नतशीर्ष होना अस्वीकार कर दिया था। किन्तु अब, जब कि वे सुल्तान की तुलना में भी अधिक समर्थ हो चुके थे, वे बद्धाञ्जलि होकर अपने पिता की ओर अग्रसर हुए, साष्टाङ्ग प्रणाम करते हुए लम्बे लेट गए, और उन्होंने अपना मस्तक पिता के चरणों में न्यस्त कर दिया। अश्रुमोचन करते हुए शाहजी ने अपने पुत्र को ऊपर उठाया, और छाती से लगा लिया।

शिवाजी ने एक राजसी ठाठ-बाट वाली पालकी मँगवाई, अपने पिता को उस पर आरूढ़ किया, और वे स्वयं नंगे पाँव ही उस पालकी के पार्श्व में चलने लगे। वे शाहजी को एक भव्य मण्डप में ले गए जहाँ उनको भोजन करवाया गया। किन्तु भोजन के समय भी शिवाजी ने अपने पिता के पार्श्व में उपासीन होना अस्वीकार कर दिया। वे हाथ जोड़कर विनम्र भाव से शाहजी के सामने खड़े रहे। शाहजी ने उनसे अपने पास बैठने का अनुरोध किया। तब शिवाजी बोले: "उस समय तक नहीं जब तक कि आप मुझको क्षमा नहीं कर देते। मेरे कारण आपको सुल्तान के कारागार का कष्ट झेलना पड़ा था।"

शाहजी एक बार फिर अश्रुमोचन करने लगे। उन्होंने पुत्र से कहा कि बीती बातें भूल जाओ। इस प्रकार उन दोनों का मनोमालिन्य दूर हुआ, और वे दोनों एक साथ भोजन करने बैठे।

बीजापुर की सरकार ने शाहजी को दूत बनाकर उन्हें पूरे अधिकार दे दिए थे। उन्होंने शिवाजी की सारी माँगें स्वीकार कर लीं। शिवाजी का स्वातन्त्र्य

स्वीकर कर लिया गया। वे बम्बई से गोआ तक समस्त समुद्र-तीरवर्ती प्रदेश के, उनके द्वारा हस्तगत समस्त दुर्गमाला के, तथा पूर्व की ओर इन्दापुर तक प्रसरित दक्षिणी पठार के स्वतन्त्र शासक मान लिए गए।

सन्धि होते ही शाहजी बीजापुर लौट आए, और सुल्तान के दरबार में पुनः पदस्थ हो गए। उन्होंने फिर कभी अपने पुत्र का मुख नहीं देखा। कुछ ही काल उपरान्त वे शिकार के लिए गए हुए थे कि एक दुर्घटना के कारण उनका देहान्त हो गया।

तृतीय पर्व

सिद्ध सेनानी

बीजापुर की चढ़ाई के समय शिवाजी ने मुग़ल सेना के पृष्ठ पर छापा मारा था। औरंगज़ेब उस छापे को कभी नहीं भुला सका था। अब वह मुग़ल साम्राज्य का निर्द्वन्द्व शाहंशाह था। उस साम्राज्य का समस्त सम्बल अब उसके एकाधिकार में था। औरंगज़ेब ने निश्चय किया कि उस "कुत्ते के बच्चे" को दण्ड दिया जाना चाहिए।

शायस्ता खाँ औरंगज़ेब का मामा और मुग़ल साम्राज्य का प्रमुख सामन्त था। सन् १६६२ में उसको दक्षिण की ओर भेजा गया। उसके साथ एक लाख अश्वारोही थे। पठानों की एक पदाति सेना तथा एक बहुत बड़ा तोपखाना भी। शिवाजी ने अभी कुछ दिन पूर्व ही बीजापुर के साथ सन्धि करके अवकाश प्राप्त किया था। अब उनको मुग़ल साम्राज्य के साथ एक दीर्घकालव्यापी संघर्ष के लिए प्रस्तुत होना पड़ा। यह दूसरा प्रतिपक्षी बीजापुर की तुलना में अत्यधिक सशक्त था।

फरवरी मास बीतते-बीतते मुग़ल सेना शिवाजी के प्रदेश में प्रवेश कर गई। मराठा सेना में उस समय तक दस सहस्र से अधिक सैनिक नहीं थे। अतएव मुग़ल सेना के साथ खुले मैदान में दो-दो हाथ करना शिवाजी के लिए सम्भव नहीं हुआ। वे अपनी पर्वतमाला की ओर अपसरण करने लगे। किन्तु उनके इक्के-दुक्के अश्वारोही मुग़ल सेना के पार्श्वद्वय पर मँडराते रहे। वे लोग मुग़ल सेना के पिछड़े हुए सैनिकों को समेटते रहते थे, और उस सेना की रसद लूट लेते थे। दो-चार बार इन मराठा अश्वारोहियों की मुग़ल अश्वारोहियों के साथ मुठभेड़ भी हो गई। ऐसे अवसरों पर सफलता साधारणतया मुग़लों को ही मिली।

मुग़ल सेना बिना किसी बड़ी बाधा के आगे की ओर बढ़ती रही। उस सेना की बहुल संख्या ही उसके लिए एकमात्र बाधा थी। मई मास में पूना संकटग्रस्त हो गया, और शिवाजी को उस स्थान का परित्याग करना पड़ा। शायस्ता खाँ ने पूना में प्रवेश किया, और वह समझ बैठा कि उसके अभियान

का प्रथम सोपान पार हो गया है। उसने मराठों को पर्वतमाला की ओर भगा दिया था। वर्षाकाल बीतने पर वह उनका पीछा करेगा, और उनके विप्लव को विध्वस्त कर डालेगा।

इस वर्ष वर्षा बहुत शीघ्र ही आरम्भ हो गई। सांग्रामिक यातायात बन्द हो गया। शायस्ता खाँ शिवाजी के राजमहल में रहने लगा। वह अधीर होकर वर्षाकाल के अन्त की प्रतीक्षा कर रहा था। इस्र अधीरता के कारण ही वह अपनी सौजन्यता भी भुला बैठा। शिवाजी को उनकी पर्वतमाला से बाहर निकालने के लिए उसने शिवाजी के पास फ़ारसी का एक शेर लिख भेजा। शेर में कहा गया था कि शिवाजी वानर के समान भीरु हैं। साथ ही शायस्ता खाँ ने आह्वान किया था कि शिवाजी अपने गुह्यस्थान से निर्गत होकर एक वीरपुरुष के समान उसके साथ दो-दो हाथ कर देखें।

शिवाजी ने उस शेर के प्रत्युत्तर में अपनी ओर से एक शेर लिख भेजा। उन्होंने स्वीकार किया कि उनमें वानरों के अनेक गुण विद्यमान हैं। साथ ही उन्होंने शायस्ता खाँ को स्मरण करवाया कि हिन्दू इतिहास में वानरों ने ही राक्षसराज को विनष्ट कर दिया था। यह प्रत्युत्तर पाकर शायस्ता खाँ का रोष शान्त नहीं हुआ, और उसको शीघ्र ही पश्चात्ताप करना पड़ा कि उसने शिवाजी को अपनी पर्वतमाला छोड़कर बाहर निकलने का आह्वान क्यों भेजा था।

पूना के एक मन्दिर में एक प्रसिद्ध कथावाचक ने घोषणा की थी कि वे तुकाराम के अभंग गाएँगे। शिवाजी ने यह घोषणा सुनी। युद्धकार्य में निरन्तर व्यस्त रहते हुए भी वे उन महामधुर अभंगों के रचयिता को नहीं भूल पाये थे। अब वे फिर उन हृदयहारी अभंगों को सुनने के लिए लालायित हो उठे, और अपने सेनानायकों को सूचना दिए बिना ही वे अपने शिविर से निकल कर सन्ध्याकाल के समय मैदान में उतर आए।

पूना के समस्त द्वार बड़ी तत्परता से संरक्षित थे। शायस्ता खाँ शिवाजी के प्रति जुगुप्सा का प्रदर्शन अवश्य करता रहता था। किन्तु उसने शिवाजी के कूट-कौशल की कथाएँ भी सुन रक्खी थीं। अतएव वह किसी प्रकार के भी आकस्मिक अभियान के प्रति सशंक था। किन्तु शिवाजी उसके समस्त संरक्षकों की आँख बचा कर पूना में प्रविष्ट हो गए। अपना शिविर छोड़ने के दो-चार घड़ी उपरान्त ही वे उस मन्दिर में पहुँच गए जहाँ अभंग-गायन का

आयोजन था, और सभामण्डप में अन्यान्य श्रोताओं की भीड़ में जा बैठे। अन्धकार में उनका पगड़ी से ढ़का हुआ शिर उनके पास बैठे अन्य लोगों के शिरों के समरूप था।

किन्तु शिवाजी जिस समय पूना के बाज़ार में से होकर मन्दिर की ओर जा रहे थे उस समय किसी ने उनको पहिचान लिया था। वह समाचार तत्क्षण सारे नगर में प्रसार पा गया। हिन्दू जनता में कानाफूसी होने लगी कि शिवाजी पूना में विद्यमान हैं। यह समाचार आयुध-आजीवी पठानों के एक दल ने भी सुना। उन लोगों ने तुरन्त ही उस मन्दिर को घेर लिया। वे उस पुरस्कार की आशा में विभोर हो उठे थे जो बन्दीकृत शिवाजी के विनिमय में उनको शायस्ता खाँ की ओर से मिलने वाला था।

मन्दिर के भीतर कथावाचक अपने आसन पर पालथी मारे तुकाराम के अभंग गा रहे थे। उनकी गोद में एक एकतारा न्यस्त था जिसको वे दीपालोक में अपने दाहिने हाथ से बजा रहे थे। तब सहसा किसी ने द्वार पर आकर चीत्कार किया कि पठानों ने मन्दिर को घेर लिया है। दूसरे क्षण सब ओर आतंक व्याप्त हो गया। एकमात्र शिवाजी को ही यह ज्ञात था कि पठान लोग किस उद्देश्य से वहाँ आए हैं। वे यह भी समझ गए कि उनका बचकर निकल जाना नितान्त दुष्कर है।

किन्तु शिवाजी शान्तभाव से उपासीन रहे। अभंग-गायन समाप्त हुआ। वहाँ पर उपस्थित लोग फिर कानाफूसी करने लगे कि पठान लोग चले गए हैं। मन्दिर का सभामण्डप ख़ाली हो गया। प्रदक्षिणा-पथ में अब भी दीपमाला का मन्द आलोक फैला हुआ था। सब ओर एक स्तब्धता का-सा राज्य था। इस प्रकार का सुअवसर पाकर शिवाजी आश्चर्यचकित रह गए। वे उठे, और बाहर निकल आए। वहाँ कहीं भी कोई पठान उनको दृष्टिगोचर नहीं हुआ।

मराठों की जनश्रुति के अनुसार, जिस क्षण वह पठान-दल मन्दिर पर छापा मारने के लिए प्रस्तुत हुआ उसी समय आवरण से ढकी एक आकृति किसी पार्श्ववर्ती द्वार से निकली और बाज़ार की ओर प्रधावमान हो गई। पठान लोग समझे कि वह शिवाजी की ही आकृति है। और इस आशंका से कि उनका आखेट उनके हाथ से निकला जा रहा है वे कोलाहल कर उठे। आकृति भागती गई। पठान लोग उसका पीछा करते रहे, किन्तु उसको पकड़ नहीं पाए। मराठों

का विश्वास है कि किसी देवता ने ही इस उपक्रम से शिवाजी की रक्षा की थी। शिवाजी सकुशल अपने शिविर में लौट आए।

और इस दु:साहस के तुरन्त उपरान्त शिवाजी ने दूसरी बार पूना में प्रवेश किया।

पूना के समस्त द्वार और प्राकार पूर्णतया परिपालित थे। अहर्निश। किसी भी हिन्दू को नगर से निकलने अथवा नगर में प्रवेश पाने की आज्ञा नहीं थी। किन्तु कुछ विशेष अवसरों पर यह प्रतिबन्ध उठा लिया जाता था। मुगल सेना में चाकरी करने वाली हिन्दू जनता के विषय में तो भेद बरतना ही पड़ता था। स्थानीय जनता के विषय में ही यह आशंका समुचित थी कि वह शिवाजी की भक्त है।

एक दिन मुगल सेना के कुछ हिन्दुओं ने पूना के सूबेदार के सन्मुख प्रस्तुत होकर प्रार्थना की कि उनके एक मित्र की बारात को नगर में प्रवेश करने की आज्ञा मिलनी चाहिए। सूबेदार ने सोचा कि उस प्रार्थना को अस्वीकार करना सम्यक् नहीं होगा। तब वे हिन्दू सैनिक उसके प्रति कृतज्ञता-निवेदन करके लौट आए।

साँझ के समय वह बारात नगरद्वार के निकट आ पहुंची। द्वाररक्षकों ने कोई शंका उठाए बिना ही बारात को भीतर जाने दिया। कुछ क्षण उपरान्त मुग़ल अश्वारोहियों का एक दल भी उस ओर आया। वे लोग कुछ मराठा बन्दियों को निर्ममतापूर्वक मारते-पीटते ले जा रहे थे। द्वाररक्षकों ने समाचार पूछे। अश्वारोहियों ने बतलाया कि मराठों ने मुग़ल सेना पर छापा मारा था, अथवा मुग़लों ने पर्वतमाला में प्रवेश करके कुछ मराठों को पकड़ लिया था। ऐसा ही कुछ समाचार था। द्वाररक्षक हँसने लगे। और उन्होंने अश्वारोहियों का अभि-नन्दन किया। अश्वारोही अपने बन्दियों को मारते-पीटते हुए नगर में चले गए।

रात हो गई। नगरद्वार बन्द कर दिए गए। नगर के एक निर्जन प्रान्त में वे बाराती, मुग़ल सेना के वे सैनिक, तथा उनके वे मराठा बन्दी समवेत होने लगे। उन सब ने अपना-अपना छद्मवेश उतार फेंका। वे सब शिवाजी के अनुयायी थे। शिवाजी स्वयं ही सूबेदार के पास प्रार्थना करने गये थे, और बारात के साथ ढोल बजाते हुए आए थे। रात काली थी। एक इतिहासकार के मत में "शिवाजी के दिल की तरह काली!" कुछ क्षण उपरान्त वर्षा होने लगी। मूसलाधार। नगर

के एक अञ्चल में दरिद्र प्रजा निवास करती थी। शिवाजी उसी अञ्चल की घुमावदार गलियों में से अपने अनुयाइयों को ले चले। और अन्त में नदी-तट पर निर्गत होकर वे रंगमहल के पास पहुँचे। रंगमहल अन्धकार में उन्नतशीर्ष था। वे लोग कुछ क्षण तक वहाँ रुक कर आहट लेते रहे।

नदी वर्षाजल से भरपूर होकर निनाद करती हुई बह रही थी। ऊपर से वर्षापात का कलकल कोलाहल हो रहा था। मराठों की पदचाप इस जलध्वनि में मग्न होकर रह गई। रंगमहल में कोई हलचल नहीं थी। उस ओर न कोई प्रकाश था, न कोई शब्द। रक्षक-गण भीगने से बचने के लिए निभृत स्थानों में जा बैठे थे। शिवाजी ने प्रमदवन की प्राचीर को लाँघकर भीतर प्रवेश किया। तब भी किसी ने उनको नहीं ललकारा।

रंगमहल में प्रवेश पाते ही शिवाजी का पक्ष प्रबल हो उठा। कारण, शिवाजी उस महल के कोने-कोने से परिचित थे। उन्होंने अपने अनुयाइयों को आदेश दिया कि वे लोग प्रमदवन में ही उनकी प्रतीक्षा करते रहें। और फिर अपने साथ बीस पुरुष लेकर वे मुख्यद्वार की ओर सरकने लगे। किन्तु वहाँ पर प्रकाश था। कई-एक तन्द्राभिभूत खोजे वहाँ बैठकर परस्पर संलाप कर रहे थे। शिवाजी छायामूर्ति के समान आगे बढ़ने लगे। शीघ्र ही वे पाकशाला के द्वार पर आ पहुँचे। वहाँ पर कई-एक बावरची प्रातःकाल के लिए भोजन प्रस्तुत कर रहे थे। द्वार में ताला नहीं लगा हुआ था। शिवाजी ने शब्द किए बिना ही उसको खोल लिया। बावरची लोग द्वार की ओर पीठ किए राँधने की क्रिया में लवलीन थे। मराठों ने झपटकर उन लोगों को धर दबाया, और धरती पर गिराकर उन सबके गले घोंट दिए। एक क्षण में यह समस्त साहस सम्पन्न हो गया। किसी की चूँ तक नहीं सुनाई पड़ी।

अब शिवाजी ने स्मरण किया कि पाकशाला और शयनकक्ष के मध्य एक मिट्टी की दीवार मात्र है। बाल्यावस्था से ही वे उस शयनकक्ष में सोते आए थे, और वही उस महल का प्रधान कक्ष था। शायस्ता खाँ वहीं सो रहा होगा। उन्होंने अपने अनुयाइयों को आदेश दिया कि वे प्रमदवन में जाकर फावड़े इत्यादि ले आएँ। दूसरे क्षण दीवार की खुदाई प्रारम्भ हो गई।

शायस्ता खाँ का एक सेवक उस दीवार के सहारे बिस्तर लगाकर सो रहा था। खद-खद का शब्द सुनकर वह जाग उठा। उसने उठकर अपने स्वामी को

जगा दिया। शायस्ता खाँ आँखें मलता हुआ अपने बिस्तर पर उठ बैठा। वह जम्हाइयाँ ले रहा था। कारण, वह अभी भी तन्द्राभिभूत था। सेवक के संशय पर उसको विश्वास नहीं हो पाया था। पाकशाला में शब्द हो रहा है? अरे! ये तो वे बावरची लोग होंगे। उसने भी एक क्षण कर्णपात किया। ठक-ठक का क्षीण शब्द हो रहा था। वह क्रुद्ध होकर बोला: "अरे! ये तो आँगन में अपने घोड़ों के लिए खूँटे गाड़ने वाले घुड़सवारों की आवाज है!" तब वह अपने सेवक पर फट पड़ा, और उसको गाली देने लगा कि उसने बच्चों की तरह भयभीत होकर मालिक की नींद खराब कर दी। और फिर वह बड़बड़ाता हुआ अपने बिस्तर पर लेट गया। फिर-से सो जाने के लिए प्रस्तुत होकर।

दूसरे क्षण मराठों नें दीवार को तोड़ डाला। शिवाजी अपने हाथ में नंगी तलवार लेकर शयनकक्ष में आ घुसे, और शायस्ता खाँ के पलंग की ओर लपके। आतंक-ग्रस्त शायस्ता खाँ बिस्तर पर लोटनी ले गया, और शिवाजी का वार खाली पड़ा। वे शायस्ता खाँ के हाथ का अँगूठा ही काट पाए। इसी समय शायस्ता खाँ के एक सेवक ने वह दीपक उठाया जो उस शयनकक्ष को मन्द-मन्द आलोकित कर रहा था, और धरती पर पटक दिया। अन्धकार में पलायन करता हुआ शायस्ता खाँ अपने जनानख़ाने की ओर भाग निकला, और वहाँ उसने अपनी लौंडियों की शरण ली। कई-एक मराठों ने उसका अनुसरण किया, और यह जान पाने के पूर्व कि वे स्त्रियाँ हैं, उन लोगों ने दो लौंडियों को काट गिराया। शायस्ता खाँ का पुत्र अपने पिता की सहायता करने दौड़ा, और मारे जाने के पूर्व उसने खूब हाथ दिखाए। उसके पराक्रम ने शायस्ता खाँ को भाग निकलने का अवसर दे दिया। शायस्ता खाँ को रंगमहल से निकालकर छुपा दिया गया।

तब तक सारे महल में हाहाकार होने लगा था। खोजा लोग चीत्कार करने लगे, और गारद को बुलाने के लिए नक्कारे पीटने लगे। किन्तु जब गारद आई तो किसी को यह ज्ञात नहीं था कि शत्रु-दल कहाँ है, उसमें कितने लोग हैं, और वे लोग कौन हैं। गारद के सैनिक महल के अन्धकारपूर्ण बरामदों में इतस्ततः दौड़ने लगे। उन लोगों ने इधर-उधर छुपी हुई स्त्रियों को पाँव-तले कुचल डाला, और महल के नौकरों को ही शत्रु समझकर उन पर आक्रमण कर दिया। इस प्रकार गारद ने उस महल में भरी हुई हड़बड़ाहट को और भी

बढ़ा दिया।

इसी बीच शिवाजी के पक्ष के जो सैनिक प्रमदवन में रह गए थे वे सब महल में से आने वाले आर्तनाद को सुनकर मुख्यद्वार की ओर दौड़ पड़े। और उन लोगों ने तन्द्राभिभूत प्रहरियों को यह कहते हुए मार गिराया कि ''तुम लोग बहुत अच्छा पहरा दे रहे हो!!'' इस मराठा-दल का अधिकांश तो महल में प्रवेश कर गया। किन्तु तीन-चार मराठा सैनिक सीढ़ियाँ चढ़कर मुख्यद्वार के ऊपर बने हुए नौबतख़ाने में जा पहुँचे। वहाँ पर सोये हुए शायस्ता खाँ के वादकों को सैनिकों ने जगा दिया, और उन लोगों को मृत्यु का भय दिखलाकर विवश कर दिया कि वे लोग यथासाध्य उच्चस्वर में उत्सव-संगीत बजाएं। उस तुमुल किन्तु मनोहारी वाद्य-घोष ने महल में मची हुई हड़बड़ाहट को और भी निबिड़ बना दिया। घबराए हुए मुग़ल सैनिक चकित-से होकर महल के चारों ओर समवेत हो रहे थे। उनकी समझ में नहीं आ रहा था कि महल में हो क्या रहा है।

तब शिवाजी ने देखा कि कोई मुग़ल सामन्त एक खिड़की के मार्ग से पलायन कर रहा है। वे समझे कि वह शायस्ता खाँ है, और उन्होंने तलवार के एक वार से उसको पार कर दिया। तदनन्तर एक अपूर्व कौशल के साथ शिवाजी ने अपने दल को समवेत किया, और रंगमहल को रोता-चिल्लाता छोड़कर वे अपने साथियों सहित संकरी गलियों में से चक्कर काटते हुए नगरद्वार की ओर भाग चले। वहाँ उन लोगों ने द्वाररक्षकों को धर दबाया। शिवाजी ने तलवार के एक ही हाथ से उस हाथी का सिर काट डाला जिसको द्वार पर अड़ाकर द्वाररक्षकों ने उन लोगों का पथ अवरुद्ध करने का प्रयास किया था, और वे लोग द्वार खोलकर रात्रि के अन्धकार में विलीन हो गए।

नगर के बाहर मुग़ल अश्वारोहिणी के दस हजार महायोद्धा डेरा डाले पड़े थे। शिवाजी के छापे का समाचार जब उस सेना के नायकों को मिला तो उन्होंने अपने अश्वारोहियों को आदेश दिया कि मराठों का पीछा किया जाए। नक्कारों के निनाद ने तम्बुओं में सोये हुए अश्वारोहियों को बाहर निकाल लिया, और एक शक्तिशाली सैन्य तुरन्त ही पर्वतमाला की ओर जाने वाले पथ पर दौड़ पड़ा। इस संकट का प्रतिकार भी शिवाजी ने कूटकौशल से किया। वे जिस मार्ग से जा रहे थे उस पर एक झुरमुट देखकर वे रुक गए, और उन्होंने

अपने अनुयाइयों को आदेश दिया कि प्रत्येक वृक्ष पर एक जलती हुई मशाल बाँध दी जाए। मुग़लों ने जब मशालों का वह प्रचण्ड प्रकाश देखा तो उन लोगों ने अपने घोड़े रोक लिए, और वे लोग परस्पर परामर्श करने लगे। फिर यह समझकर कि मराठों की सम्पूर्ण सेना कुछ दूर आगे ही पड़ाव डाले पड़ी है, उन लोगों को साहस नहीं हुआ कि आक्रमण करें, और वे लोग यह समाचार लेकर पूना की ओर लौट आए।

शिवाजी के छापे ने शायस्ता खाँ को विक्षिप्त-सा बना दिया था। उसके सेनानायक प्रातःकाल के समय उसके पास पहुँचे। वे चाहते थे कि शायस्ता खाँ के कटे हुए अँगूठे को लेकर उसके साथ संवेदना प्रकट करें। किन्तु शायस्ता खाँ अपने होंठ काटता हुआ क्रोध के आवेश में मौन बैठा रहा। सहसा उसकी दृष्टि जोधपुर के महाराजा जसवन्त सिंह पर जा पड़ी। वह महाराजा मुग़ल साम्राज्य का स्वामिभक्त सामन्त था। वह मुग़ल सेना के साथ महाराष्ट्र में आया था। उसको देखकर शायस्ता खाँ चीत्कार कर उठा कि वह राजपूत राजा कापुरुष और कर्त्तव्यच्युत है। शायस्ता खाँ ने कहा: ''शत्रु ने जब मुझ पर आक्रमण किया तो क्या तुम यह भूल गए थे कि तुम भी शाहंशाह के सेवक हो?''

राजपूत राजा भी क्रोध से लाल हो गया, और तुरन्त ही महल के बाहर चला गया। तदनन्तर एक अस्त-व्यस्त सैन्य सजाकर और तोपख़ाना साथ लिए बिना ही (मूसलाधार वर्षा के कारण तोपखाने को ले जाना असम्भव था) शायस्ता खाँ पर्वतमाला की ओर अग्रसर हुआ। उसने उस प्रान्त का पर्यवेक्षण करने का प्रयास नहीं किया। मराठा तोपचियों ने अपना तोपखाना झाड़-झंकार में छुपा रक्खा था। वे उस समय तक चुपचाप प्रतीक्षा करते रहे जब तक कि मुग़ल सेना का हरावल उस तोपखाने की मार में नहीं आ गया, और फिर उन्होंने अपनी तोपें दाग़ दीं। मुग़ल सेना में भीषण नरमेध हुआ। शायस्ता खाँ का हाथी मारा गया, और छिन्न-भिन्न मुग़ल-सेना ज्यों ही पीछे हटने लगी त्योंही मराठों की अश्वारोहिणी ने तुमुल जयघोष करते हुए उस पर धावा बोल दिया।

शायस्ता खाँ अपनी तितर-बितर सेना को लेकर भाग निकला। वह आवेश में आकर बक-झक कर रहा था कि उसके साथ विश्वासघात हुआ है। उसके पूना पहुँचते-पहुँचते साँझ हो गई। शायस्ता खाँ ने मुड़ कर पर्वतमाला पर

दृष्टिपात किया तो उसने देखा कि विजयदृप्त मराठों ने प्रत्येक पर्वतशिखर पर हर्षसूचक अग्निज्वाल जला रक्खी हैं। शायस्ता खाँ चुपचाप अपने महल में चला गया, और वहाँ पर वह कई दिन विविक्त-वास करता रहा। जब वह पुनः महल से बाहर निकला तो उसने अपनी सेना को आदेश दे दिया कि पूना को खाली कर दिया जाए।

शिवाजी के इस असाधारण विक्रम का समाचार जब दिल्ली पहुँचा तो वहां संत्रास की सीमा नहीं रही। अन्धविश्वासी लोगों ने कहा कि शिवाजी अवश्य ही कोई जादूगर हैं। एक अँग्रेज कोठी वाले ने, जो उस समय भारत में था, लिखा हैं: ''जनश्रुति के अनुसार शिवाजी का शरीर वातास-विरचित था। अन्यथा उन के लिए यह सम्भव नहीं होता कि वे एक ही समय में अनेक स्थानों पर विद्यमान पाए जाते। यह कहा जाता है कि वे हरक्यूलिस से भी बड़े भीमकर्मा हैं। इसीलिए सब प्रकार के लोग उनकी चर्चा करते रहते हैं।'' गोआ में रहने वाले पुर्तगालियों ने भी शिवाजी के सम्बन्ध में वैसा ही विस्मय प्रकट किया। सिन्योर द' गार्द ने लिखाः ''इस समस्या का अभी तक कोई समाधान नहीं हुआ कि शिवाजी अपने बदले कुछ अन्य व्यक्तियों का उपयोग करते हैं, अथवा जादूगर हैं, अथवा शैतान हैं।''

मुग़ल दरबार के विषाद तथा आत्म-ग्लानि का कूल-किनारा नहीं रहा। शाहंशाह के मामा एक हास्यास्पद ढंग से पराभूत हुए थे। नगर के लोग शायस्ता खाँ के सम्बन्ध में विचित्र और विनोदपूर्ण बातें कह रहे थे। मुग़ल-साम्राज्य के प्रमुख सामन्त के अपने अँगूठे को शहीद किया गया था, और वह लौण्डियों की आड़ में जा लुका था! औरंगज़ेब ने एक स्नेहहीन शुष्क पत्र शायस्ता खाँ को लिखा। उसको सेनापतित्व से च्युत करके बंगाल का गवर्नर नियुक्त किया गया था। यह एक निम्नकोटि का पद था। बंगाल देश लूट-पाट मचाने के लिए तो बहुत अच्छा स्थान माना जाता था, किन्तु उसकी जलवायु के कारण उसको स्वर्ग के समस्त उपभोगों से सम्पूर्ण नरक भी कहा जाता था।

अँग्रेज इतिहासकारों ने शायस्ता खाँ के प्रति सहानुभूति प्रकट की है। किन्तु वस्तुतः वह किसी सहानुभूति का पात्र नहीं था। दक्षिण के युद्ध में अपनी अयोग्यता के कारण उपहास का पात्र बन कर, उसने बंगाल में पूरी कसर निकाली। उस प्रदेश में उसने ऐसा अभूतपूर्व अत्याचार किया कि वहाँ के लोग

नृशंसता के प्रसंग में आज भी उसका नाम स्मरण करते रहते हैं।

शायस्ता खाँ के स्थान पर औरंगज़ेब का पुत्र शाहज़ादा मौअज़्ज़स सूबेदार नियुक्त हुआ। और औरंगज़ेब स्वयं अपनी भगिनी रौशनारा के अनुरोध से काश्मीर-भ्रमण के लिए चल दिया। औरंगज़ेब को स्वप्न में भी यह आशंका नहीं थी कि मराठों के साथ वह संघर्ष इतना महत्वपूर्ण है कि एक दिन वह मुग़ल साम्राज्य को खोखला करके रख देगा। इसलिए उसने अपनी भगिनी के अनुरोध को अमान्य नहीं किया।

: २ :

औरंगज़ेब की सवारी शनैः-शनैः काश्मीर की ओर अग्रसर होने लगी। और शाहज़ादा मौअज़्ज़म मध्यभारत में ठिठक गया। उसको राग-रंग तथा पोलो खेलने से अवकाश नहीं मिल रहा था। उस ओर शिवाजी ने पूना पर किए गए मुग़ल अधिकार का प्रतिशोध लेना आरम्भ कर दिया। वे मुग़ल साम्राज्य के व्यापारिक यात्रापथों पर अपने पराक्रम का प्रसार करने लगे।

सूरत नगर उस समय भारत का सबसे समृद्ध वाणिज्य-केन्द्र था। वहाँ से प्रतिवर्ष मक्का की ओर जाने वाले मुसलमान हाजियों के जहाज़ भर-भर कर जाते थे। अरब और चीन से आने वाले जहाज़ भी वहाँ लंगर डालते थे। फ्राँस, इंग्लैण्ड, हालैण्ड तथा पुर्तगाल के व्यापारिक जलपोत, योरप तथा अफ्रीका का माल लाद कर, वहाँ लाते थे। सूरत के बाज़ारों में समस्त विदेशों के व्यापारी एक-दूसरे के साथ सम्पर्क स्थापित करते थे, और उस नगर में आयात होने वाले माल का परिमाण इतना विपुल था कि सरकार को चुंगी के रूप में ही प्रायः सात-साढ़े-सात लाख रुपए की आय प्रतिवर्ष हो जाती थी। उस काल के सात-साढ़े-सात लाख रुपए!

एक शताब्दी पूर्व अकबर ने उस नगर के चारों ओर दुर्गप्राचीर बनवा दी थी। वहाँ के सूबेदार को राजकर में से इतना धन निकाल कर दे दिया जाता था कि वह एक सुदृढ़ सेना का संग्रह उस नगर की रक्षा के लिए कर सके। किन्तु मुग़ल साम्राज्य तथा नगर-निवासियों के दुर्भाग्य से, सूरत का तत्कालीन सूबेदार दुष्ट-स्वभाव तथा कापुरुष था। उसने विविध प्रकार के बहाने बनाकर सेना के अधिकांश को स्थानान्तरित कर दिया था, और उस सेना के वेतन को अपनी

जेब में भर लिया था। उस समय प्राच्य देशों के व्यापार-केन्द्रों में सर्वत्र यह प्रथा थी कि सम्पन्न व्यापारीगण अपने-अपने आवासों तथा गोदामों की रक्षा के लिए अपनी-अपनी आरक्षक-सेना की व्यवस्था कर लेते थे। किन्तु सूरत के व्यापारियों को मुग़ल साम्राज्य के प्रताप में इतना भारी विश्वास था कि सूरत नगर में वह प्रथा भी धीरे-धीरे लुप्त हो चुकी थी।

दिसम्बर सन् १६६३ में एक अत्यन्त मलिन तथा जर्जर भिखमंगा समुद्र तीरवर्ती यात्रापथ से सूरत की ओर जा रहा था। उसके पास बाँस की एक लाठी और एक भिक्षापत्र था। यात्रापथ जनसंकुल था, और उस भिखमंगे की ओर किसी ने भी ध्यान नहीं दिया। यदि वह किसी बाज़ार के कूल पर रुककर बड़े ध्यान से समीपवर्ती लोगों का राजनीति-सम्बन्धी संलाप सुनने लगता था, तो भी कोई उसको नहीं टोकता था। संलाप में रत लोग शासन-व्यवस्था की उत्तरोत्तर बढ़ती हुई अयोग्यता की चर्चा कर रहे थे, अथवा वे शिवाजी नाम के शैतान की कहानी कह रहे थे। उनके कथनानुसार मराठों की सेना पुर्तगाली नगर बसीन के आस-पास मँडरा रही थी। मानो वह सेना उस नगर पर आक्रमण करने का अवसर खोज रही हो। और, उनके मतानुसार, यह भी तो सुना गया था कि शिवाजी शीघ्र ही गोआ पर आक्रमण करके वहाँ के स्वर्णमय गिरजों को लूट लेने की डींग हाँक रहे हैं। शिवाजी के धृष्ट पराक्रम की ऐसी कहानियाँ कह-सुनकर वे लोग शिवाजी का उपहास उड़ा रहे थे। मुग़ल साम्राज्य को शत्रु बनाकर शिवाजी का पेट नहीं भरा! वे अब पुर्तगालियों को भी अपना प्रतिद्वन्द्वी बनाने के लिए प्रस्तुत होने लगे हैं!!

तब वह भिखमंगा उसी समुद्र तीरवर्ती यात्रापथ से लौट चला, और सहसा विलीन हो गया। उसी दिन शिवाजी अपने शिविर में पुनः प्रकट हुए। कुछ दिन पूर्व वे शिविर से बाहर चले गए थे। शिविर में कई-एक रातें व्यतीत करके वे चार हज़ार अश्वारोहियों के साथ चुपचाप चल पड़े। रात्रि के अन्धकार में। शिवाजी का गमन ऐसा गुप्त रहा कि उनके सेनानायकों में से भी किसी ने यह समाचार नहीं सुना। यह समाचार केवल उन्हीं लोगों को ज्ञात था, जिनको स्वयं शिवाजी ने स्वयं चुना था, और शपथबद्ध किया था। द्रुतगति से घोड़े दौड़ाते हुए वे लोग बिना किसी बाधा के मुग़ल साम्राज्य का एक प्रदेश पार कर गए, और अपने शिविर से प्रस्थान करने के कई-दिन उपरान्त सूरत के सामने आ खड़े

हुए।

५ जनवरी सन् १६६४ को मंगलवार का दिन था। सूरत के निवासियों ने निद्रात्याग किया तो उनको समाचार मिला कि शिवाजी उनके नगर से दस मील पर पड़ाव डाले पड़े हैं। नगर में शिवाजी का प्रतिरोध करने के लिए सेना तो थी ही नहीं। केवल गारद के कुछ लोग थे। किन्तु उनको तो किसी प्रकार के युद्ध का अभ्यास नहीं था। वे तो चित्र-विचित्र वेशभूषा धारण करके विशेष-विशेष अवसरों पर सूबेदार की सेवा में उपस्थित होना ही जानते थे। मुग़ल सेना उस समय दक्षिण-पूर्व की ओर सौ-सौ मील परे बिखरी पड़ी थी। उस सेना के नायक समझ रहे थे कि वे लोग मराठों का प्रतिरोध करने में व्यस्त हैं!

सूरत के सूबेदार ने शिवाजी से सन्धि-याचना करने के लिए उनके पास एक दूत भेजा। किन्तु जब उसने सुना कि मराठों ने दूत लौटा दिया है, और वे अपना पड़ाव उठाकर सूरत की ओर अग्रसर हो रहे हैं तो वह आत्मसंयम खो बैठा—वह अपनी गारद तथा चाटुकारों को अपने साथ लेकर नगर के अन्तर्दुर्ग में शरणापन्न हो गया। नगर अब सर्वथा अरक्षित और मराठों की अनुकम्पा के अधीन था। शिवाजी ज्यों-ज्यों नगर की ओर अग्रसर होते गए त्यों-त्यों नगर के धनिक वर्ग में आतंक फैलता गया। अनेक वर्ष से संचित धन को गाड़ देने अथवा अन्यथा तिरोहित कर डालने के असफल प्रयास किए जाने लगे। नगर के दरिद्र निवासी अपना बोरिया-बिस्तर बाँधकर नौकाओं और डोंगियों में जा बैठे, और नदी के बहाव की ओर पलायन करने लगे, अथवा वे देहात की ओर भागकर वन और बीहड़ में जा छुपे।

शिवाजी तब तक सूरत की नगर-प्राचीर के पास आ पहुँचे थे। वहाँ पर उन्होंने अपनी सेना का पड़ाव डाल दिया और सूबेदार के पास एक संदेश भेजा—यदि नगर के तीन आढ्यतम मुसलमान व्यापारी उनके शिविर में उपस्थित होकर अपने लिए तथा अन्यान्य नगर-निवासियों के लिए त्राण-मूल्य दे जाएँ तो शिवाजी सूरत को अछूता छोड़ने के लिए प्रस्तुत हैं। यह एक सर्वथा सम्यक् प्रस्ताव था। किन्तु सूबेदार तो इतना संत्रस्त हो चुका था कि वह इस प्रस्ताव पर भी ध्यान नहीं दे सका। अथवा उसने अपना समाधान कर लिया कि नगर पर चाहे कुछ भी बीते, वह स्वयं तो अन्तर्दुर्ग के भीतर सर्वथा सुरक्षित है। शिवाजी के सन्देश का कोई प्रत्युत्तर प्राप्त नहीं हुआ। तब मराठों ने बिना किसी

बाधा के नगर के द्वार खोल लिए, और ६ जनवरी बुधवार के मध्याह्न में शिवाजी की सेना नगर में प्रविष्ट हो गई। शिवाजी नंगी तलवार तानकर अपनी सेना के आगे-आगे चल रहे थे।

नगर-अधिकारियों की ओर से किसी प्रकार का कोई रीति-मत आत्म-समर्पण नहीं किया गया था। अतएव शिवाजी ने अपने सैनिकों को आज्ञा दे दी कि वे लोग नगर को लूट सकते हैं, और यह काम सम्पन्न करते समय भी मराठों को किसी विरोध का सामना नहीं करना पड़ा। केवल इंगलैण्ड और हालैण्ड के व्यापारियों ने ही अपनी कोठियों के द्वार बन्द करके मराठों का रास्ता रोका। इन विदेशी व्यापारियों की दृढ़ता देखकर शिवाजी इन पर प्रसन्न हो गए, और उन्होंने अपने सैनिकों को आदेश दे दिया कि इन व्यापारियों को वे लोग न छेड़ें। किन्तु जो देशी व्यापारी न तो भाग पाए थे और न शिवाजी की श्रद्धा ही प्राप्त कर सके थे, वे घोर दुर्दशा को प्राप्त हुए।

सूरत को खूब लूटा गया। बुधवार से लेकर शनिवार तक नगर के समस्त आवास, व्यापारिक प्रतिष्ठान तथा गोदाम, एक-एक करके छान डाले गए। बहुत से घरों में आग भी लग गई। लूट-पाट करने वाले मराठों पर सूबेदार के सैनिक अन्तर्दुर्ग में बैठे-बैठे गोलियाँ चला रहे थे। अन्तर्दुर्ग के तोपखाने ने भी बारम्बार आग उगली। किन्तु इस सबसे आक्रमणकारियों को तो कोई क्षति नहीं पहुँची, केवल नगर का ही विध्वंस होता रहा। यह विध्वंस मराठों द्वारा किये गए विध्वंस की तुलना में अधिक बीभत्स था। शुक्रवार का दिन आया तब तक नगर का दो-तिहाई अंश अग्निकाण्ड द्वारा नष्ट हो चुका था।

सूबेदार के बहुत से सैनिक सूबेदार की भाग-दौड़ के कारण अन्तर्दुर्ग के बाहर ही छूट गए थे। मराठों ने उन सबको बन्दी बना लिया। और बृहस्पतिवार की रात को एक दुर्घटना के फलस्वरूप नगर की लूटपाट, नरमेध में परिणत होते होते रह गई। मुग़ल सूबेदार ने दो दिन तक अन्तर्दुर्ग में बैठे-बैठे विचार करके एक युवक सेनानायक को शिवाजी की हत्या करने के लिए भेज दिया। सेनानायक ने आकर कहा कि वह सूबेदार का दूत है, और नगर के आत्म-समर्पण के विषय में सूबेदार का संदेश लेकर आया है। शिवाजी ने इस संदेश का स्वागत नहीं किया। कारण, वे तो सूरत पर अधिकार जमाने के आशय से नहीं आए थे, न ही उनकी यह आकांक्षा थी कि अन्तर्दुर्ग को हस्तगत करने

अथवा अपने अधिकार में रखने के लिए उनके सैनिकों के प्राण संकटग्रस्त हो जाएँ। किन्तु मुग़ल सेनानायक ने जब प्रार्थना की कि वह शिवाजी के साथ साक्षात्कार करना चाहता है तो उन्होंने स्वीकृति दे दी।

युवक सेनानायक को शिवाजी के शिविर में ले जाया गया। शिवाजी को सम्भवतः यह स्मरण था कि शायस्ता खाँ ने किस प्रकार उनको कापुरुष कह कर पुकारा था। अब मुग़ल सूबेदार के दूत को सामने देखकर वे भी विनोद करने लगे। उन्होंने कहा: "आपके स्वामी तो व्रीडाभिभूत नवयौवना के समान भयभीत हो कर घर में घुसे बैठे हैं।" मुसलमान युवक के लिए उसका वह अध्यवसाय वैसे ही अरुचिकर था। वह क्रुद्ध होकर बोला: "हम लोग स्त्री नहीं हैं।" किन्तु जब उसने देखा कि शिवाजी विनोद करने के विरत नहीं हो रहे तो वह आत्म-संयम खो बैठा, और खंजर निकाल कर शिवाजी की ओर दौड़ा। एक मराठा अंगरक्षक ने तुरन्त ही उछल कर उस मुसलमान युवक का हाथ काट डाला। पर उसने इतने वेग के साथ आक्रमण किया था कि शिवाजी धराशायी हो गए, और मुसलमान युवक के साथ उनका मल्लयुद्ध होने लगा। शिवाजी के अंगरक्षकों ने मुसलमान का शिरस्त्राण काटकर उसकी खोपड़ी फोड़ दी।

इसी बीच मराठा सैन्य में यह प्रवाद प्रसार पा गया कि शिवाजी की हत्या हो गई है। चारों ओर प्रतिशोध लेने की पुकार उठने लगी। मराठा सैनिक चीत्कार कर रहे थे कि प्रतिशोध के रूप में नरमेध होना चाहिए। इसी समय शिवाजी उठकर खड़े हो गए। उनके वस्त्र अभी भी रक्त से स्नात थे। किन्तु वे तुरन्त ही अपने शिविर के चक्कर काट-काटकर अपने अनुयाइयों को दर्शन देने लगे, और उनका आदेश सुनकर मराठा सैनिक फिर अपने-अपने कर्त्तव्य का पालन करने लगे।

रविवार के प्रातःकाल ही यह समाचार प्राप्त हुआ कि एक मुग़ल सेना सूरत को मुक्त करने के लिए उस ओर अग्रसर हो रही है। मराठे तो इसके पूर्व ही लूट का माल एकत्र कर चुके थे। इस माल का परिमाण विपुल था। ख़फी खाँ शोक मनाता है कि "ज़र और माल की शक्ल में करोड़ों रुपए उस कमीने काफ़िर शिवाजी के हाथों में पड़ गए।" मराठों ने अपने घोड़ों को "काश्मीर तथा अहमदाबाद के माल" से तथा "सुवर्ण, रजत, मणि, माणिक्य इत्यादि

बहुमूल्य वस्तुओं'' से लाद लिया। फिर वे लोग मुग़ल सेना से कन्नी काटते हुए, द्रुतगति से तीरवर्ती प्रदेश को पार करके शिवाजी की राजधानी रायगढ़ में जा पहुँचे।

मुग़ल सेना की हरावल ने जब तक सूरत में प्रवेश नहीं किया तब तक सूबेदार ने अन्तर्दुर्ग से निष्क्रमण नहीं किया, और जब वह बाहर आया तो नगर के निवासियों ने उसे गालियाँ दे कर तथा ताने मार कर उसका स्वागत किया। निहत्थे व्यापारियों को अपने सामने देखकर सूबेदार के पुत्र का पराक्रम जाग उठा। मराठों की उपस्थिति में वह पराक्रम सर्वथा प्रसुप्त रहा था। अब उसने अपनी बन्दूक तान कर सूबेदार का उपहास उड़ाने वालों में से एक व्यक्ति को भवसागर के पार पठा दिया।

सूरत का समाचार जब मुग़ल शाहंशाह के पास पहुँचा तो उसकी आत्म-ग्लानि का किनारा नहीं रहा। दरवेश और मुल्ला लोग खुले आम हाय-तोबा कर रहे थे कि औरंगज़ेब-जैसे निष्ठावान् मुसलमान बादशाह ने सूरत जैसे महान् नगर को एक काफ़िर के द्वारा लुट जाने दिया। सूरत में तो हज़रत मुहम्मद के जन्मस्थान की ओर यात्रा करने वालों की भीड़ लगती थी! सूरत तो एक पावन तीर्थयात्रा की ओर खुलने वाला द्वार था!! सूरत तो मक्का का दरवाज़ा था!!! शाही हरम की बेगमों ने भी आर्तनाद उठाया। उनमें शायस्ता खाँ की पत्नी प्रमुख थी। वह अपने पति के साथ बंगाल में नहीं गई थी। शाही दरबार में शाहज़ादी रौशनारा से उसकी मित्रता थी। उसकी आकाँक्षा थी कि वह राजधानी में ही रह कर एक हिन्दू विद्रोही के विरुद्ध मुग़ल शाहंशाह की क्रोधाग्नि को प्रोत्साहित करे। उस हिन्दू ने उसके पुत्र का वध किया था, और उसके पति से प्रबल प्रतिशोध लिया था।

औरंगज़ेब अपने आवास में एकाकी बैठकर सन्ताप की ज्वाला में जल रहा था। तब नए-नए दुर्दैव का समाचार लेकर आने वाले दूत उसके पास पहुँचे। उसका पुत्र शाहज़ादा मौअज़्ज़म सूरत का परित्राण करने में असफल रहा था। और सूरत से लौटते हुए शिवाजी को भी वह नहीं पकड़ पाया था। अब अपने पिता की भर्त्सना सुनकर वह मराठा देश में प्रवेश कर बैठा था, और सिंहगढ़ पर आक्रमण करते ही पिट कर भाग आया था। शाहज़ादे को युद्ध करने में कोई रस नहीं आता था। वह तो युद्ध की योजना बनाने में भी असमर्थ था।

उसको जब-जब शिकार और पोलो खेलने से अवकाश मिलता था तब-तब वह अपने मित्रों के बीच में बैठकर सैनिक जीवन की निन्दा करने लगता था। प्रथम प्रयास में ही पराभूत होकर वह और प्रयास नहीं कर पाया, और वह वर्षाकाल के आगमन तक प्रत्यन्त प्रदेश में ही इतस्ततः मँडराता रहा। वर्षा आरम्भ होते ही उसकी सेना तथा उसका भारी-भरकम तोपखाना अचल हो गए।

किन्तु शिवाजी की द्रुतगामिनी अश्वारोहिणी के लिए तो वर्षाकाल भी कोई बाधा नहीं था। और सन् १६६४ के उस पूरे वर्ष में मराठे मुग़ल प्रदेश को ध्वस्त करते रहे। वे मुग़ल सेना से कन्नी काटकर वे आज इस नगर पर और कल उस नगर पर टूट पड़ते थे। इस प्रकार के शत्रु के सामने मुग़ल सेना तत्काल तो अत्यन्त ही असमर्थ रही। शिवाजी ''मानो सर्वत्र उपस्थित और प्रत्येक परिस्थिति के लिए प्रस्तुत थे।'' उनकी गतिविधि का कोई गणित ही सम्भव नहीं हो सका। वे ऐसी तड़ित्-गति से छापा मारते थे कि उनके आक्रमण का प्रतिरोध करने के समस्त प्रयास विफल हो गए। मुग़ल नगरों को सैन्यदलों द्वारा सुदृढ़ किया गया। किन्तु शिवाजी के सर्वव्यापी पराक्रम ने उन सैन्यदलों को प्रधान मुग़ल सेना से विच्छिन्न कर दिया। दूरस्थ दुर्गों की रक्षा के लिए सहायक सेना भेजी गई। किन्तु वह सेना अपने गन्तव्य पर पहुँची, उसके पूर्व ही प्रत्येक दुर्ग धू-धू करके जल उठा, और दो-चार टूटी-फूटी तोपों के अतिरिक्त वहाँ कुछ भी नहीं बच पाया।

एक अंग्रेज कोठी वाले ने लिखा: ''शिवाजी अत्यन्त ही पादचपल एवं पराक्रमी हैं। अपने-आपको कष्टसहन करने में दीक्षित करने के लिए वे अपूर्व प्रकार के अध्यवसाय में रत रहते हैं। और वे अपने प्रमुख सेनानायकों को भी अध्यवसायरत रखते हैं। यही कारण है कि वे एक आश्चर्यजनक कौशल के साथ यहाँ से वहाँ पहुँच जाते है।'' शिवाजी के समान कुशल छापामार नेता उनके पूर्व अथवा उपरान्त अन्य कोई नहीं हुआ था, और मुग़ल शक्ति उनके कूटकौशल के सामने सर्वथा विमूढ़ हो कर रह गई। मराठा प्रदेश पर अधिकार कर लेना तो दूर रहा, मुग़ल लोग तो अपने अधीनस्थ भूमिभाग की ही रक्षा नहीं कर सके। मराठे उस भूमिभाग पर नित्यनवीन आक्रमण करके लूटपाट करते रहते थे। परिणामस्वरूप समीपवर्ती समस्त मुग़ल प्रदेश विश्रृंखल होने लगा।

बीजापुर का आधिपत्य स्वीकार करने वाले कई-एक सामन्तों ने इस विशृंखला का विशेष लाभ उठाया। वे लोग भी शिवाजी के पीछे-पीछे मुग़ल प्रदेश में प्रवेश करके लूटपाट करने लगे।

पश्चिमवर्ती बन्दगाहों में बसने वाले विदेशियों के सामर्थ्य का परिचय प्राप्त करके शिवाजी नौसेना का महत्व भी समझ गए थे। मुग़ल शासकों ने कभी भी नौसेना की ओर ध्यान नहीं दिया था। शिवाजी ने, मुग़ल-साम्राज्य को पराभूत करने के उद्देश्य से, एक नौसेना का संग्रह आरम्भ कर दिया। नाविक लोगों को भरती करना उनके लिए दु:साध्य नहीं रहा। समुद्रतीर के साथ-साथ बसे हुए गाँवों में मत्स्यजीवी हिन्दुओं की एक जाति निवास करती थी। वे मराठों के ही रक्तबान्धव थे, और दीर्घकाल तक मछली पकड़ने का व्यवसाय करते रहने के कारण समुद्रयात्रा के काम में अत्यन्त कुशल हो गए थे। उनकी नौकाएँ बहुत ही सीधी-साधी थीं, जिनका निर्माण करने में किसी विशेष कौशल से काम नहीं लिया जाता था। किन्तु उन नौकाओं का संचालन करने वाले नाविक लोग न तो तूफान से भयभीत होते थे, न अरब लोगों के रणपोतों से। वे समुद्र में उद्भूत होने वाले प्रत्येक ज्वार तथा प्रवाह-परिवर्तन से परिचित थे, और पश्चिमवर्ती समुद्रतीर के साथ-साथ कोसों तक मिलने वाली खाड़ियों में कोई भी स्थान उनके लिए दुर्गम नहीं था। नौसेना के रूप में व्यवस्थित होते ही वे नाविक लोग मुग़ल व्यापारियों के लिए एक भयानक विभीषका बन गए।

तदनन्तर मक्का की तीर्थयात्रा सर्वथा संकटापन्न होने लगी। भारतीय तट के निकटवर्ती समुद्रजल में यातायात करने वाले व्यापारी अत्यन्त आतुर हो कर अपनी नौकाओं के किनारों पर खड़े रहते थे, और दूर-दूर तक दृष्टि दौड़ते रहते थे कि कहीं कोई ऐसी नौका तो नहीं आ रही है जो लघु-आयतन तथा संकीर्ण-काय हो और जिस पर जाज्वल्यमान भगवा रंग का बड़ा-सा त्रिकोणकार ध्वज फहरा रहा हो!

जलयुद्ध करते रहने के साथ-साथ शिवाजी ने व्यापार की ओर भी ध्यान दिया। १६६३ में ही वे दो व्यापारिक पोत अरब की ओर भेज चुके थे। दो वर्ष उपरान्त अंग्रेजों ने समाचार दिया कि वे प्रतिवर्ष अपने "नौ बड़े-बड़े बन्दरों से दो-दो व्यापारिक पोत ईरान, ईराक़ और अरब की ओर भेज रहे हैं।" और अपनी दूरदर्शिता के फलस्वरूप शिवाजी यह भी समझ गए कि युद्ध के समय

समुद्रपथ से सम्पन्न होने वाला यातायात विशेषतया लाभदायक है। अतएव अपनी सेना की चरिष्णुता में वृद्धि करने के लिए उन्होंने अपनी नौसेना का व्यवहार किया। फरवरी सन् १६६५ में उन्होंने प्रथम बार अपनी समस्त युद्धोपयोगी सेना को ८५ बजरों और तीन बड़े-बड़े व्यापारिक पोतों पर चढ़ाकर समुद्रतीर के साथ-साथ बढ़ाया, और मुग़ल प्रदेश पर छापे मारे।

सन् १६६४ का वर्षाकाल बीतते-बीतते शिवाजी की समस्या मुग़ल साम्राज्य की सर्वप्रधान समस्या बन चुकी थी। इस समस्या के सामने अन्य कोई भी समस्या मुग़ल सरकार का ध्यान आकृष्ट करने में असमर्थ रही। औरंगज़ेब ने जुगुप्सा के आवेश में शिवाजी का नाम ''पहाड़ी चूहा'' रख छोड़ा था। ''पहाड़ी चूहे'' का प्रसंग प्रस्तुत होते ही औरंगज़ेब विषादग्रस्त होकर अपने पुत्र की अपात्रता तथा अपने सेनानायकों की अयोग्यता की कहानी सुनाने बैठ जाता था। तब ३० सितम्बर के दिन उसका जन्मोत्सव मनाया गया। औरंगज़ेब ने अपने दरबार में बैठकर अपने दरबारियों की बधाइयाँ स्वीकार कीं। तदनन्तर घोषणाकार को आदेश दिया गया कि वह जन्मोत्सव के उपलक्ष्य में दी गई उपाधियों की घोषणा करे। उपाधि प्राप्त करने वालों में प्रथम नाम आमेर (आधुनिक जयपुर) के राजा जयसिंह का था। उस राजा को शाहज़ादा मौअज्ज़म के स्थान पर दक्षिणवर्ती मुग़ल सेना का सेनापति बनाया गया था। वह सेना मराठों के विरुद्ध युद्ध कर रही थी।

औरंगज़ेब-जैसे मतान्ध बादशाह के लिए यह एक अत्यन्त अरुचिकर प्रसंग था कि वह अपने मामा तथा पुत्र की पराजय स्वीकार करे, और उन दोनों के द्वारा कलंकित पद पर एक हिन्दू सेनापति को प्रतिष्ठित करे। राजा जयसिंह राजपूत था। उसकी जाति ने अनेक वर्ष तक मुसलमानों के साथ निरंतर संघर्ष किया था। अतएव राजा जयसिंह ने भी एक हिन्दू नेता के विरुद्ध किए जाने वाले इस अभियान के सेनापतित्व को खेद के साथ ही स्वीकर किया। उसने एक सैनिक के नाते मुग़ल शाहंशाह की सेवा करने की शपथ ग्रहण की हुई थी। इस शपथ को स्मरण करके ही वह आत्मग्लानि के बोध को दूर कर पाया।

औरंगज़ेब के लिए किसी हिन्दू सेनापति की प्रंशसा करना दुष्कर काम था। अब उसने एक अभूतपूर्व स्वर में राजा जयसिंह की प्रशंसा करते हुए कहा कि केवल वह राजा ही दक्षिण के सीमान्त पर बिगड़ी हुई सैनिक स्थिति को

सँभाल सकता है। उसने तख्ते-ताऊस से उत्थान करके अपने गले का मुक्ताहार जयसिंह के गले में डाल दिया। फिर भी अपने समकालीन अन्यान्य राजपूत सामन्तों के समान राजा जयसिंह का खेद उत्तरोत्तर बढ़ता ही गया। मुग़ल साम्राज्य में हिन्दुओं की स्थिति शोचनीय होती जा रही था। पूर्ववर्ती बादशाहों की सहनशीलता का स्थान एक हृदयहीन विद्वेष लेता जा रहा था।

: ३ :

दक्षिण की ओर प्रस्थान करने से पूर्व राजा जयसिंह ने औरंगज़ेब से प्रार्थना की कि उसको उसके द्वारा शासित होने वाले प्रदेशों में पूर्ण अधिकार प्राप्त होने चाहिएँ, यदि उससे यह प्रत्याशा की जा रही थी कि वह अतिशीघ्र ही उस अभियान का अन्त कर दे तो उसके साथ दिल्ली दरबार के कोई "परामर्शदाता" नहीं जाने चाहिएँ, न ही शाहंशाह के मन्त्रियों की ओर से उसे कोई आदेश दिए जाने चाहिएँ, और उसके द्वारा विजित देश राज-सम्बन्धियों के चाटुकारों को जागीर के रूप में नहीं मिलना चाहिए। इसके पूर्व किसी भी मुग़ल सेनापति को इस प्रकार के अधिकार नहीं मिले थे। किन्तु औरंगज़ेब को राजा जयसिंह के मनोभाव पर किसी प्रकार का संशय नहीं था, और उसने राजा की सब शर्तें मान लीं। किसी भी मुग़ल सेनापति को इस प्रकार के अधिकार देते हुए औरंगज़ेब को बाधा का बोध होता। अपने किसी पुत्र अथवा सम्बन्धी का विश्वास तो वह कभी नहीं करता था। अपने सिंहासनारोहण के समय की स्थिति को वह भूला नहीं था।

फिर भी, उस अभियान के आदि से लेकर अन्त तक, औरंगज़ेब अपने स्वभाव का संवरण नहीं कर पाया। वह अनवरत ही राजा जयसिंह के पास अपने परामर्श तथा आदेश पठाता रहा। वे आदेश और परामर्श राजा के पास पहुँचते-पहुँचते सर्वथा अप्रासंगिक हो जाते थे। किन्तु राजा जयसिंह ने युद्ध-कौशल-सम्बन्धी उन समस्त शाही फ़रमानों की अवहेलना कर दी। जब-जब उससे अनुरोध किया जाता था कि वह तत्क्षण प्रत्युत्तर पठाए तब-तब वह सौजन्यता के साथ किन्तु अस्पष्ट शब्दों में लिख भेजता था कि "जिस अध्यवसाय पर उसको भेजा गया है उसको वह पूरा कर रहा है।"

जयसिंह सर्वथा शान्त रह कर अभियान के लिए प्रस्तुत हो रहा था।

दक्षिणस्थ सेना की सहायता के लिए उसने चौदह हज़ार अश्वारोही अपने साथ ले लिए। उनमें से अधिकतर उसके अपने राजपूत-कुल के सुभट थे। इसके अतिरिक्त उसने पठानों की एक पैदल पलटन भी अपने साथ ले ली। उस पलटन का सेनानायक दिलेर खाँ नाम का एक योग्य किन्तु क्रोधी स्वभाव वाला पठान था। दिलेर खाँ के विषय में यह प्रसिद्ध था कि वह "विकटभोजी और भीमकर्मा है, तथा धनुष चढ़ाने में अन्य कोई भी उसके साथ स्पर्धा नहीं कर सकता। एक बार वह दिल्ली के उत्तरवर्ती द्वार को पार कर रहा था। सांग्रामिक हाथियों का प्रतिरोध करने के लिए द्वार के कपाट में लगी हुई कील को उसने एक ही हाथ से पकड़कर उमेठ दिया। उस कील को उसी अवस्था में आज भी देखा जा सकता है। खान की स्मृति में उस कील को उसी अवस्था में रहने दिया गया था।"

अपने तोपखाने के प्रधान नायक के रूप में राजा जयसिंह ने इटली के आयुध-आजीवी मनुच्ची को चुना। मनुच्ची ने राजा को ताश का खेल सिखाया था, और तब से ही वह राजा का कृपाभाजन था। वे दोनों रात-रात-भर बैठकर वह खेल खेलते रहते थे। और मनुच्ची ने राजा से बहुत-सा धन जीता था। किन्तु मनोरंजन का सहचर होने के अतिरिक्त मनुच्ची ने अभी तक किसी भी ऐसे सामर्थ्य का परिचय नहीं दिया था जो कि उसे इस दायित्वपूर्ण पद का पात्र सिद्ध करता। फिर भी, जैसा कि आगे चलकर देखा गया, वह अपने पद के योग्य ही सिद्ध हुआ। उसने अपने नीचे तीन और योरोपियन रक्खे—एक फ्रांसीसी, एक अंग्रेज़ और एक पुर्तगाली। उन सब ने मिलकर राजा का तोपख़ाना ही तैयार नहीं किया अपितु राजा की अश्वारोहिणी को भी योरोपियन प्रणाली से प्रत्याक्रमण करने की शिक्षा देना प्रारम्भ कर दिया।

सन् १६६५ के प्रारम्भ में राजा का समारम्भ सम्पूर्ण हो गया। समारम्भ करते समय संयम का आश्रय लेने वाला राजा जयसिंह अभियान की वेला में अत्यन्त द्रुतगति था। वह जिस त्वरा के साथ दक्षिण की ओर अग्रसर हुआ वह शिवाजी के लिए ही सम्भव थी। मार्ग में एक दिन का भी अवस्थान किए बिना ही उसकी सेना सूर्यातप से तप्त मैदानों को पार कर गई। घास सूख गई थी। वृक्षों के पत्ते झड़ चुके थे। धरती मनुष्यों के पाँव जलाए डाल रही थी। धूल के बादल उमड़-उमड़कर पथप्रान्त में चलने वालों की साँस रोक देते थे। किन्तु

श्रान्ति का संकेत तक दिए बिना वह वृद्ध राजपूत योद्धा अपनी सेना को बढ़ाता ही चला गया, और दिल्ली से प्रस्थान करने के एक मास उपरान्त वह शाहज़ादा मौअज़्ज़म के शिविर में जा पहुँचा। उसने तुरन्त ही अपनी नई सेना को पुरानी और अवसन्न-प्राय दक्षिणी सेना के साथ संगठित किया, और तत्काल ही कूच करके वह एक मास बीतते-बीतते पूना में प्रविष्ट हो गया।

अब पहली बार शिवाजी का द्वन्द्व एक ऐसे सेनापति के साथ होने वाला था जिसका युद्धकौशल शिवाजी के अपने युद्धकौशल के समतुल्य था। दोनों प्रति-द्वन्द्वियों ने कुछ दिन तक अपनी-अपनी घात लगाई, और एक-दूसरे की शक्ति तथा योजना का निरीक्षण किया। इसलिए युद्ध की आग तुरन्त ही नहीं जली। ग्रीष्मकाल आ चुका था, और पूना की सँकरी सड़कों तथा एक-दूसरे से सटे हुए घरों ने उस नगर को और भी गरम कर दिया था। आक्रमणकारियों को असुविधा तो होती ही। दिनभर धूल से लदी लू चलती रहती थी। और रात के समय हूमस के कारण सोना सुकर नहीं था। दिनभर मक्खियों की सेना भिनभिनाती रहती थी, रातभर मच्छर काटते थे। किन्तु इऩ समस्त असुविधाओं की अवगणना करके राजा जयसिंह अनवरत कर्मरत रहा। वह अपनी युद्ध-योजना की त्रुटियाँ दूर करके उसे पक्का बना रहा था।

राजा का पहला उद्देश्य था कि शिवाजी द्वारा अधिकृत देश को चारों ओर से नितान्त निरुद्ध कर दिया जाए, और इस काम के लिए जिस क्षेत्र में मुग़ल सेना उपलब्ध नहीं हो उस क्षेत्र में मुग़ल साम्राज्य के सहायकों से काम निकाला जाए। राजा ने बीजापुर को प्रोत्साहित किया कि वह शिवाजी के पृष्ठ पर पराक्रम करे, और अपना खोया हुआ भूभाग फिर से जीत ले। अफ़ज़ल खाँ के पुत्र को विशेषतया समझाया गया कि उसके पिता की मृत्यु का प्रतिशोध लेने के लिए एक स्वर्ण अवसर उपस्थित है। वह लड़का राजा की बात मान गया, और अपना सैन्य लेकर राजा के शिविर में आ पहुँचा। राजा ने पश्चिमवर्ती समुद्रतीर की समस्त बन्दरगाहों में व्यवसाय करने वाले पाश्चात्य व्यापारियों के पास भी अपने दूत पठाए। उनसे कहा गया कि मराठों की नवोत्थित नौशक्ति उनके व्यापार को संकटग्रस्त किए जा रही है, और इस संकट से त्राण पाने के लिए उन लोगों को मुग़ल साम्राज्य के साथ सहयोग करना चाहिए। मनुच्ची को समुद्रतीरवर्ती वन्यप्रदेश को छोटे-छोटे सामन्तों के पास यह सन्देश देकर भेजा

गया कि वे लोग शिवाजी के सीमान्त में लूटपाट मचाएँ। और अन्ततः राजा के जासूसों ने प्रभूत द्रव्य का प्रयोग करके शिवाजी के अपने सेनानायकों को भी भ्रष्ट करना चाहा। इस काम में राजा को कोई सफलता नहीं मिली। शिवाजी के केवल दो सेनानायकों ने ही मुग़ल जासूसों की बात सुनी, और वे दोनों ही मराठे नहीं थे।

इस प्रकार तीन सप्ताह तक कूटनीति का प्रयोग करते रहने के उपरान्त, राजा जयसिंह ने संग्राम का सूत्रपात किया। वह ही एकमात्र ऐसा मुग़ल सेनापति था जिसने उस पार्वत्य दुर्गमाला का महत्व हृदयङ्गम किया था। राजा ने समझ लिया था कि यदि उस दुर्गमाला को एक बार जीत लिया जाए तो मराठों की सेना को खुले मैदान में उतर आने के लिए विवश होना पड़ेगा। और खुले मैदान में मराठों को परास्त करना उसकी भारी-भरकम मुग़ल सेना के लिए सर्वथा शक्य था। अन्यान्य मुग़ल सेनापति इस प्रकार की योजना से दूर भागते आए थे। वह दुर्गमाला अपने निवेश-चातुर्य तथा अपनी दृढ़ता के लिए प्रसिद्ध थी। उसको जीत लेना कोई सुकर कार्य नहीं था। कारण, उसकी रक्षा करने वाले लोग अपने प्राणों को हथेली पर लिए रहते थे। फिर वह दुर्गमाला एक ऐसे पार्वत्य प्रदेश में प्रकीर्ण थी जिसमें निवास करने वाले मावले मुग़लों के प्रति विद्वेष का पोषण करते थे।

राजा जयसिंह तो मुग़ल शाहंशाह का भेजा हुआ सेनापति मात्र था। यदि दुर्गमाला का घेरा दीर्घकाल तक चलता रहता तो शाहंशाह के अधीर हो उठने का भय था। षड्यन्त्र रचने वाले दरबारी शाहंशाह के कान भर सकते थे कि राजा शाहंशाह के शत्रु से सहानुभूति रखता है। अन्यान्य युद्धों में शत्रु की प्रथम पराजय के साथ ही उसके दुर्ग पतझड़ के पत्तों के समान विजेता की गोद में आ गिरते थे। किन्तु मराठों के लिए तो यह दुर्गमाला ही उनका सर्वस्व थी। अतएव मैदान में होने वाले युद्ध में पराजित होकर भी वे आत्मसमर्पण करने वाले नहीं थे। इसके अतिरिक्त मराठों की सेना कोई साधारण सेना नहीं थी। उस समय भारत की अधिकांश सेनाएँ विभिन्न जाति के और विभिन्न धर्मावलम्बी सामन्तों की पृथक्-पृथक् टुकड़ियों को एक-साथ मिलाकर तैयार की जाती थी। उन टुकड़ियों के बीच परस्पर कोई भ्रातृभाव नहीं होता था। एक शासक के प्रति उनका सर्वमान्य समर्पण ही उनको समवेत किए रहता था। और एकता का यह

सूत्र अत्यन्त दुर्बल था। इसके विपरीत मराठों की सेना तो एक सर्वथा संहत शक्ति थी। वह सेना एकान्तभाव से केवल एक ही नेता की अनुगामिनी थी। उस सेना के नेता तथा साधारण सैनिक के बीच सैनिक की भक्ति पाने के लिए स्पर्धा करने वाला, कोई सामन्त-समवाय भी नहीं था। और फिर वह सेना एक धर्मप्रेरणा तथा राष्ट्रवादी चेतना द्वारा अनुप्राणित थी।

मराठा सेना के इन गुणों ने उसको असाधारणतया सशक्त तो कर दिया था, किन्तु इन्हीं गुणों के कारण वह सेना अपने राष्ट्र के भूमिभाग के भीतर ही कारावरुद्ध भी हो गई थी। उस भूमिभाग के लिए प्राण लड़ा देना उस सेना के लिए दुर्निवार्य था, किन्तु वह भूमिभाग तो बहुत बृहद् नहीं था। वह तो एक छोटा-सा प्रान्त था जिसको कोई भी बड़ी सेना सहज ही पददलित कर सकती थी। बस एक बार उस राष्ट्रवादी सेना पर कठोर आघात करने की आवश्यकता थी। राजा जयसिंह ने तुरन्त ही यह तथ्य हृदयङ्गम कर लिया कि मराठा सेना पर आघात करने के लिए मराठा दुर्गमाला पर आघात करना अत्यन्त आवश्यक है। अतएव वह उस दुर्गमाला को, एक-एक करके, ध्वस्त करने के लिए दृढ़प्रतिज्ञ हो गया। उसने संघर्ष के अन्यान्य अवसरों की अवहेलना कर दी। कोई बड़ी विजय पाने का प्रलोभन भी उसे इतस्ततः नहीं कर पाया।

राजा जयसिंह ने सर्वप्रथम पुरन्दर दुर्ग पर धावा करने का मनोरथ किया। यह वही दुर्ग था जिसे शिवाजी ने उन तीन कलहरत भाइयों से छीना था। पूना के दक्षिण-पश्चिम में एक पर्वत को प्राकारबद्ध करके इस दुर्ग का निर्माण किया गया है। यह पर्वत चार हज़ार फीट से भी अधिक ऊँचा है, और बादल घिर आने पर इसका शीर्ष घनाच्छादित हो जाता है। इसके शीर्षस्थान पर दो शिखर हैं। इनमें से एक शिखर पर पुरन्दर नाम का दुर्ग अवस्थित है। शिवमाला नाम के दूसरे शिखर को प्राकारबद्ध करके शिवाजी ने पुरन्दर का बाह्यवर्ती शिविर संगठित किया था। इस शिखर का एक भाग दुर्ग के पश्चिमवर्ती प्रदेश का प्रहरी था। इस भाग की रक्षा करना ही मराठा सेना के लिए जीवन-मरण का प्रश्न बन गया।

जयसिंह ने पुरन्दर के समस्त पथ अवरुद्ध करने के लिए सैन्य-निवेश स्थापित कर दिए। फिर मार्च के अन्त में पूना की रक्षा का समुचित प्रबन्ध करके उसने अपने प्रधान सैन्यबल के साथ द्रुतगति से सासवड़ के पठार की

ओर प्रयाण किया। यह पठार पुरन्दर से छः मील दक्षिण की ओर है। जयसिंह का उद्देश्य था कि उस ओर से किसी प्रकार की सहायक सेना पुरन्दर की ओर न जाने पाए। और जब वह दुर्ग चारों ओर से घिर गया तो उसने दिलेर खाँ को आदेश दिया कि वह अपनी पठान सेना को साथ लेकर दुर्ग का धर्षण करे।

पुरन्दर के भीतर एक सहस्र मराठा सैनिक समवेत थे। उनका नेता मुरार नाम का एक सेनानायक था। आक्रमणकारी सेना की संख्या प्रायः बीस सहस्र होगी, और उस सेना के साथ जयसिंह का विलायती तोपखाना भी था। पठान सेना सावधानी के साथ अग्रसर होने लगी। वह सेना दिन-प्रतिदिन अपनी सुरुंगों को खोद-खोद कर आगे बढ़ाती जाती थी। मराठों के द्वारा किए जाने वाले प्रत्याक्रमण को उस सेना ने परास्त कर दिया, और पठान सेना अन्ततः उस पर्वत-शिखर के नीचे जा पहुँची जिसके शीर्ष पर शिवमाला अवस्थित है। इस शिखर को हस्तगत करना ही जयसिंह का प्रथम उद्देश्य था। तदनन्तर मुग़ल तोपखाने को खींच कर पर्वतशिखर की ओर चढ़ाया जाने लगा। मुग़ल सैनिक जलती धूप में हाँफते हुए तोपखाने की रस्सियाँ खींच रहे थे, और मराठा सैनिक उनके ऊपर वाण, प्रस्तरखण्ड तथा बारूद से भरे हुए भाण्ड बरसा रहे थे। जयसिंह नित्यप्रति उस ओर आकर अपने सैनिकों का उत्साहवर्धन करता था। जिन सैनिकों ने पहले दिन विशेष पराक्रम का परिचय दिया था उनको वह पुरस्कृत भी करता रहता था।

शिवमाला के प्रमुख द्वार के सन्मुख अपना तोपखाना सजाने में मुग़ल-सेना ने एक सप्ताह लगा दिया। तब उस निकटवर्ती स्थान से भीषण गोलाबारी आरम्भ हुई। साथ ही जयसिंह के सौरुङ्गिग लोग प्रमुख द्वार के दोनों पार्श्वों पर बनी प्राकार के नीचे सुरुंग खोदने लगे। गोलाबारी के आवेग से प्रमुख द्वार ध्वस्त हो गया, किन्तु मराठा सैनिक उस खण्डहर के पीछे ही संरूढ़ रहकर प्रतिद्वन्द्वी के प्रत्येक आक्रमण को विफल करते रहे। तब एक दिन एक सुरुंग में विस्फोट हुआ, और प्राकार का एक बड़ा भाग विलीन हो गया। दिलेर खाँ ने धूलि तथा धूम्र से आच्छादित उस वेला में ही अपने पठानों को साथ लेकर दुर्धर्ष धर्षण किया। मराठा सेना का अवशिष्ट भाग अपनी बैरकों के भीतर लौट गया, और उनकी प्राकारों के पीछे अवरूढ़ होकर अन्तिम संघर्ष के लिए प्रस्तुत होने लगा।

दुर्ग का सेनानायक तुरन्त ही समझ गया कि शिवमाला का पतन होते ही दुर्ग की रक्षा करना दूभर हो जाएगा। अतएव उसने मुग़ल आक्रमणकारियों को अन्यत्र आकृष्ट करने का प्रयत्न किया। अपनी सेना के आधे सैनिक साथ लेकर वह पर्वत के पार्श्व पर उतर आया। पठान सैनिक उस पार्श्व पर होकर शिवमाला की ओर आरोहण कर रहे थे। मराठों का प्रत्याक्रमण इतना प्रबल था कि प्रतिद्वन्द्वी का पार्श्वबल परास्त हो गया, और मराठा सैनिक आगे बढ़कर आक्रमणकारियों के शिविर तक जा पहुँचे। उन्होंने सात-सौ मुग़ल सैनिकों को यमलोक पठा दिया। किन्तु इस प्रयास में उनके भी तीन-सौ साथियों ने स्वर्गारोहण किया।

दिलेर खाँ अपने हाथी पर आरूढ़ होकर शान्त भाव से मराठों की प्रगति का पर्यवेक्षण कर रहा था। मराठा सेनानायक मुरार जब उसकी बन्दूक की मार के भीतर आ गया तो दिलेर खाँ ने लक्ष्य साधकर उसके प्राण हर लिए। अपने नेता को नष्टप्राण देखकर मराठा सैनिक हतोत्साह हो गए। उनका वह प्रथम हर्षोन्माद मर गया। वे तुरन्त ही दुर्ग की ओर पश्चात्पद होने लगे। पठान सेना उन पर भीषण आघात कर रही थी, और उनके लिए अपना परित्राण करना भी दु:साध्य होने लगा था। पठानों ने अपनी प्रथम पराजय को विस्मृत करके प्रचण्ड पराक्रम का परिचय दिया।

उस रात्रि में दिलेर खाँ प्रतिपल शिवमाला की बैरकों पर आक्रमण करता रहा। प्रात:काल होते ही राजा जयसिंह भी अपने चुने हुए राजपूतों का एक दल साथ लेकर वहाँ आ पहुँचा। मराठा सैन्य अब तक सर्वथा श्रान्त हो चुका था। वे मुग़ल सेना का प्रतिरोध नहीं कर पा रहे थे। मराठों का गोला-बारूद भी समाप्त हो चुका था। वे प्राकार के साथ पीठ लगाकर प्रतिद्वन्द्वी के अन्तिम आक्रमण की बाट जोहने लगे। जयसिंह ने उनकी यह दशा देख ली, और उसने निरस्त्र होकर एकाकी ही उन लोगों की ओर बढ़ते हुए सम्मानपूर्वक उन लोगों का आत्मसमर्पण माँगा। मराठों ने कुछ क्षण इतस्तत: किया। किन्तु उनके लिए अब कोई अन्य मार्ग नहीं रह गया था। वे एक-एक कर के सूर्य के प्रकाश में निकल आए। अपने घावों के कारण वे लोग लड़खड़ा रहे थे, और उन सब के मुख धुएँ से काले हो गए थे। जयसिंह ने राजपूत-सुलभ शौर्य के साथ उनका स्वागत किया। एक हिन्दू होने के नाते उसने मराठों के पराक्रम की प्रशंसा भी

की। उसने उनमें से एक-एक का आलिंगन किया। उन सबके शरीरों पर रुधिर-स्नात चीथड़े थे, और राजा के शरीर पर बहुमूल्य रेशम तथा मलमल। राजा ने उन सबको सम्मानसूचक वेशभूषा प्रदान की, और उनकी प्रशंसा करते हुए उस ने उन सबको मुक्त कर दिया। जयसिंह ने मराठों से अनुरोध किया कि वे लोग अपने-अपने घर चले जाएँ।

तदनन्तर राजा ने एक दूत दुर्ग के भीतर भेजा। वह उसी प्रकार की शर्तों पर दुर्गस्थ सेना के साथ भी सन्धि करने के लिए प्रस्तुत था। दूत ने अनुरोध किया: "मराठो! आत्मसमर्पण कर दो। तुम्हारा सेनानायक निहत हो चुका है।"

मराठों ने प्रत्युत्तर दिया: "हम लोग भी उसी प्रकार वीरतापूर्वक मरण का वरण करने के लिए लालायित हैं।"

तदनन्तर मुग़लों का तोपख़ाना एक बार फिर ऊपर की ओर खींचा जाने लगा, और दुर्ग के धर्षण की तैयारियाँ फिर से होने लगीं।

: ४ :

इस बीच शिवाजी अकर्मण्य नहीं बैठे रहे थे। वे सासवड़ में शिविरस्थ मुग़ल सेना के साथ खुला संघर्ष नहीं कर सकते थे। मुग़ल सेना उनके द्वारा समवेत किसी भी सेना की तुलना में तीन-चार गुना बहुसंख्यक थी। वे तो केवल यही कर सकते थे कि मुग़ल सेना को यत्र-तत्र आकृष्ट करते रहें, और राजा जयसिंह को विवश कर दें कि वह अपनी सेना को विभक्त करे। शिवाजी का प्रयास तथा पराक्रम देखकर उनके प्रतिद्वन्द्वी भी उनकी प्रशंसा किए बिना नहीं रह सके। ख़फी खाँ "रात्रि में होने वाले आक्रमणों तथा चौकियों के धर्षणों तथा वन में होने वाले अग्निकाण्डों" की कहानी कहता है। अपनी नौसेना के द्वारा शिवाजी ने समुद्र तीरवर्ती मुग़ल प्रदेश पर प्रत्याक्रमण किया, गुजरात की बन्दरगाहों पर अधिकार कर लिया, और मुग़लों को दी जाने वाली सहायता का प्रतिशोध लेने के लिए उन्होंने बीजापुर के व्यापारियों को लूट लिया।

किन्तु राजा जयसिंह ने इतस्ततः आकृष्ट होना अस्वीकार कर दिया। उसने छुट-पुट प्रतिशोध तथा इधर-उधर होने वाली पराजय की ओर से अपनी आँखें मूँद लीं। वह पुरन्दर के धर्षण पर ही डटा रहा। औरंगज़ेब चिन्ताग्रस्त होता जा

रहा था कि यदि गुजरात के नगरों पर निरन्तर ही आक्रमण होते रहे तो वहाँ की प्रजा मुग़ल शासनतन्त्र से विमुख हो जाएगी। राजा जयसिंह ने शाहंशाह को आश्वासन दिया कि उसके सैनिक ''इस स्थान पर एक ही दिन में वह अध्यवसाय कर रहे हैं जो अन्यत्र एक मास में भी सम्पन्न नहीं हो पाता।''

जयसिंह ने जब देखा कि पुरन्दर का पतन होने वाला है तो उसने दिलेर ख़ाँ के पास पर्याप्त सेना छोड़कर उसे वह काम पूरा करने का दायित्व सौंप दिया, और वह स्वयं अपने मुख्य सैन्यबल को साथ लेकर सहसा पूर्व की ओर पिल पड़ा। पार्वत्य प्रदेश के मावले लोगों ने उसका विकट विरोध किया। किन्तु जयसिंह ने उन लोगों को परास्त कर दिया। शिवाजी को उसकी गतिविधि का समाचार मिला, उसके पूर्व ही वह रायगढ़ जा पहुँचा, और अपने अभ्यस्त अध्यवसाय के साथ उसने रायगढ़ का भी घेरा डालना आरम्भ कर दिया। जयसिंह को अपने गुप्तचरों से यह ज्ञात हो चुका था कि रायगढ़ में शिवाजी के परिवार का निवास है।

रायगढ़ के चारों ओर सुरुंगें सम्पूर्ण हो गईं। जयसिंह आश्वस्त हो गया कि मराठों की कोई सहायक सेना उसकी अपनी सेना को हिला नहीं सकती। तब उसने अपनी सेना की टुकड़ियाँ इसलिए इधर-उधर भेजीं कि वे जाकर मैदान में बसी हुई मराठा बस्तियों को नृशंसता के साथ विध्वस्त करें। साथ ही उसने बन्दीकृत मराठों के साथ अत्यन्त भद्र व्यवहार किया। उसका उद्देश्य था कि मराठे किसी प्रकार शिवाजी के प्रति अपने उत्कट प्रेम का परित्याग कर दें। और शिवाजी ने देखा कि उनका राज्य उनकी आँखों के सामने विछिन्न हो रहा है। पुरन्दर की सहायता करने में वे असफल रह चुके थे। अब जयसिंह का पंजा रायगढ़ पर पड़ रहा था। यदि जयसिंह को सफलता मिली तो शिवाजी का परिवार उसकी पकड़ में आ जाएगा। जयसिंह उस परिवार का प्रयोग बन्धक के रूप में कर सकता था।

तब शिवाजी ने सहसा एक निश्चय कर लिया। वे चाहते थे कि उनकी सैनिक स्थिति और भी गम्भीर हो उठे उसके पूर्व ही जो भी शर्तें उपलब्ध हो सकें उन्हीं के आधार पर वे शत्रु के साथ सन्धि कर लें। इतिहासकारों में बहुत दिन तक यह विवाद होता रहा है कि शिवाजी ने सहसा अपना आत्मविश्वास क्यों खो दिया था। किन्तु शिवाजी तो सदा ही कूटकौशल का प्रयोग करते रहते

थे। वे अब समझ गए थे कि जयसिंह एक अपराजेय प्रतिद्वन्द्वी है। साथ ही वे यह भी जानते थे कि जयसिंह अपने व्यवहार में अत्यन्त सज्जन तथा शीलवान् पुरुष है। शिवाजी यह अनुमान नहीं लगा सकते थे कि एक उत्तरोत्तर असफल युद्धप्रयास में उनके अनुयायी कितने दिन तक धैर्य धारण कर सकेंगे। मुग़ल सेना का सम्बल अत्यन्त प्रबल था, और उस सेना की क्षतिपूर्ति के लिए नित-नए सैनिक आ रहे थे। दूरदर्शिता का आश्रय लेकर देखने पर समय की गति शिवाजी के साथ थी। यदि उस क्षण संघर्ष का परित्याग किया जा रहा था तो वह संघर्ष भविष्य में किसी अन्य और अनुकूल अवसर पर फिर अपनाया जा सकता था। और इस क्षण पराजय स्वीकार कर लेना कोई लज्जास्पद काण्ड भी नहीं था। एक स्वल्प-सम्बल और सर्वथा नवीन राज्य तीन वर्ष तक समस्त मुग़ल साम्राज्य के साथ डटकर संघर्ष कर चुका था, और अनेक बार अपूर्व सफलता भी प्राप्त करता रहा था।

जून मास के प्रारम्भ में शिवाजी ने जयसिंह के पास एक सन्देश पठाया। शिवाजी ने सन्धि की याचना की थी। जयसिंह ने अप्रतिबन्ध आत्मसमर्पण के अतिरिक्त किसी अन्य आधार पर सन्धि करना अस्वीकार कर दिया। तब शिवाजी ने सन्देश भेजा कि वे मुग़ल शिविर में आकर स्वयं ही अपने आत्मसमर्पण के विषय में वार्तालाप करना चाहते हैं। जयसिंह ने उनके पास अभयदान का सन्देश भेज दिया। राजा ने शिवाजी के दूत के सम्मुख शपथ ग्रहण की कि शिवाजी की सुरक्षा के लिए वह स्वयं दायित्व-वहन करेगा।

राजपूत के वचन का तो अविश्वास नहीं किया जा सकता था। शिवाजी ने मुग़ल शिविर की ओर प्रस्थान कर दिया। किन्तु अब वे अपने श्वेतवर्ण अश्व का आरोहण नहीं कर रहे थे। अब वे एक अकेली पालकी में बैठकर चल रहे थे। रायगढ़ का घेरा पक्का करने के उपरान्त जयसिंह पुरन्दर के निकटवर्ती अपने प्रधान शिविर में लौट आया था। जब उसने सुना कि शिवाजी आ रहे हैं तो उसने एक ब्राह्मण दूत भेजकर उनसे पूछवाया कि क्या वे वस्तुतः सन्धि के आकांक्षी हैं। शिवाजी ने पालकी में उपासीन रहकर ही अपनी सहमति प्रकट कर दी। तब जयसिंह ने अपने प्रधान राजपूत सरदार को उनके स्वागत के लिए भेज दिया।

शिवाजी के विषय में ऐसा विचित्र प्रवाद प्रसार पा चुका था कि मुग़ल सेना

के सेनानायक यह विश्वास ही नहीं कर पाए कि शिवाजी वस्तुत: सन्धि करने के उद्देश्य से आ रहे हैं। उन लोगों का विचार था कि यह सन्धियाचना अवश्य ही किसी नवीन और नृशंस षड्यन्त्र के संगोपन का मिष मात्र है। मनुच्ची के साथी भी उत्तरोत्तर संत्रस्त हो उठे, और जब यह घोषणा हुई कि शिवाजी मुग़ल शिविर के समीप पहुँचने वाले हैं तो लोगों को यह विश्वास दिलाना असम्भव हो गया कि वे एकाकी ही आ रहे हैं। मुग़ल सैनिक संत्रस्त होकर भाग खड़े हुए। वे चीत्कार कर रहे थे कि शिवाजी का आक्रमण आसन्न है।

राजा जयसिंह अपने तम्बू में बैठा कौतुहल के साथ शिवाजी की प्रतीक्षा कर रहा था। वह तम्बू नाना प्रकार से सुसज्जित था, मानो वह युद्धोपयोगी न होकर एक बहुत बड़े सहभोज के लिए प्रस्तुत किया गया हो। राजा के चारों ओर उसके अपने अनुयाइयों में से बारह चुने हुए सुभट दण्डायमान थे। उनमें से प्रत्येक के हाथ में नंगी तलवार थी। शिवाजी ने ज्यों ही तम्बू में प्रवेश किया त्यों ही राजा के अंगरक्षकों ने उनको चारों ओर से घेर लिया। वे दुबले-पतले पुरुष थे। उस समय कुछ-कुछ श्रान्त-से भी। किन्तु वे तो भाँति-भाँति की दन्तकथाओं का विषय बन चुके थे। लोग समझते थे कि वे जादू जानते हैं, और उनमें कोई दैवी कौशल विद्यमान है। अतएव जयसिंह सर्वथा सावधान था। किन्तु जब शिवाजी ने नतशीर्ष होकर जयसिंह को प्रणाम किया और राजा के द्वारा किए गए स्वागत के लिए कृतज्ञता जताई, तो जयसिंह ने अपने आसन से उत्थान करके उनको अपने बाहुपाश में भर लिया।

जयसिंह बोला: ''आपने शाहंशाह के विपक्ष में खूब संघर्ष किया है। अब आप शाहंशाह की सेवा में रहकर उनके पक्ष में संघर्ष करें।''

फिर शिवाजी का हाथ पकड़ कर राजा ने उनको अपने बराबर में बैठा लिया।

जयसिंह ने शुद्ध मनोभाव से ही वह बात कही थी। वह समझता था कि स्वाधीन हिन्दू राज्यों की स्थिति सम्भव नहीं है, और आगे-पीछे एक-न-एक दिन उन राज्यों का पराभव दुर्निवार्य है। जब हिन्दू धर्म के परम्परागत परित्राता राजपूत लोग ही मुग़ल साम्राज्य के सामर्थ्य के सम्मुख नहीं ठहर पाए थे तो उन अर्धसंस्कृत मराठों के उस स्वल्प-सम्बल राज्य की क्या बिसात थी? मराठा लोग तो अभी तक पराक्रमी योद्धाओं के नाम से प्रख्यात नहीं हुए थे। यदि

आमेर के राजवंश का राजपुत्र मुग़ल साम्राज्य का सेवक बनने में बाधा का बोध नहीं कर रहा था, तो एक अज्ञातनामा मराठा ही क्यों अपने अपमान और पराभव का प्रसंग उठाए?

राजा जयसिंह ने आगे कहा कि एक सैनिक के नाते निस्सन्देह ही शिवाजी एक समर्थ पुरुष हैं; मुग़ल साम्राज्य की सेवा में उनको अपना सामर्थ्य सिद्ध करने के लिए बहुत ही विशाल क्षेत्र मिलेगा; वे संसार की सबसे महान् सेना में सेनानायक बन कर तुर्किस्तान अथवा ब्रह्मदेश में युद्धरत हो सकते हैं; उन भीषण संघर्षों की तुलना में इस वन्यप्रान्त के दस-पाँच कोस अंचल के लिए छुटपुट मारकाट मचाना शिवाजी को शोभा नहीं देता।

राजा जयसिंह बोला: "आप यदि आत्मसमर्पण कर दें तो आप अपनी पारिवारिक जागीर के यथापूर्व प्रभु रह सकते हैं। बीजापुर का जो भूमिभाग आपने जीत लिया है उसके प्रभु भी। किन्तु ये समस्त भूमिभाग आपके पास तभी रह सकते हैं जब कि आप मुग़ल साम्राज्य के सामन्त बनना स्वीकार करें। यदि आप महत्वाकांक्षी पुरुष हैं तो मुग़ल शाहंशाह की सेवा में आप उच्चतम-से-उच्चतम पद पर आरूढ़ हो सकते हैं।"

शिवाजी ने पूछा कि आत्म-समर्पण की शर्तें क्या-क्या होंगी। जयसिंह ने शर्तें बतला दीं। वे शर्तें कठोर थीं, किन्तु अन्यायपूर्ण नहीं। शिवाजी को क्षतिपूर्ति के लिए एक निश्चित परिमाण में धन देना पड़ेगा। साथ ही उनको अपने तेईस दुर्गों की चाभियाँ भी समर्पित करनी पड़ेगी, जिससे कि मुग़ल सेना उन दुर्गों में प्रवेश पा सके। प्रथमत: शिवाजी ने इस सन्धि-प्रस्ताव पर विचार करना अस्वीकार कर दिया। वे जयसिंह के साथ वाद-विवाद कर ही रहे थे कि सहसा एक कोलाहल सुनाई दिया।

शिवाजी उठकर खड़े हो गये। तब एक राजपूत अंगरक्षक ने तम्बू के एक ओर का परदा हटा दिया। शिवाजी ने देखा कि मुग़ल शिविर के समीप ही पुरन्दर की छायामूर्ति आकाश को छू रही है। दिलेर खाँ उसी समय पुनः पुरन्दर का धर्षण करने के लिए प्रस्तुत हो रहा था। घोर ग्रीष्मकाल का दिवस था वह। वर्षाकाल के पूर्व आग बरसाने वाली ॠतु का दिवस। उस समय संसार सर्वथा वैवर्ण्य हो जाता है। पेड़-पौधे एकबारगी क्लान्त होकर मरने की बाट जोहने लगते हैं।

जयसिंह तथा शिवाजी एक-दूसरे के पार्श्व में खड़े थे। उनके सामने आक्रान्ता और आक्रान्त, दोनों का ही दृश्य था। वे दोनों विकट विग्रह करते हुए कीट-पतंगों के समान धूम्रवर्ण आकाशपट पर चित्रित थे। निस्तब्ध वातास में उनके हुंकार की क्षीण ध्वनि भी सुनाई दे रही थी, और तोपखाने की अजस्र गड़गड़ाहट पहाड़ियों में प्रतिध्वनित हो रही थी। सहसा एक दुर्गाट्टालक धराशायी हो गया, और उसका परित्राण करने वाले मराठे ईंट-पत्थरों के वर्षण में दबकर रह गए। पठान सैनिकों ने उस सुलगते हुए पाषाण-समूह की ओर धावा किया।

उस दुर्ग के दो अट्टालक मुग़ल सेना द्वारा अधिकृत किए जा चुके थे। अब उस दुर्ग का अन्तरस्थ भाग ही बचा हुआ था, और उस अंतिम स्थान को भी ध्वस्त करने के लिए तोपखाने को यथास्थान व्यूढ़ किया जा रहा था। उस स्थान के शिखर पर मराठों का भगवा ध्वज अभी तक फ़हरा रहा था। धूम्र से कृष्णकाय और स्थान-स्थान पर शीर्ण भगवा ध्वज!

शिवाजी ने जयसिंह की ओर अभिमुख होकर अभ्यर्थना की कि वह व्यर्थ का रक्तपात बन्द होना चाहिए।

जयसिंह बोला: ''आपके अनुयायी कुछ क्षण में आत्मसमर्पण कर देंगे।''

शिवाजी ने उत्तर दिया: ''मेरा आदेश पाए बिना कभी भी नहीं।''

तब जयसिंह ने कहा कि शिवाजी यदि अपने अनुयाइयों को युद्ध की रीति के अनुसार सम्मानपूर्वक आत्मसमर्पण करने का आदेश भेज दें तो वह स्वयं दिलेर खाँ को अपना आक्रमण रोक लेने का आदेश भेज देगा। शिवाजी सहमत हो गए। उन्होंने एक पत्र लिखकर एक सेनानायक के हाथ अपनी दुर्गस्थ सेना के पास भेज दिया। किन्तु मराठों को प्रथमत: विश्वास ही नहीं हुआ कि शिवाजी ने इस प्रकार का आदेश भेजा है। वे मराठे भलीभाँति जानते थे कि वे लोग और एक दिन भी आत्मरक्षा नहीं कर सकते। फिर भी शिवाजी को एक दूसरा दूत भेजकर अपने आदेश का अनुमोदन करना पड़ा।

दिलेर खाँ भी असन्तुष्ट हो गया। उसे ऐसा लगा कि वार्तालाप के फल-स्वरूप होने वाली सन्धि ने ही उसको उस यश से वंचित कर दिया जो सर्वथा आसन्न था और दुर्धर्ष धर्षण के फलस्वरूप उसे मिला ही चाहता था। क्रोध के आवेश में उसने अपनी पगड़ी धरती पर पटक दी, और अपने दाँत किट-

किटाकर अपनी कलाई को काट खाया। अगले दिन जयसिंह ने उसके पास सन्देश भेजा कि वह शिवाजी का स्वागत करे। यह सन्देश सुनकर दिलेर खाँ एक बार फिर क्रोध से पागल हो उठा। किन्तु जयसिंह का आग्रह नहीं टला। और अन्त में दिलेर खाँ ने मन मारकर और मुँह फुलाकर शिवाजी के साथ भेंट करना स्वीकार कर लिया।

दिलेर खाँ ज्यों ही शिवाजी से मिला त्यों ही वह उनके असाधारण सौजन्य पर मुग्ध हो गया। दिलेर खाँ से उस समय जिसने भी बात की थी वही इस घटना का साक्षी है। उसने अपनी तलवार तथा अपने दो प्रिय अश्व शिवाजी को भेंट में दिए। जयसिंह इस साक्षात्कार के विषय में सशंक था। किन्तु साक्षात्कार को इस प्रकार प्रेमपूर्वक सम्पन्न होते देखकर वह बहुत प्रसन्न हुआ। उसने भी शिवाजी को बहुमूल्य वस्त्र भेंट किए, एक राजसी हाथी दिया, और पगड़ी में बाँधने की एक मुक्तामयी झालर भी।

अगले दिन प्रात:काल ही पुरन्दर ने मुग़ल सेना के प्रति आत्मसमर्पण कर दिया। दुर्गस्थ मराठा सैनिक सम्मानपूर्वक बाहर निकाले गए। शिवाजी ने अपने तेईस दुर्ग समर्पण करना और मुग़ल शाहंशाह को एक पत्र लिखकर क्षमायाचना करना भी स्वीकार कर लिया। उस पत्रवाहक के हाथ जयसिंह ने भी गुप्तरूप से एक पत्र औरंगज़ेब के पास भेज दिया। उसने औरंगज़ेब को परामर्श दिया था कि शिवाजी के पत्र का प्रत्युत्तर सौजन्यपूर्ण होना चाहिए। उसने आग्रह किया था कि इस अवसर पर उदारता दिखलाने से शिवाजी की स्वाभाविक आत्मग्लानि कृतज्ञता का रूप धारण कर लेगी।

किन्तु औरंगज़ेब तो इस प्रकार के सौजन्य से सर्वथा अपरिचित था। उसने शुष्क स्वर में शिवाजी को लिख भेजा: ''विनय से भरा हुआ तुम्हारा पत्र हमारे पास पहुँचा है। हमें यह जानकर खुशी हुई कि तुम अपने आचरण के लिए क्षमाप्रार्थी हो, और तुम अपने पुराने कृत्यों के प्रति पश्चात्ताप-परायण हो। हमारा उत्तर है कि तुम्हारे अत्यन्त नीच आचरण को देखते हुए तुम किसी प्रकार की क्षमा के पात्र नहीं। किन्तु राजा जयसिंह की प्रार्थना सुनकर हम तुमको क्षमा कर रहे हैं।''

एक पराजित प्रतिद्वन्द्वी को एक सोत्साह समर्थक बनाने की क्षमता इस पत्र में नहीं थी। फिर भी शिवाजी ने जयसिंह के साथ की गई सन्धि को निभाया।

उन्होंने सन्धि के अनुसार अपने दुर्ग मुग़ल सेना के लिए खोल दिए, और वे स्वयं जयसिंह के अधीनस्थ मुग़ल सेना में सेवा करने के लिए प्रस्तुत हो गए।

यह सम्भव था कि जयसिंह जब तक मध्यभारत का सूबेदार और शिवाजी का समीपस्थ सरदार रहता तब तक वे मुग़ल शाहंशाह के समर्थक बने रहते। किन्तु औरंगज़ेब तो अपने किसी भी सेवक पर विश्वास करने वाला व्यक्ति नहीं था। जब उसने सुना कि जयसिंह एक भूतपूर्व विद्रोही के प्रति सम्मान का व्यवहार कह रहा है तो वह जल मरा। दो हिन्दू, और एक साथ! राजपूत अपने स्वामी के प्रति कितना ही भक्ति-भाव क्यों न रखता हो, उसके लिए यह स्वाभाविक था कि वह अपने सहधर्मी के प्रति अतीव आदर का भाव प्रकट करे। जयसिंह को तो केवल इसलिए भेजा गया था कि वह शिवाजी का दमन करे, और मराठों की स्वाधीनता का सम्पूर्ण उच्छेद कर दे। किन्तु इसके विपरीत उसने विद्रोहियों के लिए सुविधाजनक शर्तों पर सन्धि कर ली थी। इस बात की क्या गारन्टी था कि शिवाजी सन्धि की उन शर्तों को भी निभाएँगे? उन्होंने जयसिंह को फुसलाकर अपने पक्ष में कर लिया तो? शायस्ता खाँ के साथियों और समर्थकों ने गुटबन्दी करके औरंगज़ेब के संशय को और भी सुपुष्ट कर दिया। शायस्ता खाँ की स्त्री इस गुट की नायिका थी।

शिवाजी को वह शुष्क पत्र मिला उसके तुरन्त उपरान्त ही औरंगज़ेब का एक अन्य पत्र आ पहुँचा। नए पत्र की भाषा सर्वथा विभिन्न थी। औरंगज़ेब ने लिखा था: ''तुम इस समय हमारे शाही शिविर में सेवा कर रहे हो। तुम्हारी सेवाओं पर प्रसन्न होकर हम तुम्हारे लिए एक सुन्दर वेषभूषा तथा एक सुन्दर और रत्नजटित तलवार इस पत्र के साथ पठा रहे हैं।'' मुग़ल शाहंशाह को इस प्रकार की चाटूक्तिपूर्ण भाषा लिखने का अभ्यास कभी नहीं रहा था। उस दुर्वचन आततायी की ओर से प्रयुक्त इस प्रकार की भाषा में किसी षड्यन्त्र का संकेत स्पष्ट था। किन्तु औरंगज़ेब का एक अन्य पत्र और भी सौहार्दपूर्ण निकला। उसने लिखा था, ''तुम्हारे विषय में हमारा मत बहुत अच्छा है।''

इस प्रकार प्रारम्भ करके औरंगज़ेब ने उस पत्र में अपना आशय प्रकट कर दिया था: ''अतएव हमारी इच्छा है कि तुम तुरन्त ही और समय नष्ट किए बिना यहाँ चले आओ। जब हम अपने दरबार में तुमको दर्शन देंगे तो हम अत्यन्त आतिथ्य के साथ तुम्हारा स्वागत करेंगे। और हम तुमको तुरन्त ही लौट

जाने की आज्ञा भी दे देंगे।''

सामान्य रूप से औरंगज़ेब के इस आदेश में असाधारण कुछ भी नहीं था। मुग़ल शाहंशाह सदा ही अपने सब से शक्तिमान सामन्तों को अपने दरबार में प्रस्तुत रखते थे। सामन्तों को यदि उनकी जागीरों में रहने दिया जाता तो सदा ही यह आशंका रहती थी कि वे अवकाश पाकर विद्रोह करने के लोभ का संवरण नहीं कर पाएँगे। राजपूताने के महाराजा भी मुगल दरबार में उपस्थित रहने के लिए विवश किए जाते थे। केवल उदयपुर के महाराणा को ही दरबार से दूर रहने की छूट मिली हुई थी। किन्तु वे तो आज के समान ही उस समय भी हिन्दू राजाओं के मुकुटमणि और सूर्यवंश के अवतंस थे। शिवाजी तो अभी उस दिन तक शाहंशाह के विरुद्ध शस्त्र-सम्पात कर रहे थे। वे उदयपुर के समतुल्य सम्मान पाने की आशा नहीं कर सकते थे।

फिर भी इस प्रकार अकस्मात् ही आने वाली आतिथ्य की यह अभ्यर्थना असाधारण अवश्य थी। शिवाजी किंकर्त्तव्य-विमूढ़ हो गए। यदि वे मुग़ल शाहंशाह के निमंत्रण को अस्वीकार करते थे तो शाहंशाह को उन्हें बन्दी बनाने का बहाना मिल जाता था। वह शाहंशाह किसी नए विद्रोह का आरोप उन पर लगा कर उनका वध भी करवा सकता था। किन्तु यदि वे उस निमन्त्रण को स्वीकार करके दरबार में जाते थे तो वे वस्तुतः बन्दी बन जाते थे। सो भी अपनी मातृभूमि और अपने स्वदेशवासियों से काली कोसों दूर! औरंगज़ेब को जानने वाला कोई भी व्यक्ति उसके इस हठात् मतपरिवर्तन को प्रकृत मानने के लिए प्रस्तुत नहीं होता। न ही लौट आने की आज्ञा पाने का आश्वासन विश्वास करने योग्य था।

शिवाजी जब-जब किंकर्त्तव्यविमूढ होते थे तब-तब वे उचित परामर्श पाने के लिए अपनी माता की शरण लेते थे। अब की बार भी वे जीजाबाई के पास जा पहुँचे। जीजाबाई ने गम्भीर विचार के उपरान्त अनिच्छापूर्वक यही परामर्श दिया कि शिवाजी मुग़ल शाहंशाह का निमन्त्रण स्वीकार कर लें। तदनन्तर शिवाजी ने जयसिंह का परामर्श माँगा। उसने तो स्वभावतः ही कह दिया कि शिवाजी को मुग़ल दरबार में चले जाना चाहिए। राजा जयसिंह स्वयं शिवाजी पर मुग्ध हो चुका था। उसको विश्वास था कि राजधानी में पहुँचने पर शिवाजी का भविष्य अत्यन्त भव्य हो जाएगा। उस मराठे की कृश मुखच्छवि को और

भी उज्ज्वल बना देने वाली निष्कपट मुस्कान मुग़ल शाहंशाह का मन भी मोह लेगी। और शिवाजी भी औरंगज़ेब का आतिथ्य पाकर तथा दरबारियों का सौजन्य देखकर महाराष्ट्र में सीमित अपनी महत्त्वाकाँक्षा को भूल जायेंगे, शाहंशाह की सेवा में जीवन व्यतीत करने के लिए प्रस्तुत हो जायेंगे।

शिवाजी ने संकोच का भाव व्यक्त करते हुए जयसिंह को सुझाया कि वह निमन्त्रण सम्भवत: उनको फाँसने का उपक्रम मात्र है। राजा जयसिंह ने तुरन्त ही अपने पुत्र कुँवर रामसिंह को अपने सद्भाव का प्रतीक बनाकर प्रस्तुत कर दिया। वह बोला : ''रामसिंह आपके साथ दरबार में जाएगा और आपके साथ रहेगा।'' रामसिंह तो शिवाजी को प्रथम बार देखने के क्षण से ही उनका भक्त बन गया था। उसने अपने पिता के प्रस्ताव का समर्थन किया। वह शिवाजी का निकट सहवास पाने की आशा से प्रफुल्ल हो गया था।

अन्त में शिवाजी भी सहमत हो गए। किन्तु उनका अन्तर संशय और आशंका से आपूर्ण था। उन्होंने अपनी माताजी को अपने राज्य का संरक्षक बना दिया। यदि वे लौटकर नहीं आ पाये तो राज्य का भार जीजाबाई सँभालेगी। जीजाबाई भी अपना भजन-पूजन तथा गृहकार्य त्यागकर शिवाजी की मन्त्रिपरिषद् के प्रधान पद का दायित्व वहन करने के लिए प्रस्तुत हो गई। तदनन्तर शिवाजी ने अपने मन्त्रियों से विदा ली। वे सब उनका आलिंगन करके अश्रुपात करने लगे।

अन्ततः शिवाजी ने अपनी मातृभूमि के पीले खेतों और नीली पहाड़ियों का अवलोकन किया। यह अवलोकन उनका अन्तिम अवलोकन भी हो सकता था। और वे अपने अश्व पर आरोहण करके सूदूर उत्तर की यात्रा के लिए चल पड़े। उनके एक पार्श्व पर उनके पुत्र सम्भाजी चल रहे थे, और दूसरे पार्श्व पर राजा जयसिंह का पुत्र रामसिंह। और उन का अनुगमन कर रहा था मराठा अश्वारोहिणी का एक अंगरक्षक-दल।

: ५ :

औरंगज़ेब उस समय आगरा में था। शिवाजी आगरा पहुँचे उसके तीन दिन उपरान्त शाही दरबार समाहूत होना निश्चित हो चुका था। औरंगज़ेब के साथ प्रथम साक्षात्कार के लिए शिवाजी को इस दरबार में बुलाया गया, और शिवाजी

कुँवर रामसिंह के साथ दीवाने-खास में जा उपस्थित हुए। उस दिन मई का बारहवाँ दिन था।

मुग़ल दरबार की रीति-नीति और क्रिया-कलाप सर्वथा सुनिश्चित थे, और सदा ही यन्त्रवत् सम्पन्न होते रहते थे। किन्तु उस दिन सहसा उस यन्त्रवत् सम्पादन में एक विघ्न उपस्थित हो गया।

अमीर-उमरा अपनी-अपनी भेंट मुग़ल शाहंशाह के सामने रख चुके थे। तब घोषणाकार ने उच्चस्वर से पुकारा: "शिवाजी राजा!"

शिवाजी अपने पुत्र सम्भाजी और दस मराठा सरदारों के साथ अग्रसर हुए। सिंहासन-स्थान के नीचे चाँदी के कटहरे से घिरा हुआ एक छोटा-सा आँगन-सा बना हुआ था। उसके समीप जाकर शिवाजी रुक गए। उन के हाथों में दो सहस्र सुवर्ण मुद्राओं से भरा हुआ एक थाल था। किन्तु मुग़ल शाहंशाह को तीन बार तस्लीम न बजा कर शिवाजी ने तीन बार बद्धांजलि प्रणाम ही किया। उनके अपने अनुयायी लोग उन्हें इसी प्रकार ही प्रणाम किया करते थे। दीवाने-ख़ास में एक क्षण सन्नाटा छा गया। दरबारी लोग आँखों की कोर से औरंगज़ेब की ओर देख रहे थे।

किन्तु औरंगज़ेब के मुख पर एक रेखा भी इतस्ततः नहीं हुई। उसने अपने शिर के ईषत् स्पन्दन से शिवाजी की भेंट स्वीकार कर ली। तब उसने एक राजकर्मचारी की ओर संकेत किया। वह राजकर्मचारी सिंहासन-स्थान से नीचे उतरा और शिवाजी को दीवाने-ख़ास के मध्यस्थान से अपसरित करके निम्नवर्ग के सामन्तों की पंक्ति में ले गया। उसने शिवाजी से कहा :"दरबार की सामन्त-परम्परा में यही आपका यथायोग्य स्थान है।" और वह शिवाजी को वहां छोड़ कर लौट गया।

यह बात सवर्था स्पष्ट थी कि यदि शिवाजी तस्लीम न करने की भूल नहीं भी करते तो भी औरंगज़ेब उनका इसी प्रकार अपमान करता। उसने पहले से ही निश्चय किया हुआ था कि शिवाजी को विक्षुब्ध करके उनके मुख से विद्रोह के उद्‌गार निकलवा ले। इस प्रकार औरंगज़ेब को बहाना मिल जाता कि वह शिवाजी को दिया गया अपना अभयदान वापस लौटा ले। दरबार के घोषणाकार ने स्पष्ट शब्दों में शिवाजी को राजा कह कर सम्बोधित किया था। तदनन्तर भी शिवाजी को मुग़ल अश्वारोहिणी के सेनानायकों और क्षुद्र सामन्तों

की पंक्ति में खड़ा करना उनको जान-बूझ कर उत्तेजित करने का उपक्रम था।

शिवाजी ने अपने-आप को और भी अधिक अपमानित इसलिए समझा कि उनका स्थान एक राठौर सरदार की पीठ पीछे था । वह राठौर सरदार एक बार मराठों द्वारा पराभूत हो चुका था। शिवाजी ने अपने पार्श्व पर खड़े हुए पुरुष को सम्बोधित करके कहा: "ऐसा जान पड़ता है कि हमारे भाग्य में इस राठौर की पीठ ही देखनी बदी है। मेरे सैनिकों ने भी इसके पूर्व अनेक बार इसकी पीठ देखी है।"

दरबार फिर सन्न रह गया। रामसिंह इस स्थिति को देखकर भयभीत हो उठा। वह तुरन्त ही शिवाजी के समीप गया और उनको शान्त करने की चेष्टा करने लगा। उसने शिवाजी को वचन दिया कि वह मुग़ल शाहंशाह से प्रार्थना करके शिवाजी को दरबार की परम्परा में उनके योग्य स्थान दिलवा देगा। किन्तु शिवाजी शान्त नहीं हुए। वे उच्चस्वर से और धृष्ट वाणी में बोलते रहे। दरबार में और भी आंतक छा गया।

किन्तु औरंगज़ेब ने यह बाधा भी अनदेखी कर दी। रामसिंह औरंगज़ेब के स्वभाव को जानता था। औरंगज़ेब को शान्त देखकर उसने यह समझने की भूल नहीं की कि औरंगज़ेब ने शिवाजी का आचरण अनदेखा कर दिया है। उसने शिवाजी की मार्जना करने के लिए औरंगज़ेब से कहा, "ये पार्वत्य प्रदेश के सरदार हैं। ये दरबार के शिष्टाचार से सर्वथा अनभिज्ञ हैं।" औरंगज़ेब ने कोई टीका नहीं की। और दरबार का दूसरा काम चलने लगा।

दरबार विसर्जित होने पर शिवाजी और रामसिंह आमेर-निवास में चले आए। शिवाजी अब भी शिकायत कर रहे थे कि खुले दरबार में उनका अपमान किया गया है। और कुछ क्षण उपरान्त उनको शिकायत करने का एक और भी कारण मिल गया। वे आमेर-निवास में प्रविष्ट ही हुए थे कि अश्वारोहियों के एक दल ने आकर उस निवास को चारों ओर से घेर लिया। अश्वारोहियों का अनुगमन पदातियों के एक दल ने किया, और अन्ततः तोपचियों ने आकर निवास के प्रत्येक द्वार को तोपों की सीध में कर लिया।

इस अवसर पर, और अपने जीवन में प्रथम बार, शिवाजी सर्वथा निराश हो गए। वे एक पलंग पर पड़कर अश्रुपात करने लगे। उनके पुत्र सम्भाजी उनको सान्त्वना देने आए, और शिवाजी ने उनको छाती से लगा लिया। मानो वे अपने

पुत्र से विदा ले रहे हों।

किन्तु समय बीत चला, और मुग़ल सैनिक केवल पहरा ही देते रहे। अब यह स्पष्ट था कि औरंगज़ेब ने तुरन्त ही शिवाजी का वध करने का निश्चय नहीं किया है। वह अपने आखेट के साथ खेलना चाहता था—आखेट को आशंका के कूल पर विकल करके।

शिवाजी के लिए उस निवास से निष्क्रमण करना निषिद्ध था। निवास का घेरा डालने वाले सैन्यदल का नायक नगर-कोतवाल पोलाद खाँ था। किन्तु औरंगज़ेब शिवाजी के पास सौजन्य-सूचक सन्देश भेज रहा था। कुछ दिन उपरान्त वह फल-फूलों की भेंट भी भेजने लगा। शिवाजी ने प्रधानमन्त्री एत्मादुलमुल्क के पास सन्देश भेज कर उसे स्मरण करवाया कि उनको अभयदान दिया गया था। किन्तु उनके दुर्भाग्य से प्रधानमन्त्री शायस्ता खाँ का साला था। शायस्ता खाँ बंगाल में बैठा-बैठा अपने प्रवास-स्थान से ही शिवाजी के विरुद्ध षड्यन्त्र कर रहा था। अतएव शिवाजी को कोई प्रत्युत्तर नहीं मिला।

शाही हरम में शिवाजी की एकमात्र मित्र औरंगज़ेब की दुहिता ज़ीनत-उन्निसा थी। उसने एक जाली की आड़ से शिवाजी को दरबार में खड़े हुए देख लिया था। और उसी क्षण से वह उनके साथ प्रेम करने लगी थी। "वह शिवाजी के सौष्ठव पर मुग्ध हो गई थी। शिवाजी का स्वाभिमान और दृप्त आचरण भी उसकी श्रद्धा का स्थान बन गए थे।" उस दरबार की यन्त्रवत् रीति-नीति की तुलना में उसकी स्वच्छन्दता तथा साहस वस्तुतः स्तुत्य थे। वह अपने पिता के चरणों में शिर रखकर शिवाजी के लिए प्रार्थना करने लगी। औरंगज़ेब की प्रतिक्रिया किसी को ज्ञात नहीं।

ज़ीनत-उन्निसा आजीवन अविवाहित ही रही। किन्तु बेगम साहिबा का प्रभाव शाही महल में बहुत बढ़ा। अनेक वर्ष उपरान्त जब मुग़ल सेना ने शिवाजी के पुत्र सम्भाजी को फाँस लिया और यन्त्रणा देकर उनका वध कर दिया तो शिवाजी के पौत्र को ज़ीनत-उन्निसा के पास रख दिया गया। उस बालक का नाम भी शिवाजी था। ज़ीनत-उन्निसा का दायित्व था कि वह उस बालक को दरबार के शिष्टाचार की शिक्षा दे। औरंगज़ेब की इच्छा थी कि बालक को मुसलमान बना लिया जाए। किन्तु ज़ीनत-उन्निसा ने फिर औरंगज़ेब के चरणों में शिर रखकर प्रार्थना की कि वह बालक का धर्म नष्ट न

करे। औरंगज़ेब ने मन मारकर बेटी की बात मान ली। बालक शिवाजी के प्रति ज़ीनत-उन्निसा ने जो भक्तिभाव प्रकट किया उससे यह स्पष्ट था कि बालक के पितामह ने शाहज़ादी के मानस को किस प्रकार आविष्ट कर लिया था, और समय का व्यवधान भी उस आवेश को नहीं उतार पाया था।

रामसिंह भी सतत ही शिवाजी की सुरक्षा के लिए प्रार्थना कर रहा था। प्रथमतः तो औरंगज़ेब ने मुख ही नहीं खोला। फिर एक दिन उसने रामसिंह से पूछ लियाः ''तुमको इस प्रसंग में ऐसी क्या चिन्ता है?'' और तब यह स्मरण करके कि रामसिंह ने किस प्रकार भरे दरबार में शिवाजी की मार्जना की थी, औरंगज़ेब ने विनोद के आशय से घोषणा कर दी कि वह रामसिंह को ही काराध्यक्ष नियुक्त करेगा, और शिवाजी की सुरक्षा का दायित्व उसके ऊपर न्यस्त कर देगा। जब रामसिंह ने प्रतिवाद किया तब औरंगज़ेब ने उसको डराने का प्रयत्न किया। औरंगज़ेब ने संकेतसूचक शब्दों में कहा कि वह तो समस्त हिन्दुओं के प्रति ही सदा सशंक रहता है। और अन्त में उसने धमकी दी कि यदि रामसिंह ने फिर कभी कोई अभ्यर्थना की तो वह उसको और शिवाजी को एक साथ अफ़ग़ानिस्तान के किसी दुर्ग में काराग्रस्त कर देगा।

शिवाजी समझ गए कि औरंगज़ेब उनको उत्तेजित करके किसी दुःसाहस के लिए विवश करना चाहता है। तब औरंगज़ेब को उनका वध कर डालने का बहाना मिल जाएगा। एक दिन कोई सरकारी विज्ञप्ति यह घोषणा कर देगी कि ''पलायन की चेष्टा करते हुए शिवाजी गोली का शिकार हो गए।'' अतएव शिवाजी ने धैर्य खोए बिना कूटकौशल के विरुद्ध कूटकौशल का ही आश्रय लिया।

निवास का पहरा देने वाला सैन्यदल सहसा यह देखकर चकित हो गया कि शिवाजी कितने प्रसन्नवदन और हर्षोत्फुल्ल रहने लगे हैं। वे पहरा देने वाले सैनिकों के साथ विनोद करने लगे। सेना के नायकों के पास उन्होंने उपहार भेजना आरम्भ कर दिया, और वे बारम्बार कहने लगे कि आगरा का जलवायु स्वर्ग के समान है, वे मुग़ल शाहंशाह की ओर से आने वाले फल-फूल तथा मिष्टान्न के लिए कृतज्ञ हैं, शासनतन्त्र और कूटनीति के अजस्र जंजाल से अवकाश पाकर वे सुख का अनुभव कर रहे हैं, और सुसभ्य उत्तर भारत की इस अप्रतिम नगरी में वे एक भद्र पुरुष के समान संस्कार-सम्पूर्ण जीवन बिता

रहे हैं।

यह तो नहीं माना जा सकता कि शिवाजी के निराशापूर्ण आचरण को अकस्मात् ही इस निर्बाध आशा से पूर्ण आचरण में परिणत होते देखकर औरंगज़ेब तुरन्त ही धोखे में आ गया। दीर्घ तीन मास तक वे दोनों एक-दूसरे को देखते रहे। मिथ्याचार का मुग़ल विशेषज्ञ, मराठे के अभिनय की परीक्षा कर रहा था। ग्रीष्मकाल बीत चला। जून मास के धूलि-भरे बवण्डरों का स्थान जुलाई की मूसलाधार ने ले लिया। मच्छर काटने लगे। मलेरिया फैल गया। किन्तु शिवाजी की ओर से अधैर्य अथवा अवसाद का कोई इंगित नहीं मिला। औरंगज़ेब के गुप्तचर अहर्निश उनको ताकते रहते थे। किन्तु वे लोग बारम्बार यही समाचार लेकर औरंगज़ेब के पास आए कि शिवाजी सदा की नाईं सर्वथा शान्त हैं। और धीरे-धीरे औरंगज़ेब का सन्देह भी दूर होने लगा।

तब शिवाजी ने औरंगज़ेब से पूछा कि क्या उनकी माताजी तथा धर्मपत्नी भी आगरा में आकर उनके साथ निवास कर सकती हैं। मुग़ल शाहंशाह ने सहर्ष सम्मति दे दी। वह समझा कि यदि कोई व्यक्ति पलायन करना चाहता है तो वह अपने परिवार की स्त्रियों को बन्धक नहीं बनाएगा। और शिवाजी तो अपनी माताजी को अपने राज्य की कर्ता-धर्ता बनाकर आए थे। दूसरे किसी कर्ता-धर्ता को नियुक्त किए बिना ही जीजाबाई को बुला भेजने का अर्थ यह था कि शिवाजी अपने क्षुद्र राज्य की ओर से सर्वथा उदासीन हो गए थे। यह सत्य था कि शाही आज्ञा प्राप्त हो जाने पर भी शिवाजी के परिवार की स्त्रियाँ आगरा आने में बहुत विलम्ब कर रही थीं। किन्तु इस विलम्ब का एक सहज कारण भी तो हो सकता था। महाराष्ट्र में मूसलाधार वृष्टि हो रही थी। जुलाई तथा अगस्त के महीनों में वह देश यात्रा करने के योग्य नहीं रह जाता था। और इस प्रकार औरंगज़ेब के अन्तर में शिवाजी के प्रति एक जुगुप्सा का भाव पुष्ट होने लगा। उसने शिवाजी के पराक्रम तथा कूटकौशल की अनेक कथाएँ सुनी थीं। और प्रथमतः वह यही मानता रहा था कि उसके वे बन्दी बहुत ही भयप्रद हैं। किन्तु धीरे-धीरे उसको विश्वास होने लगा कि शाही सरदारों ने अपनी अयोग्यता को छुपाने के लिए ही शिवाजी के सम्बन्ध में उन विस्मयकारी कथाओं की कल्पना कर डाली होगी। इसी समय शिवाजी ने एक अन्य प्रार्थना प्रस्तुत की, और औरंगज़ेब को पक्का विश्वास हो गया कि शिवाजी वस्तुतः ही

उसकी जुगुप्सा के पात्र हैं। शिवाजी ने कहला भेजा था कि उनका अनुगमन करके आने वाले मराठा अश्वारोहियों को वापिस उन लोगों के घर भेज दिया जाए। उनका कहना था कि "इन अश्वारोहियों से यहाँ मेरा कोई प्रयोजन नहीं रहा।" औरंगज़ेब बहुत प्रसन्न हुआ। वह तो बहुत दिन से यह चाहता था कि किसी प्रकार शिवाजी के अनुयाइयों का पत्ता कटे। अब स्वयं शिवाजी ने ही उसके मन की बात कह दी थी।

अब एक-दो सेवक को छोड़कर शिवाजी सर्वथा एकाकी थे। मुग़ल-साम्राज्य की राजधानी में एकाकी। मुग़ल सेना के चुने हुए सैनिक आठों पहर उन पर पहरा दे रहे थे। अब उनकी ओर से भला किस को क्या आशंका हो सकती थी? और वे तो सत्यशः ही उत्तर भारत की संस्कृति में शिक्षित होने लगे थे। वे फारसी शिष्टाचार भी सीख रहे थे। वे दरबार के सामन्तों के साथ फल-फूल तथा मिष्टान्न के उपहारों का आदान-प्रदान कर रहे थे। उपहारों के साथ-साथ वे शिष्ट सन्देश भी भेजते थे। मुग़ल सरदारों के आवासों में उनके रसोइया द्वारा राँधा हुआ मराठा भोजन जाता रहता था। उन सरदारों को अपने पुलाव इत्यादि की तुलना में दक्षिण भारत का यह सीधा-साधा भोजन भले ही निःस्वाद लगता हो, किन्तु वे शिवाजी के शिष्टाचार की तो प्रशंसा ही करते थे। और प्रत्युत्तर में वे भी अपने घरों में बने हुए स्वादिष्ट भोजन भेजते थे।

आमेर-निवास में इस प्रकार भोजन इत्यादि के टोकरे, भाण्ड और अन्यान्य बर्तन आने-जाने लगे। पहिले-पहल इन सब बर्तनों की सूक्ष्म परीक्षा की जाती थी। नगर-कोतवाल स्वयं उस परीक्षा का निरीक्षण करता था। किन्तु धीरे-धीरे वह कोतवाल और उसके आदमी इस प्रकार का परीक्षाकार्य करते-करते ऊब उठे। भात की ढेरियाँ, आम की ढेरियाँ, और दाल-साग के मटके—कुछ दिन उपरान्त वे टोकरे और बहँगियाँ आती थीं तो वे लोग एकाध प्रश्न पूछ कर अथवा एकाध टोकरे को उघाड़ कर अपने कर्त्तव्य की पूर्ति कर लेते थे।

किन्तु शिवाजी की पाचनशक्ति इस योग्य नहीं थी कि वे मुगल आवासों से आये हुए पुलाव और कोफ्ते पचा सकें। अगस्त मास के मध्य में वे रुग्ण हो गए। जिगर का कोई रोग था। ज्वर और भड़क भी रहने लगे। शिवाजी ज्वर के कारण मूर्च्छायमान होकर कराहते थे तो पहरेदारों को उनका स्वर स्पष्ट सुनाई पड़ता था। हकीम लोग उनकी चिकित्सा करने आए, और उनकी दशा देखकर

चिन्तित हो गए। हकीमों ने उनको चूर्ण खिलाये, आराम करने तथा मालिश करवाने का परामर्श दिया। शिवाजी बहुत ही शिष्ट रोगी सिद्ध हुए। वे मौनभाव से अपनी शय्या पर शायमान रहते थे, और बिना किसी बाधा का बोध किए ही समस्त औषधियों का सेवन कर लेते थे। उनकी मालिश भी होने लगी।

एक दिन वे उठ बैठे, और बोले कि उनको मानुषिक प्रयास पर ही पूरा भरोसा नहीं रखना चाहिए। उन्होंने पहरेदारों से प्रार्थना की कि वे लोग उनके दो सेवकों को बाहर जा लेने दें। वे उन सेवकों द्वारा कुछ घोड़े खरीदवा कर मथुरा के द्वारकाधीश मन्दिर में भेंट स्वरूप भेजना चाहते थे। पोलाद खाँ ने सोचा कि हिन्दू अन्धविश्वासी हैं। किन्तु उसने अपने अनुचरों को आज्ञा दे दी कि वे शिवाजी के सेवकों को बाहर जाने दें। और वे सेवक घोड़े लेकर धीरे-धीरे चलते हुए मथुरा की ओर जाने लगे। सेवकों के इस प्रमाद को देखकर कोई यही कह सकता था कि उन लोगों के स्वामी रुग्ण हैं, और वे लोग स्वामी की ओर से दण्डित होने की आशंका नहीं करते।

९ अगस्त के दिन शिवाजी ने अपनी अवस्था में सुधार अनुभव किया। वे अभी भी शय्यारूढ़ ही रहे। किन्तु उनकी भड़क मिट गई थी। उनको स्मरण हुआ कि मुग़ल शिष्टाचार के अनुसार उनको अपने स्वास्थ्य-लाभ के उपलक्ष्य में अपने मित्रों के पास उपहार भेजने चाहिएँ। तब उन्होंने इच्छा प्रकट की कि वे दरबार के एक सरदार के पास फलों के दो टोकरे भेजना चाहते हैं। कोतवाल ने कोई बाधा उपस्थित नहीं की। और बँहगी जब निवास के बाहर निकली तो पहरेदारों ने न तो टोकरियों की परीक्षा की, न उनको ले जाने वाले कहारों का ही झाड़ा लिया।

कहार लोग ज्यों ही एक निर्जन स्थान में पहुँचे त्यों ही उन्होंने अपने टोकरे धरती पर टिका दिए। एक टोकरे में से शिवाजी बाहर निकले, और दूसरे में से उनके पुत्र सम्भाजी। कहारों ने भी अपने मोटे कपड़े के वस्त्र उतार फेंके। वे तो दो मराठा नायक थे जो सेवक का रूप धारण करके शिवाजी के पास ठहर गए थे। एक अन्य नायक ने भी सेवक का रूप धारण किया हुआ था। उसका नाम था हीरा। शिवाजी जब टोकरे में बैठकर आमेर-निवास से बाहर निकल आए तो हीरा उनकी शय्या पर शायमान हो गया। उसने शिवाजी के वस्त्र पहिन लिए थे तथा उनकी मुक्तावलि भी धारण कर ली थी। उसने अपना शरीर ग्रीवा

तक एक कम्बल से ढक लिया, और वह दीवार की ओर मुख फेर कर लेट गया था, मानो ज्वर फिर लौट आया हो। किन्तु उस का एक हाथ कम्बल के बाहर निकला हुआ था। उस हाथ में शिवाजी का अंगद बँधा था, और एक अँगुली पर शिवाजी की राजमुद्रा चमक रही थी। हकीम जी का शिष्य नित्य ही शिवाजी की मालिश करने आता था। वह शय्या के निकट उपासीन होकर हीरा की मालिश करने लगा।

मध्याह्न की वेला आते-आते पहरेदारों ने अनुभव किया कि आमेर-निवास असाधारण रूप से निःशब्द है। उन लोगों ने भीतर प्रवेश किया। किन्तु शिवाजी ज्वर के वेग से जर्जर होकर शायमान थे। पहरेदार उनसे क्षमा माँगते हुए वापस लौट आए। अपराह्न के समय हीरा शिवाजी की शय्या पर से उठा। उसने अपने वस्त्र पहिन लिए, और वह मुख्य द्वार से बाहर निकल गया। मालिश करने वाला लड़का उसके साथ था। उसने पहरेदारों से कह दिया कि शिवाजी ने उसको बाजार में जाकर कुछ वस्तुएँ खरीद लाने का आदेश दिया है—यही कुछ औषधियाँ और मरहम इत्यादि! हकीमजी के शिष्य को उसके साथ देख कर पहरेदार समझे कि हीरा कोई नुस्खा तैयार करने के लिए औषधियाँ लेने जा रहा होगा। उन लोगों ने शिवाजी के स्वास्थ्य के विषय में पूछताछ की। हीरा ने सिर हिला कर कह दिया: ''उनकी अवस्था अच्छी नहीं है। आप लोग उनकी शान्ति भंग न करें। किसी प्रकार का शब्द नहीं होना चाहिए।''

तदनन्तर हीरा बाजार की ओर चला गया। आमेर-निवास में उस दीर्घस्थायी अपराह्न की निस्तब्धता छाई हुई थी। उस के समस्त कक्ष निर्जन थे। काराग्रस्त मराठों में से अब वहाँ किसी की छाया भी नहीं रह गई थी। और पहरेदार लोग द्वार पर बैठे जम्हाइयाँ ले रहे थे।

पोलाद खाँ भी सुस्ताने के लिए अपने आवास पर चला गया था। अब वह यह आवश्यक नहीं समझता था कि सारे दिन आमेर-निवास पर स्वयं उपस्थित रह कर पहरे का निरीक्षण करे। वह तो सदा ही इस प्रकार की असाधारण सावधानी का विरोधी रहा था। और पोलाद खाँ की अनुपस्थिति में अन्यान्य पहरेदार भी ढीले पड़ गए थे। साँझ के पहिले वे लोग अपने नियत स्थानों से नहीं हिले।

कुछ समय बीतने पर पहरेदारों को ऐसा आभास हुआ कि निवास के भीतर

असाधारण शान्ति है। न किसी की पदचाप, न किसी की बोलचाल का कोई शब्द। वे लोग भाग कर निवास के भीतर जा घुसे, और उसका कोना-कोना छानने लगे। दूसरे क्षण उनका संशय एक घोर आतंक में परिणत हो गया। वहाँ पर विवश-सा पड़ा रहने वाला बन्दी तो अदृश्य हो चुका था। पहरेदार लोग यह समाचार लेकर पोलाद खाँ की ओर दौड़े। वह दौड़ कर शाही महल में पहुँचा, और औरंगज़ेब के चरणों में लोट गया। वह बड़बड़ा रहा था: "जादू! जादू!! वह उड़ गया। वह हवा में विलीन हो गया, या धरती में धँस कर निकल गया—यह हम नहीं जानते!"

एक अन्य सूत्र के अनुसार औरंगज़ेब के पास यह समाचार लेकर रामसिंह को जाना पड़ा था। उसने औरंगज़ेब से प्रार्थना की कि वह उसके साथ एकान्त में बात करना चाहता है। शाहंशाह के सन्मुख आते ही उसने तस्लीम की। तदनन्तर वह बद्धाञ्जलि होकर मौन खड़ा रहा। उसकी आँखें धरती की ओर थीं। औरंगज़ेब उसका यह आचरण देख कर कुछ नहीं समझ पाया। रामसिंह अपने विनोदप्रिय तथा ओजस्वी स्वभाव के कारण उसका मुँहलगा दरबारी था। औरंगज़ेब ने उससे पूछा कि बात क्या है, और अन्ततः रामसिंह ने अत्यन्त ही निम्न स्वर में स्वीकार किया कि शिवाजी पलायन कर गए। तुरन्त ही एक भयानक मौन चारों ओर छा गया। औरंगज़ेब ने अपनी हथेली ऊपर उठाई, और अपना माथा पकड़ लिया। वह बहुत देर तक इसी मुद्रा में बैठा रहा। उसके मुख का भाव सर्वथा अचल था। और जब उसकी समाधि भंग हुई तो उसने रामसिंह को पदच्युत कर दिया, उसकी सारी सम्पत्ति का हरण कर लिया, और उसको दरबार से निर्वासित कर दिया। औरंगज़ेब की निराशा की थाह या तो वह स्वयं जानता था, या उसका एक जल्लाद। एक महत्वपूर्ण राजनीतिक बन्दी का इस प्रकार बन्धन तोड़ कर भाग जाना ही अपने-आप में अत्यन्त दुःसह था। किन्तु औरंगज़ेब तो एक घण्टा पूर्व यह निश्चय कर चुका था कि शिवाजी स्वस्थ हों अथवा अस्वस्थ, उनको अपने मार्ग से हटा देना ही हितकर होगा। उसने गुप्त रूप से आदेश दे दिया था कि उसी रात को शिवाजी की हत्या कर दी जाए।

तब तक शिवाजी और उनके साथी नगर का पश्चिम द्वार पार कर चुके थे। किसी ने भी उन लोगों से कोई प्रश्न नहीं पूछा, और वे लोग नौका में बैठ कर

यमुना के उस पार की ओर चल पड़े। नदी का दूसरा तीर निकट आया तो शिवाजी ने रुपयों की एक मुट्ठी नाविक को दी, और उससे अनुरोध किया कि वह मुग़ल शाहंशाह को समाचार दे दे कि उसने शिवाजी तथा उनके पुत्र को उस पार उतारा है। इस प्रकार के आचरण से शिवाजी अपना दुःसाहस नहीं प्रकट कर रहे थे। वे तो केवल यह प्रवाद फैलाना चाहते थे कि वे पश्चिम की ओर पलायन क़र रहे हैं। इस प्रवाद का भेद आगे चल कर खुला।

मथुरा के मार्ग पर द्रुतपद जाकर शिवाजी ने अपने उन सेवकों को पकड़ लिया जो घोड़े लेकर मथुरा की ओर जा रहे थे। तब उन सब लोगों ने अश्वारोहण किया और रात के अन्धेरे में सरपट घोड़े दौड़ाते हुए वे लोग प्रातःकाल ही मथुरा जा पहुँचे। पूजार्थियों की भीड़ में विलीन हो जाने वाले आगरा के आसामियों को किसी ने लक्ष्य नहीं किया। काशी नाम के एक ब्राह्मण के आवास पर जाकर शिवाजी तथा उनके साथियों ने अपने वस्त्र बदल डाले। शिवाजी ने अपना मस्तक मुण्डित करवाया, अपनी दाढ़ी-मूँछ भी मुंडवा ली, और अपने शरीर पर भभूत रमा कर उन्होंने साधु का काषायवस्त्र धारण कर लिया। उनके कटिसूत्र से भिक्षापात्र लटक रहा था, और उनके हाथ में एक दण्ड था। उस दण्ड को थोथा करके भीतर सुवर्णमुद्राएँ भर ली गई थीं। उनके साथियों ने भी साधुओं और परिव्राजकों का वेष धारण कर लिया।

शिवाजी को अपना पुत्र मथुरा में ही छोड़ना पड़ा। सम्भाजी रातभर के अश्वारोहण से श्रान्त हो चुके थे। काशी ब्राह्मण ने उनको अपने आवास में छुपा कर रखने का वचन दिया। उसने सम्भाजी को ब्राह्मण का वेष पहनाया, और सब ओर यह प्रवाद फैला दिया कि उसका पुत्र उससे मिलने के लिए आया हुआ है।

तदनन्तर शिवाजी तथा उनके साथी एक बार फिर यात्रा के लिए निकल पड़े।

वे मराठा देश से काली कोसों दूर थे। उनके भागने की घोषणा होते ही शाही सैन्य चारों ओर जाने वाले यात्रापथों पर दौड़ पड़ा था। चारों दिशाओं के स्थानीय अधिकारियों को आदेश दिया जा चुका था कि वे लोग भागने वालों की खोज में सतर्क रहें।

शिवाजी ने कुछ घोड़े पश्चिम दिशा की ओर भेजे थे। और नाविक द्वारा

दिये गए समाचार के अनुसार वे स्वयं भी उसी दिशा में गए थे। मुग़ल सरकार ने स्वभावतः ही यह अनुमान लगाया कि वे खानदेश तथा गुजरात होकर दक्षिण की ओर जाने वाले यात्रापथ से स्वदेश की ओर भाग रहें होंगे। किन्तु शिवाजी तो अपनी गति को दुगनी करके पूर्व की ओर प्रत्यावर्तन कर रहे थे। इस प्रकार वे अपना अनुधावन करने वाले मुग़ल सैनिकों के सामने से निकल गए। उन्होंने जानबूझ कर यह दुःसाहस किया था।

नगर-नगर और ग्राम-ग्राम में घोषणा हो चुकी थी—शिवाजी को पकड़ने वाले के लिए प्रभूत पुरस्कार दिया जाएगा। और शिवाजी को किसी प्रकार की सहायता देने वाले के लिए कठोर दण्ड का विधान भी घोषित था। एक ग्राम में शिवाजी को सचमुच ही पकड़ लिया गया, और उनको ग्राम के अधिकारी के पास ले जाया गया। अधिकारी रात को देर तक उनके साथ जिरह करता रहा। आधी रात के समय शिवाजी का धैर्य नष्ट हो गया, और उन्होंने अपने-आपको प्रकट कर दिया। किन्तु वे तब तक इस अधिकारी के चरित्र का अनुमान लगा चुके थे। उन्होंने अपने अभ्यस्त कौशल का प्रयोग करके अपनी स्वतन्त्रता के विनिमय में कुछ रत्न अधिकारी को देना चाहा। अधिकारी ने घूस ले ली, और उनको छोड़ दिया। शिवाजी समझ गए कि अब उनको और भी अधिक सावधान रहना होगा। तदनन्तर वे केवल रात्रि के समय ही यात्रा करने लगे। सर्वथा एकाकी रहकर। उनके साथी अन्यान्य मार्गों से यात्रा कर रहे थे।

उस समय नाभा नाम का एक ब्राह्मण काशी के किसी महापण्डित के पास शिक्षा ग्रहण कर रहा था। इधर कुछ दिनों से वह गुरु के प्रति असन्तुष्ट हो गया था। वह शिकायत करने लगा था कि गुरुदेव उससे बहुत अधिक परिश्रम करवाते हैं, और उसको पूरा भोजन नहीं देते। अतएव वह बाट जोह रहा था कि उसको कोई अन्य काम मिल जाए। एक दिन सूर्योदय के पूर्व ही वह गंगातट पर जाकर एकाकी बैठ गया, और अपने भाग्य को कोसने लगा। सहसा एक आपादमस्तक आच्छादित छायामूर्ति उसके समीप आई, और बोली: ''क्या आप मेरे लिए प्रातःस्नान तथा प्रातःप्रार्थना का प्रबन्ध करेंगे?''

नाभा ने स्वीकार कर लिया, और प्रातःकाल के शैत्य तथा अन्धकार में वह अपने अज्ञातनामा यजमान के लिए पूजा-पाठ करने बैठ गया।

तब अकस्मात् सारे नगर में बिगुल और नक्कारे का शब्द गूँज उठा। नगर

के आरक्षी सैनिक गलियों में दौड़-भाग कर रहे थे। वे लोग समस्त गृहवासियों को जगा-जगाकर समाचार दे रहे थे कि शिवाजी के काशी-आगमन का सुनिश्चत सन्धान मिल चुका है।

नाभा ब्राह्मण और उस अज्ञातनामा यजमान ने एक-दूसरे की ओर देखा। यजमान ने कहा: "अपना हाथ इधर कीजिए।" नाभा ब्राह्मण के हाथ में नौ बड़े-बड़े रत्न न्यस्त थे। नाभा सब समझ गया। वह अपना मुख फेरकर पुनः पूजा-पाठ करने लगा, और उसका अज्ञातनामा यजमान अन्धकार में विलीन हो गया। उस दिन काशी के वे महापण्डित व्यर्थ ही अपने शिष्य की बाट जोहते रहे। नाभा काशी से चल कर सूरत जा पहुँचा। वहाँ उसने एक बड़ा-सा मकान खरीद लिया, और वह आयुर्वेद का व्यवसाय करने लगा। अनेक वर्ष उपरान्त उसने इतिहासकार ख़फी खाँ को यह कथा सुनाई, और अपने वैभव का मूल कारण बतलाया।

इस प्रकार कभी पाँव-पाँव और कभी घोड़े की पीठ पर यात्रा करते हुए शिवाजी बंग-समुद्र के तीर पर आ पहुँचे। मछेरों के उस क्षुद्र ग्राम में भी उनके भागने का समाचार प्रसार पा चुका था। जब उन्होंने एक घोड़ा खरीदना चाहा तो घोड़े बेचने वाले को उन पर सन्देह हो गया। उसने पूछा: "घोड़े का आप क्या करेंगे?"

शिवाजी ने उसको कुछ सुवर्ण मुद्राएँ देना चाहा। उस व्यक्ति का सन्देह पुष्ट हो गया। वह बोला: "आप तो वे भागे हुए मराठे जान पड़ते हैं। तभी आपका हाथ इतना खुला हुआ है।"

और आशंका से काँप कर शिवाजी ने अपना अवशिष्ट धन भी उसको सौंप दिया। एक अन्य व्यक्ति के लोभ ने एक बार फिर उनकी रक्षा की थी। अब उनके पास फूटी कौड़ी भी नहीं रह गई थी। न ही वे घोड़ा खरीद पाए थे। किन्तु वे सकुशल थे। इसी बात पर उन्होंने अपना सौभाग्य सराहा।

श्रान्तप्राय शिवाजी मध्यभारत की ओर मुड़ पड़े। इन्दौर के निकट आकर वे किसी किसान की कुटिया में ठहर गए। उनको विश्वास था कि आतिथ्य-सत्कार की भारतीय परम्परा का अनुयायी किसान उनसे बहुत पूछताछ नहीं करेगा। किसान ने उनका स्वागत किया। उसकी माँ भोजन प्रस्तुत करने के लिए तुरन्त ही रसोईघर में चली गई। संयोगवश मराठों का एक दल मुग़ल

प्रदेश में लूटपाट करता हुआ उन्हीं दिनों उस ओर आया था, और वह गाँव जहाँ शिवाजी इस समय ठहरे हुए थे उनके द्वारा सताया गया था। बुढ़िया जब रसोईघर से बाहर निकली तो वह मराठों को कोसने बैठ गई। उसने कहा: ''मैं भगवान् को उलाहना देती हूँ कि वह लुटेरा शिवाजी कारागार में ही क्यों नहीं मर गया।''

शिवाजी ने बुढ़िया से पूछा कि उसकी तथा उसके परिवार की कितनी क्षति हुई है, और कई मास उपरान्त जब वे अपने राज्य में पहुँच गए तो उन्होंने बुढ़िया के पास एक बटुआ भेजा। बटुए में बुढ़िया द्वारा बतलाई हुई क्षति से दुगना धन था।

शिवाजी की माताजी अभी भी राजकार्य संभाल रही थी। अगस्त मास में उन्होंने भी समाचार सुना था कि शिवाजी निकल भागे हैं। किन्तु तदुपरान्त शिवाजी का कोई अन्य समाचार उपलब्ध नहीं हुआ था। यही सुना गया था कि सारे मुग़ल साम्राज्य में सनसनी फैली हुई है, और मुग़ल अधिकारी सब ओर शिवाजी की खोज कर रहे हैं। चार मास बीत गए। तब भी शिवाजी का कोई समाचार नहीं आया।

दिसम्बर मास के एक प्रात:काल में जीजाबाई अपने महल में एकाकी उपासीन थीं। एक सेवक ने आकर समाचार दिया कि एक साधु बाबा उनसे भेंट करना चाहते हैं। जीजाबाई ने सिर हिलाकर सहमति प्रकट कर दी। और फटे-पुराने चीथड़े पहिने हुए एक साधु बाबा ने भीतर प्रवेश किया।

जीजाबाई ने सिर ऊपर उठाए बिना ही पूछा: ''क्या चाहिए, बाबा!''

साधु बाबा ने उत्तर दिया: ''मैं एक समाचार लेकर आपके पास आया हूँ।''

और वे साधु बाबा जीजाबाई के चरणों में गिर पड़े।

इस आचरण से द्रवित होकर जीजाबाई ने साधु बाबा को ऊपर उठाया, और प्रथम बार उनका मुख देखा।

वे शिवाजी थे!

शिवाजी के लौट आने का समाचार दावाग्नि के समान महाराष्ट्र के कोने-कोने में फैल गया। रात और दिन तोपें छूटती रहीं। प्रत्येक पर्वतशिखर पर अग्निशिखा प्रज्वलित हुई। आकाश में आतशबाज़ियाँ उड़ीं। ग्राम-ग्राम के निवासी मंगल मना रहे थे। शिवाजी का रोमांचकारी नाम सबके मुख पर था।

जिससे भी बन पड़ा वह राजधानी में जा पहुँचा। बन्धन तोड़कर लौट आने वाले राजा की एक झाँकी पाने के लिए लालायित लोग घण्टों तक प्रासाद के द्वारों पर खड़े रहने लगे। वे शिवाजी के असाधारण पलायन तथा भयसंकुल भ्रमण के विषय में चर्चा सुनना चाहते थे, और मुग़लों की महान् मूर्खता का विचार करके उनको हँसी आ जाती थी।

दक्षिण का सूबेदार राजा जयसिंह शिवाजी के लौट आने का समाचार सुनते ही विषादग्रस्त हो उठा। शिवाजी के भाग निकलने का समाचार सुनते ही उसने लिखा था: "मैं सब समय चिन्ताग्रस्त रहता हूँ। मैंने अपने विश्वासपात्र गुप्तचरों को विविध वेषों में भेजा है कि वे लोग जाकर शिवाजी का सन्धान करें।" अब राजा जयसिंह की आशंकाएँ सत्य बन चुकीं थी। उसने खेद प्रकट किया: "वह शैतान शिवाजी लौट आया है। कौन जाने उसके मन में क्या है?"

शिवाजी के बन्धन का समाचार सुनकर राजा जयसिंह ने संताप का अनुभव किया था। मुग़ल शाहंशाह ने शिवाजी को अभयदान का जो वचन दिया था, यह उस वचन का तिरस्कार था। फिर औरंगज़ेब ने रामसिंह को शिवाजी के बन्धन का दायित्व सौंप दिया था। यह तो बहुत ही खेद का विषय था। अब शिवाजी के पलायन के समाचार के साथ-साथ रामसिंह के पतन तथा पराभव का समाचार भी आ पहुंचा। यदि पुत्र के प्रति औरंगज़ेब इतना विक्षुब्ध था तो क्या वह पिता को भी अपने क्रोध का भाजन नहीं बनाएगा? यह प्रवाद प्रसार पा रहा था कि उस वृद्ध राजपूत के उच्च पद तथा असाधारण यश से द्वेष करने वाले मुसलमान दरबारी मुग़ल शाहंशाह को उसके विरुद्ध उकसा रहे हैं। वे लोग राजा के ऊपर आरोप लगा रहे थे कि उसने भी अपने पुत्र के साथ मिलकर शिवाजी को भगा देने का षड्यन्त्र रचा है।

जयसिंह जैसे स्वामिभक्त के लिए यह दोषारोपण सर्वथा दुःसह्य था। वह आर्तनाद कर उठा: "जिस मनुष्य ने इस प्रकार के विश्वासघात का मनोरथ भी किया हो उसको भगवान् मृत्युदण्ड दें!" जयसिंह ने इतने वर्ष तक मुग़ल साम्राज्य की असाधारण सेवा की थी। अब उसके अन्तिम दिन अवसाद से आछन्न हो गए। वृद्ध राजा ने कहा: "भाग्य के विरुद्ध तो कोई प्रतिकार नहीं", और वह औरंगज़ेब के आदेश की प्रतीक्षा करने लगा। आदेश आया। जयसिंह को उसके पद से हटाकर दरबार में बुलाया गया था। लाज से विगलित और

भय से संत्रस्त राजा जयसिंह धीरे-धीरे उत्तर की ओर यात्रा करने लगा। किन्तु उसने फिर कभी औरंगज़ेब का मुख नहीं देखा। वह मार्ग में ही मर गया। उसका पुत्र रामसिंह भी बहुत दिन तक जीवित नहीं रहा। वह आसाम में प्लेग से पीड़ित होकर मर गया।

शिवाजी तथा उनके अधिकांश अनुयायी सकुशल लौट आए थे। किन्तु शिवाजी के पुत्र सम्भाजी तो अभी स्वदेश से दूर थे। उनको मथुरा के एक मैत्रीयुक्त ब्राह्मण के पास छोड़ा गया था। यदि मुग़ल अधिकारियों ने सम्भाजी का सन्धान पा लिया तो वे लोग उनके पिता के पलायन का प्रतिशोध उनसे लेंगे। अतएव शिवाजी ने एक बार फिर अपने अपूर्व कौशल का आश्रय लिया। वे सब लोगों से सम्मुख संशय प्रकट करने लगे कि सम्भाजी सम्भवत: जीवित नहीं हैं। और वे यह भी कहने लगे कि उन्हें सम्भाजी की गतिविधि के विषय में कुछ भी ज्ञात नहीं। मुग़लों के गुप्तचर समाचार ला रहे थे कि "शिवाजी अपने पुत्र के लिए अत्यधिक चिन्तित हैं।" तब शिवाजी ने घोषणा कर दी कि उनको सम्भाजी की मृत्यु का समाचार मिला है। वे बहुत रोए, और उन्होंने अपने अनुयाइयों को आदेश दिया कि वे लोग भी शोक का प्रदर्शन करें। शोक का यह प्रदर्शन देखकर मुग़लों के गुप्तचर पूर्णतया प्रवञ्चित हो गए। उन लोगों ने विश्वास कर लिया कि सम्भा जी के विषय में वह समाचार सर्वथा सत्य है।

दो-चार दिन उपरान्त शिवाजी ने एक विश्वासपात्र दूत के हाथ एक पत्र मथुरा भेजा। पत्र में काशी ब्राह्मण से प्रार्थना की गई थी कि वह सम्भाजी को रायगढ़ ले आये। सम्भाजी अभी भी ब्राह्मण बटुक का वेश धारण किए हुए थे। वे काशी के साथ महाराष्ट्र की यात्रा के लिए चल पड़े।

उज्जैन में वे दोनों बाल-बाल बचे। एक मुग़ल अधिकारी ने बड़े ध्यान से सम्भाजी का निरीक्षण किया, और सम्भाजी का आचार-व्यवहार देखकर उसको विश्वास हो गया कि सम्भाजी ब्राह्मण-पुत्र कभी नहीं हो सकते। उसने काशी से पूछा: "क्या यह वस्तुत: तुम्हारा पुत्र है?"

काशी ने कहा कि वह उसी का पुत्र है। फिर वह बढ़ा-बढ़ा कर बातें करने लगा कि वे दोनों प्रयाग की तीर्थयात्रा के लिये गए थे, वहाँ उन्होंने पुण्यसलिला में स्नान किया था, और वे मन्दिरों में दर्शन करने गए थे। किन्तु वहाँ की जलवायु अस्वास्थ्यकर थी—दक्षिण के निवासियों के लिए अस्वास्थ्यकर।

उसकी स्त्री तो वहाँ पर रुग्ण हो कर मर गई थी, और अब वे दोनों, पिता और पुत्र, शोक-संतप्त होकर स्वदेश की ओर लौट रहे थे।

मुग़ल अधिकारी बीच में ही बोल उठा: "यदि यह वस्तुत: तुम्हारा पुत्र है तो तुम दोनों मेरे सामने एक ही थाली में भोजन करके दिखला दो।"

एक ब्राह्मण के लिए एक अब्राह्मण के साथ भोजन करना जाति के आचार का अतिक्रमण था। उस पाप से परित्राण पाने के लिए कठोर प्रायश्चित्त का विधान था। किन्तु काशी तो देख चुका था कि मुग़ल अधिकारी बड़े ध्यान से उसकी प्रत्येक प्रतिक्रिया का परीक्षण कर रहा है। अतएव वह एक क्षण के लिए भी किंकर्त्तव्यविमूढ़ नहीं हुआ। सम्भाजी तथा वह, दोनों ही एक थाली में भोजन करने बैठे गए।

उन लोगों के रक्तज्ञ होने का यह पक्का प्रमाण पाकर मुग़ल अधिकारी सर्वथा सन्तुष्ट हो गया। उसने उन दोनों को मुक्त कर दिया, और वे लोग किसी नवीन विपद् में पड़े बिना ही रायगढ़ पहुँच गए।

: ६ :

उत्तर भारत से लौटकर शिवाजी ने शासन का भार, अपनी माता तथा मन्त्रिपरिषद् के हाथों से लेकर, स्वयं सँभाल लिया था। मुग़ल साम्राज्य के साथ उनके सम्बन्ध की स्थिति अब विचित्र थी। रीतिमत दृष्टि से वे तथा उनका राज्य मुग़ल साम्राज्य के साथ सन्धिबद्ध थे। किन्तु शिवाजी यह मान सकते थे कि मुग़लों ने उनके बन्धन तथा उनकी हत्या का प्रयास करके उस सन्धि को भंग कर दिया है। और मुग़ल-पक्ष भी यह मान सकता था कि शिवाजी ने स्वेच्छा से अपनी राजधानी में लौटकर सन्धि को भंग कर डाला है।

वस्तुत: दोनों पक्षों में से कोई भी पक्ष युद्ध के लिए प्रस्तुत नहीं था। मुग़ल शिविर में जयसिंह का स्थान एक अन्य उच्चपदस्थ राजपूत सामन्त ने ले लिया था। वह था जोधपुर का महाराजा जसवन्तसिंह। औरंगज़ेब ने एक ओर जयसिंह जैसे योग्य व्यक्ति को यह कहकर अपदस्थ किया था कि उसका पुत्र रामसिंह एक सहधर्मी हिन्दू के प्रति सहानुभूति-सम्पन्न है, दूसरी ओर उसने दक्षिण की मुग़ल सेना का सेनापतित्व फिर एक हिन्दू को सौंप दिया था। उसका यह आचरण विचित्र प्रतीत होता था। किन्तु मुसलमान सेनापतियों तथा उनकी

महत्वाकांक्षा के प्रति वह इतना सशंक था कि हिन्दू सेनापतियों के प्रति घोर विद्वेष का पोषण करता हुआ भी वह उन्हीं का अधिक विश्वास करता था।

साथ-ही-साथ औरंगज़ेब ने अपनी वह पुरानी भूल फिर दोहरा दी, जिसका निवारण जयसिंह ने किया था। उसने दक्षिण के शासनतन्त्र को पुनः द्विधा कर दिया। शाहज़ादा मौअज़्ज़म को दक्षिण का सूबेदार नियुक्त किया गया। शासन का भार उस पर था। और सेना का सेनापति बनाया गया था जसवन्तसिंह को। औरंगज़ेब को आशा थी कि इस प्रकार वे दोनों एक-दूसरे पर आँख रक्खेंगे, और स्वयं उसको दोनों के कार्यकलाप के विषय में पूरा समाचार प्राप्त होता रहेगा। उसने कहा: ''शासनतन्त्र का सबसे बड़ा आधार यह है कि साम्राज्य में होने वाली समस्त घटनाओं का समाचार तुरन्त मिलना चाहिए।''

किन्तु जसवन्तसिंह तो एक चाटुकार सामन्त था। उसने शाहज़ादे की चापलूसी करना आरम्भ कर दिया। वह शाहज़ादे के पास पोलो के घोड़े और पहलवान भेजने लगा जिससे कि शाहज़ादा अपने प्रवास की ऊब मिटाता रहे। विनिमय में शाहज़ादे ने शासन तथा सेना का समस्त भार जसवन्तसिंह को सौंप दिया।

जयसिंह ने ज्यों ही यह समाचार सुना था कि शिवाजी लौट आए हैं, त्यों ही उसने उद्विग्न होकर औरंगज़ेब को लिख भेजा था कि येन-केन प्रकारेण शिवाजी को पुनः पकड़ लेना चाहिए। वह वृद्ध राजपूत शिवाजी के प्रति किये गए विश्वासघात की बात सुनकर अत्यन्त दुःखित हुआ था। किन्तु अब वह यह समझता था कि स्वाभिमान के प्रसंग का परित्याग होना चाहिए। अब शिवाजी सर्वथा विक्षुब्ध थे और साहस करने का दृढ़ संकल्प कर चुके थे। अब वे पूर्व समय की अपेक्षा दुगुने भयानक प्रतिद्वन्द्वी सिद्ध हो सकते थे। जयसिंह ने आग्रह किया था कि युद्ध तुरन्त ही आरम्भ हो जाना चाहिए, और बल से अथवा छल से शिवाजी को बन्दी बनाया जाना चाहिए। उसको अपदस्थ किया गया उसके पूर्व ही उसकी सेना मराठों के विरुद्ध अभियान भी कर चुकी थी।

किन्तु जसवन्तसिंह तो और ही धातु का बना था। वह स्वार्थलोलुप तथा विलासप्रिय तो था ही। उसको दरबार में चाटुकारी करने का ही अभ्यास था, रणक्षेत्र का दायित्व वहन करना उसके बस की बात नहीं थी। इसके अतिरिक्त

वह आगरा में शिवाजी के साथ साक्षात्कार कर चुका था, और उन सब लोगों के समान जो शिवाजी से मिलकर "उस जादूगर के जादू से विमूढ़ हो जाते थे" जसवन्तसिंह भी उनका भावुक भक्त बन गया था।

जसवन्तसिंह ने जो युद्ध छेड़ा उसके द्वारा एक वर्ष तक किसी प्रकार का कोई निर्णय नहीं हो पाया। अन्ततः फरवरी सन् १६६८ में एक नवीन सन्धि का सूत्रपात हुआ। इस सन्धि की शर्तें उन शर्तों से सर्वथा विभिन्न थीं जो शिवाजी ने जयसिंह के समय में स्वीकार की थीं। उन सत्ताइस दुर्गों में से, जिनको पूर्ववर्ती सन्धि के अनुसार मुग़लों ने अपने अधिकार में ले लिया था, अधिकतर दुर्ग शिवाजी को लौटा दिए गए। पूना के समीपवर्ती दुर्गों में से केवल पुरन्दर और सिंहगढ़ ही मुग़लों के पास रह गए।

शिवाजी ने मुग़ल शाहंशाह के नाम एक पत्र लिख दिया। औरंगज़ेब ने आत्मदृप्त स्वर में उसका उत्तर दिया: "अभिवादन। हम तुम्हारा बहुत सम्मान करते हैं। तुम्हारा पत्र पढ़कर हमने तुमको राजा की उपाधि से विभूषित कर दिया है। तुम इस उपाधि को स्वीकार करो, और अधिक कार्यक्षमता का परिचय दो।" गत कई वर्ष के घटनाक्रम का अवलोकन करने पर यह स्पष्ट है कि औरंगज़ेब ने अपनी लाज बचाने के लिए ही इस प्रकार का पत्र लिखा होगा।

शिवाजी का महाराष्ट्र में लौट आना केवल मुग़ल साम्राज्य के लिए ही एक अप्रत्याशित विभीषिका का विषय नहीं था। बीजापुर के शासकों को भी घोर आशंका ने पीड़ित कर दिया। विशेषकर उस समय जब उन्होंने सुना कि शिवाजी ने मुग़ल साम्राज्य के साथ एक ऐसी सन्धि कर ली है जिसके द्वारा शिवाजी के ही पक्ष की पुष्टि हुई है। अब शिवाजी को अपने उत्तरवर्ती प्रत्यन्त की ओर से किसी प्रकार का भय नहीं रह गया था। बीजापुर के शासक संत्रस्त होने लगे कि "वह क़साई का बच्चा" कहीं दक्षिण की ओर मुख न मोड़ बैठे। उन लोगों ने शिवाजी के साथ सन्धिवार्ता प्रारम्भ कर दी, और मराठों को बीजापुर के प्रति अभियान से विरत रखने के विनिमय में शिवाजी को साढ़े तीन लाख रुपया दिया गया।

तदनन्तर शिवाजी दो वर्ष तक अपनी प्रतिवेशी दोनों मुसलमान शक्तियों के प्रति शान्तिरत रहे। इस अवकाश का उपयोग उन्होंने अपने राज्य के सुचारु

संगठन में किया। सब प्रकार के कर कम कर दिये गए। जिन अञ्चलों को मुग़ल सेना ने विध्वस्त कर दिया था उन सबसे मिलने वाला भूमिकर सर्वथा स्थगित कर दिया गया। उनके प्रतिवेशी राज्यों में एक अस्त-व्यस्त सामन्तशाही का प्रसार था। उस तन्त्र के सर्वथा विपरीत उन्होंने एक सर्वथा सुदृढ़ तन्त्र का सूत्रपात किया। उनके तन्त्र का आधार था एक न्यायसंगत तथा साम्यपरक भूस्वामित्व। साथ ही उन्होंने न्यायविधान और शासनप्रणाली को भी केन्द्रीकृत बना डाला। और इस प्रकार उनके राज्य ने अनायास ही गत युद्ध में हुई क्षति की पूर्ति कर ली।

शिवाजी के राज्य की सुसमृद्धि तथा उनकी प्रजा द्वारा उनके प्रति प्रदर्शित भक्ति का एक भेद था। उन्होंने अपने राज्य में कर-आदाय का जो सिद्धान्त क्रियान्वित किया वह वही था जो उनके गुरु दादाजी ने पूना के आसपास विस्तृत उनकी पारिवारिक जागीर में क्रियान्वित किया था। किसी भी प्रजाजन की सम्पत्ति के विषय में आनुमानिक कल्पना करके उस पर भूमि-कर नहीं लगाया जाता था। न ही उसकी भूसम्पत्ति के उपजाऊपन अथवा विस्तार को आधार मानकर आदाय का अनुमान लगाया जाता था। भूमि-कर का आधार थी वह सस्य जो कोई भी भूस्वामी प्रत्येक वर्ष अपने खेत में खड़ी कर लेता था। कृषि के योग्य भूमि को तीन वर्गों में विभाजित किया गया था—धान उगाने वाली भूमि, पार्वत्य क्षेत्र, और उपवन। धान उगाने वाली भूमि पर ३३ प्रतिशत कर लगता था। उपवन पर प्रत्येक वृक्ष से होने वाली उपज का एकार्ध। और पार्वत्य क्षेत्र पर अत्यल्प कर। सम्भवतः ये कर आज के समय में किसी को बहुत ऊँचे लगें। किन्तु यह स्मरण रहना चाहिए कि उस समय किसी भी भारतीय राज्य में लगने वाले करों की तुलना में ये कर बहुत ही नीचे थे।

इसके अतिरिक्त ये समस्त कर नियमित रूप से ग्रहित होकर सीधे राज्य के पास पहुँच जाते थे। करों का संग्रह करने वालों का कोई मध्यवर्ती वर्ग नहीं था। न ही कोई सामन्त-वर्ग था जो कि किसानों का शोषण कर पाता। राज्य की सारी भूमि राजा की सम्पत्ति थी। उस समय के अन्यान्य भारतीय राज्यों के समान दरबार अथवा युद्धभूमि में सम्मानित होने वाले सामन्तों को भूमि देकर पुरस्कृत करने की प्रथा शिवाजी के राज्य में नहीं थी। शिवाजी की यह कृषि-व्यवस्था ही परवर्ती काल में ब्रिटिश शासन की कृषि-व्यवस्था का आधार

बनी।

शिवाजी के शासनकाल में राज्य का शासन आठ मन्त्रियों की एक परिषद् (अष्टप्रधान) सँभालती थी। इन सब मन्त्रियों को स्वयं शिवाजी ने नियुक्त किया था। वे मन्त्रिगण वस्तुत: राजा के ही सेवक थे। दादाजी जिस समय शिवाजी की जागीर का प्रबन्ध कर रहे थे उस समय कुछ कर्मचारी उनके कार्यालय में काम करते थे। अष्टप्रधान का विकास कर्मचारियों के उसी समुदाय में से हुआ था। शिवाजी एक क्षुद्र जागीरदार के पद से उत्थान करके एक स्वाधीन राजा बन गए। और उनके वे कर्मचारी तथा उन कर्मचारियों के उत्तराधिकारी भी उत्तरोत्तर गुरुतर कार्यभार सँभालते गए। आगरा से लौटने पर शिवाजी ने अपनी मन्त्रिपरिषद् में एक प्रधान न्यायाधीश को भी समाविष्ट कर लिया। उनके समस्त मन्त्री ब्राह्मण थे। केवल एक युद्धमन्त्री ही मराठा था।

शिवाजी जब स्वयं अपनी राजधानी में वर्तमान होते थे तो उन मन्त्रियों की क्षमता कुछ भी नहीं रहती था। केवल विदेशीय राज्य के साथ होने वाली सन्धि पर ही शिवाजी के अपने हस्ताक्षरों के अतिरिक्त इन मन्त्रियों के हस्ताक्षर भी विधेय थे। किन्तु जब वे अपने राज्य से बाहर जाने लगते थे तो वे इस मन्त्रिपरिषद् के कई-एक सदस्यों की एक शासन-समिति बना जाते थे। फिर भी इतना तो स्पष्ट है कि न्यायमन्त्री तथा पुरोहित के कार्यकलाप में शिवाजी का हस्तक्षेप नहीं के समान ही होता था। हिन्दू धर्म तथा आचार-परम्परा की समस्याएँ इतनी जटिल थीं कि सुयोग्य ब्राह्मण ही उनका समाधान कर सकते थे। शिवाजी स्वयं तो इनमें से किसी भी विषय के शास्त्री नहीं थे। इसलिए अन्य जाति के प्रवीण पुरुषों के अभाव में यह अपरिहार्य था कि शिवाजी की मन्त्रि-परिषद् में ब्राह्मणों का ही बाहुल्य रहे। परवर्ती काल में ये ब्राह्मण कर्मचारी इतने प्रभावशाली होने वाले थे कि राजप्रासाद के ब्राह्मण पेशवा ने शिवाजी के वंशजों को ही नि:सत्त्व कर दिया।

एक और समस्या, जिसका समाधान शिवाजी को बहुत पहिले से ही खोजना पड़ा, यह थी कि सेना की भरती और भरण-पोषण के लिए कौनसी पद्धति का अवलम्बन लिया जाए। शान्ति के समय एक सुसंगठित सेना को रखना एक दरिद्र राज्य के लिए बहुत बड़ा भार हो जाता। किन्तु उस सेना को सुसंगठित तथा व्यवस्थित करने के लिए अनेक वर्ष तक परिश्रम किया गया

था। यदि उस सेना का विसर्जन कर दिया जाता तो वह समस्त परिश्रम व्यर्थ हो जाता। और यह तो कोई भी नहीं मान बैठा था कि प्रस्तुत शान्ति बहुत दिन तक ठहरेगी। इस समस्या का समाधान भी शिवाजी ने एक अपूर्व पद्धति से किया। यह ज्ञात होते ही कि राजा जसवन्तसिंह उनका भक्त है, शिवाजी ने उसके सामने प्रस्ताव रक्खा कि मुगल साम्राज्य तथा मराठों के बीच नवीन मैत्री-सम्बन्ध के प्रतीक-स्वरूप मराठा अश्वारोहिणी के दल को मुग़ल साम्राज्य की सेवा में रख लिया जाए। उनका प्रस्ताव सहर्ष स्वीकार कर लिया गया। शिवाजी ने अपनी सेना के एक सहस्र सर्वश्रेष्ठ अश्वारोही छाँट कर सूबेदार के पास भेज दिए। वे अश्वारोही उनकी अश्वारोहिणी की रीढ़ थे। वहाँ जा कर वे अश्वारोही "मुग़ल साम्राज्य के सम्बल से पोषित होते रहे।" मराठों ने मैदान मार लिया था। किन्तु मुग़ल पक्ष समझे बैठा था कि उन लोगों की कूटनीति को अभूतपूर्व सफलता मिली है।

औरंगज़ेब ने जब इस आदान-प्रदान का वृत्तान्त सुना तो उसको बहुत बुरा लगा। वह सन्देह करने लगा कि राजा जसवन्तसिंह और शाहज़ादा मौअज़्ज़म शिवाजी के साथ मिल कर कोई षड्यन्त्र कर रहे हैं। वह स्वयं सब प्रकार के षड्यन्त्र रचकर सिंहासनारूढ़ हुआ था। अतएव वह अन्य सब लोगों के आचरण का बड़ी व्यग्रता के साथ निरीक्षण करता रहता था। अपने पुत्र शाहज़ादा मौअज़्ज़म की परीक्षा लेने के लिए उसने एक पत्र लिखा कि शाहज़ादा शिवाजी को अपने निवासस्थान पर निमंत्रित करे, और उनको बन्दी बना कर दिल्ली भेज दे। शाही दरबार इस समय दिल्ली में था। अबकी बार शिवाजी को भाग निकलने का अवसर नहीं दिया जाएगा।

मौअज़्ज़म अपने पिता पर उतना ही विश्वास करता था जितना कि उसका पिता उस के ऊपर। शाहंशाह की सेवा में रहने वाले लोगों में से कुछ लोग शाहज़ादे के गुप्तचर थे। इन गुप्तचरों में से एक ने शाहज़ादे के पास समाचार भेज दिया कि औरंगज़ेब का ऐसा-ऐसा आदेश उसके पास पहुँचने वाला है। शाहज़ादा आलसी और अयोग्य था। किन्तु फिर भी उसमें आत्ममर्यादा की चेतना थी। वह विश्वासघात के इस दुष्कर्म में सहयोगी बनना नहीं चाहता था। फिर वह तो जसवन्तसिंह के साथ शिवाजी से मिल भी चुका था, और उन पर मोहित हो गया था। उसने तुरन्त ही एक गुप्त दूत शिवाजी के पास दौड़ा दिया।

शिवाजी से अनुरोध किया गया था कि वे मुग़ल पक्ष से आने वाले किसी भी निमन्त्रण को स्वीकार न करें। साथ ही उसने अपने दरबार में प्रस्तुत मराठा अश्वारोहिणी के नायक को परामर्श दिया कि वह अपने अनुयायियों के साथ चुपचाप और रात के समय खिसक जाए। औरंगज़ेब का आदेश आया। शाहज़ादे ने अपने पिता के आदेश का पालन किया। किन्तु वह कोरा अभिनय-मात्र था। शाहज़ादा जानता था कि शिवाजी मुग़ल पक्ष की ओर से किए जाने वाले षड्यन्त्र के प्रति सर्वथा सावधान हैं।

अब यह स्पष्ट होता जा रहा था कि युद्ध फिर से छिड़ा चाहता है। औरंगज़ेब ने उस योग्य तथा मनमौजी पठान, दिलेर खाँ, को सेनानायक बनाकर नई-नई सेनाएँ दक्षिण की ओर भेजना आरम्भ किया। शाही शिविर में तुरन्त ही तू-तू मैं-मैं होने लगी। राजा जसवन्तसिंह और शाहज़ादा मौअज्ज़म को दिलेर खाँ की नियुक्ति अच्छी नहीं लगी। फिर दिलेर खाँ का व्यवहार भी दर्पपूर्ण था। तीनों मुग़ल सेनापतियों के बीच बारम्बार झगड़ा होने लगा। औरंगज़ेब का दरबार तो सब प्रकार के षड्यन्त्रों का केन्द्र था। शाहज़ादा मौअज्ज़म स्वभावत: ही यह मान बैठा कि दिलेर खाँ को औरंगज़ेब ने अपना गुप्तचर बनाकर भेजा है जिससे कि शाहज़ादे पर आँख रक्खी जा सके। फिर दिलेर खाँ तो एक ऊबड़-खाबड़ और शिष्टाचार-विहीन योद्धा था। जसवन्त-सिंह जैसा मँजा हुआ दरबारी अनायास ही उसके द्वारा अपमानित हो गया। और वे तीनों एक-दूसरे की शिकायत औरंगज़ेब के पास भेजने लगे। औरंगज़ेब उस समय विशेष व्यस्त था। ईरान की ओर से सहसा आक्रमण हुआ था, और पेशावर में पठानों ने विद्रोह कर दिया था। मुग़ल पक्ष की जो स्थिति जयसिंह के अभियान के समय थी उसकी तुलना में प्रस्तुत स्थिति बहुत ही विभिन्न हो उठी। फलस्वरूप मुग़ल सेना का एकतन्त्र विच्छिन्न हो गया। उस सेना के पास युद्ध की कोई सुनिश्चित योजना भी नहीं थी। मुग़ल सैनिक अस्तव्यस्त रहकर ही मराठों के साथ युद्धरत हो गए। मैदान मराठों के हाथ में आने लगा, और अन्त तक उनके हाथ में ही रहा।

मराठों का प्रथम उद्देश्य था उन कई-एक दुर्गों को हस्तगत करना जिनमें अभी भी मुग़ल सेना शिविरस्थ थी। उनका पहिला आक्रमण सिंहगढ़ पर हुआ। उस समय इस दुर्ग में एक हज़ार चुने हुए मुगल सैनिक थे—पठान, अरब तथा

राजपूत। उनका नायक था उदयभान जिसकी शारीरिक शक्ति तथा शस्त्रकौशल की कथाएँ पश्चिम भारत में आज भी गाई जाती हैं।

जनश्रुति है कि आरम्भ में शिवाजी भी सिंहगढ़ पर आक्रमण करने में संकोच कर रहे थे, और जीजाबाई ने ही उनको उस ओर प्रोत्साहित किया था। एक मराठा लोकगीत के अनुसार एक दिन प्रातःकाल ही वे प्रतापगढ़ में अपने प्रासाद के झरोखे पर बैठी हुई अपने बालों में कंघी कर रही थीं। पर्वतशिखर के पार से उदीयमान सूर्यालोक ने सहसा सिंहगढ़ की प्राकार तथा प्रतोलियों को देदीप्यमान् कर दिया। एक क्षण वे उस दृश्य को देखकर प्रफुल्लित हो उठीं। तदनन्तर ज्योंही उन्होंने स्मरण किया कि वह दुर्ग अभी भी मुग़ल सेना के अधिकार में है त्योंही उनका मुख क्रोध से आरक्त हो गया। उन्होंने उसी समय एक सेवक को बुलाकर उसे आदेश दिया कि वह तुरन्त ही रायगढ़ चला जाए, और उनके पुत्र को बुला लाए। उनका आह्वान सुनते ही शिवाजी अपनी काली घोड़ी दौड़ाते हुए उनके पास आ पहुँचे। वे पूछने लगे कि जीजाबाई ने उनको किसलिए बुलाया है। जीजाबाई प्रथमतः इधर-उधर की बातें करती रहीं। तब उन्होंने शिवाजी को अपने साथ चौपड़ खेलने के लिए ललकारा। शिवाजी एक क्षण चकित रह गए। फिर उन्होंने माता का अनुरोध मान लिया। खेल में वे हार गए, और हँसकर बोले: ''दाँव हार जाने के विनिमय में आप मुझसे क्या लेंगी?''

जीजाबाई ने झरोखे की ओर अँगुली उठाकर उत्तर दिया: ''मुझको सिंहगढ़ दे दो।''

''किन्तु वह तो अभी भी मुगलों के अधिकार में है।''

जीजाबाई ने आग्रह किया: ''मुझे तो सिंहगढ़ ही चाहिए।''

शिवाजी ने उनसे प्रार्थना की कि वे उनके अन्यान्य दुर्गों में से चाहें जौन-सा दुर्ग ले लें। जीजाबाई ने कहा: ''किन्तु मुझे तो वे सब दुर्ग नहीं चाहिएँ। मैं तो सिंहगढ़ माँग रही हूँ।''

अन्ततः शिवाजी सहमत हो गए। वे कुछ काल तक मौन रहे। सिंहगढ़ को धर्षण करके हस्तगत करना असम्भव प्रतीत होता था। उनके मत में केवल एक मराठा सेनानायक ही इस प्रकार के पराक्रम के लिए सक्षम थे। वे थे विनोदप्रिय तथा विक्रान्त तानाजी जो शिवाजी के समस्त संग्रामों में उनके साथ रहे थे, जो

उनके साथ आगरा गए थे, और जो वहाँ से पलायन करते समय भी उनके अनुगामी थे। शिवाजी ने तानाजी को बुला भेजा।

दूत जब तानाजी के पास पहुँचा तो तानाजी अपने पुत्र के विवाहोत्सव में व्यस्त थे। किन्तु शिवाजी का आह्वान सुनकर वे उत्सव से उठ खड़े हुए, और तुरन्त ही चल पड़े। मार्ग में एक शकुन-पक्षी वृक्ष पर से उड़ कर चीत्कार करता हुआ उनका अनुसरण करने लगा। यह उनकी मृत्यु का संकेत था। किन्तु तानाजी हँसने लगे, और आगे बढ़ चले। साँझ के समय वे राजप्रासाद में पहुँच गए। उन्होंने शिवाजी से पूछा कि उनका क्या आदेश है।

शिवाजी ने जीजाबाई की ओर देख कर कहा: "मुझे नहीं, मेरी माता जी को तुमसे काम है।"

जीजाबाई ने उठ कर तानाजी की पञ्चप्रदीप आरती उतारी, और उनको आशीर्वाद दिया। फिर वे बोलीं: "क्या तुम मेरे लिए सिंहगढ़ ले दोगे?"

तानाजी ने अपनी पगड़ी उतार कर उनके चरणों में रख दी। और वे बोले: "देवि! वह दुर्ग आपका हो गया।"

प्रात:काल ही उन्होंने राजप्रासाद से प्रस्थान किया, और मावले लोगों का एक दल समवेत करके वे सिंहगढ़ की ओर चल पड़े। अपने अनुयाइयों को वन-प्रान्त में छुपा कर वे स्वयं एक ग्रामीण के छद्मवेष में आगे बढ़े, और पर्वत-मूल में बसे हुए ग्राम के लोगों से दुर्ग में जाने वालों रास्तों का भेद लेने लगे। तदनन्तर फरवरी की उस निरभ्र निशा में तानाजी तथा उनके मावले चुपचाप दुर्ग की प्राकार के नीचे जा पहुँचे। प्राकार में पाँव टिकाने के लिए एक दराड़ भी नहीं थी। वह सर्वथा सपाट तथा सीधी रह कर आकाश की ओर उन्नतशीर्ष थी। प्राकार के ऊपर श्येन पक्षियों के समान सावधान प्रहरीगण इस प्रतोली से उस प्रतोली तक, और इस अट्टालक से उस अट्टालक तक पदचार कर रहे थे।

तानाजी का एक सेवक अपने कन्धे पर एक पेटिका लेकर उनके साथ आया था। उन्होंने वह पेटिका उतरवा कर अपने सामने धरती पर रखवा ली। उसमें से एक गोधा बाहर निकली। यह एक विशेषतया पृथुल तथा प्रबलशक्ति गोधा थी। इसका नाम था यशवन्त।

तानाजी ने यशवन्त का गुणगान तथा पूजा करना प्रारम्भ किया। उन्होंने

यशवन्त का मस्तक सिन्दूर से चर्चित किया, मानो वह किसी देवमूर्ति का मस्तक हो। फिर उन्होंने यशवन्त के गले में एक मुक्तामाल पहिना कर उसको प्रणाम किया, मानो वह कोई राजपुत्र हो। और अन्ततः उन्होंने यशवन्त के कटिप्रदेश में एक रस्सी बाँध कर उसे ऊपर चढ़ जाने का आदेश दिया। यशवन्त ने आदेश का पालन किया, और वह प्रस्तर–प्राकार पर ऊपर की ओर प्रधावमान हो चला।

किन्तु मार्ग के मध्य में यशवन्त रुक गया, और काँपने लगा। यह भी एक घोर अपशकुन था। तानाजी के अनुयाइयों ने उनको चारों ओर से घेर कर अनुनय की कि वे उस पराक्रम से विरत हो जाएँ। उन लोगों ने कहा: ''गोधा का भयभीत हो उठना आपकी मृत्यु की सूचना दे रहा है।''

किन्तु तानाजी हँसने लगे। वे बोले: ''मैं तो वचनबद्ध हूँ। मैं पराङ्मुख नहीं हो सकता।'' फिर उन्होंने यशवन्त को सम्बोधित करके उसकी भर्त्सना की: ''अरी क्षुद्र छिपकली! ऊपर चढ़ जा, नहीं तो मैं तेरे टुकड़े करके तेरी खिचड़ी पकवा दूँगा।''

यशवन्त स्वभावतः ही भयभीत होकर अवशिष्ट प्राकार–पथ को पार कर गया और एक कँगूरे के पीछे तिरोहित हो गया। रस्सी का सोपान प्राकार के ऊपर से पचास हाथ नीचे लटक रहा था। एक मावला ने निःशब्द ऊपर जाकर सोपान को सुदृढ़तया बाँध दिया। एक अरब प्रहरी ने अट्टालिका से निकलकर उस ओर कर्णपात किया। मावला को सोपान बाँधते देखकर वह उसी की ओर बढ़ा। किन्तु नीचे खड़े तानाजी ने अपना धनुष तानकर प्रहरी के प्राण हर लिए। फिर अपने तीन प्रमुख योद्धाओं को साथ लेकर वे सोपान–पथ से प्राकार पर चढ़ गए। उनका मुख पगड़ी के आँचल से आच्छन्न था, और अपने दाँतों में उन्होंने अपनी तलवार पकड़ी हुई थी।

किन्तु प्रहरी का मरण अविज्ञात नहीं रह पाया था। प्रहरियों के आवास में कोलाहल होने लगा। दण्डप्रदीप प्रज्वलित हुए, और तन्द्राभिभूत मुग़ल सैनिक फरवरी की उस ठिठुरती हुई रात में उत्थान करने लगे। किन्तु तानाजी तब तक कँगूरा पार करके प्राकार के ऊपर जा खड़े हुए थे। कुछ पठान प्रहरियों ने उनको देख लिया। वे लोग तुरन्त ही उनके ऊपर पिल पड़े, और ताताजी मारे गए। देहपात के पूर्व उन्होंने अपने अनुयाइयों को प्रोत्साहित किया, और फिर

वे नीचे लुढ़ककर स्वर्गारोहण कर गए।

मराठे अब दल-पर-दल प्राकार पर चढ़ आए थे। वे तुमुल रणघोष कर रहे थे: "हर हर महादेव!!" यद्यपि मराठों की संख्या केवल तीन-सौ थी और मुग़ल सैनिक एक सहस्त्र थे, तो भी मुग़ल लोग पूर्णतया आतंकित हो गए। पठान और अरब योद्धाओं ने प्रचण्ड पराक्रम का परिचय दिया, और जब युद्ध का पाँसा उन लोगों के विरुद्ध पलट चला तो उन लोगों ने प्राकार पर से कूद-कूद कर प्राण दे दिए। राजपूतों में से कुछ लोग बहुत ही बुरी तरह आहत हुए। बचे हुए सैनिकों ने आत्मसमर्पण कर दिया। युद्ध के मध्य में मुग़ल सेना की झोंपड़ियों में आग लग गई। किसी का दण्डप्रदीप उनके फूँस पर जा गिरा था। एक प्रचण्ड अग्निज्वाल आकाश की ओर लपक उठी। शिवाजी, अपनी माता के प्रासाद के झरोखे में अवरूढ़ होकर, स्पृहासूचक दृष्टि से सिंहगढ़ की ओर देख रहे थे। पार्वत्य वन्यप्रदेश के उस पार उठती हुई अग्निज्वाल को देखकर उन्होंने जीजाबाई की ओर मुख मोड़ा, और कहा: "आपका दुर्ग अब आपके हवाले है।"

किन्तु तानाजी के अनुगामियों को अपनी विजय पर कोई हर्ष नहीं हुआ। वे लोग अपने मृत सेनानायक को घेरकर खड़े हुए अश्रुपात कर रहे थे। फिर उन लोगों ने तानाजी के शव को यत्नपूर्वक एक बहुमूल्य शय्या पर न्यस्त किया, और उसको लेकर वे लोग पर्वत-शिखर से अवरोहण करने लगे। दुर्ग की तोपें अब मराठों के हाथों में थीं। उन तोपों ने मृत महारथी की सलामी उतारी। ढोल और ताशे शोक-सूचक ध्वनि बजाने लगे। शिवाजी ने आगे आकर उस दल के साथ भेंट की। और यह समझ पाते ही कि क्या हो गया है, वे फफक-फफक कर रोने लगे। उन्होंने कहा: "गढ़ आ गया, सिंह चला गया।"

उन्होंने स्थपतियों को बुलाकर आदेश दिया कि वे लोग सिंहगढ़ के सर्वोच्च शिखर पर तानाजी का स्मारक बनाएं, और उन्होंने अपने राज्य के गाँव-गाँव में ढिंढोरा पिटवा दिया। भगवा ध्वज फहराते हुए और ढोल बजाते हुए घोषणाकार प्रजा को सुनाने लगे कि तानाजी ने कैसा अप्रतिहत पराक्रम किया और वे किस प्रकार वीरगति को प्राप्त हुए। तानाजी के अनुयायियों में से प्रत्येक को चाँदी का एक कड़ा तथा बहुत-सा धन देकर पुरस्कृत किया गया।

सिंहगढ़ की पीठ पर ही, घाटी के उस पार, दक्षिण की ओर पुरन्दर दुर्ग

था। मुग़लों के प्रति आत्मसमर्पण करने के पूर्व शिवाजी ने राजा जयसिंह के विरुद्ध इस दुर्ग के लिए विकट विग्रह किया था। सिंहगढ़ के धर्षण के उपरान्त मराठों ने इस दुर्ग को भी हस्तगत कर लिया। इस अभियान के नायक थे तानाजी के अनुज सूर्याजी। मराठों ने अपूर्व शौर्य का परिचय दिया। इस प्रकार एक अल्पकाल में ही शिवाजी ने मुग़ल सेना को दक्षिण के समस्त दुर्गों से बहिष्कृत कर दिया था। मुग़ल सेना के तीनों सेनानायक, शाहज़ादा मौअज़्ज़म, राजा जसवन्तसिंह तथा दिलेर खाँ के बीच की कलह उत्तरोत्तर बढ़ रही थी। इस कलह के कारण मुग़ल सेना विजड़ित होकर रह गई। दिलेर खाँ को पक्का विश्वास हो गया था कि शाहज़ादा उसको विष देना चाहता है। अतएव वह "रुग्ण होने का बहाना" बनाकर अपने शिविर से लौट पड़ा, और उसने मुग़ल शाहंशाह को लिख भेजा कि मौअज़्ज़म शाहंशाह का वध करने का षड्यन्त्र रच रहा है। औरंगज़ेब ने अपने प्रासाद-प्रमुख को दक्षिण की ओर भेजा कि वह जाकर समस्त आरोपों तथा प्रत्यारोपों की परीक्षा करे। किन्तु समस्या अब इतनी जटिल हो चुकी थी कि प्रासाद-प्रमुख सत्यासत्य का कोई भी सन्धान नहीं कर पाया। उसने जो इतिवृत्त मुग़ल शाहंशाह के पास भेजा उसमें उसने दोनों ही पक्षों का कृपापात्र बनने की चेष्टा की। बम्बई के अँग्रेज़ कोठीवालों ने लिखा कि मुग़ल सेना से आने वाले समाचार "इतने असंगत हैं कि हम उनको लिपिबद्ध भी नहीं कर सकते।"

इस परिस्थिति का लाभ उठाने में मराठों ने विलम्ब नहीं किया। मार्च मास में अँग्रेज़ कोठीवाले लिख रहे थे कि "शिवाजी अब पूर्व समय के समान एक तस्कर की नाईं युद्धयात्रा नहीं करते, प्रत्युत् वे तीस हजार सैनिकों को अपने साथ लेकर धड़ल्ले से यातायात करते हैं। वे जहाँ भी जाते हैं, वहीं उनकी विजय होती है। शाहज़ादा मौअज़्ज़म का शिविर समीप ही है। किन्तु शिवाजी को उसकी कोई चिन्ता नहीं।"

मुग़ल शाहंशाह ने अपने सेनानायकों की भर्त्सना की। उसने शाहज़ादा मौअज़्ज़म को भी बहुत बुरा-भला कहा, और उसने गुजरात के सूबेदार को आदेश दिया कि वह एक नई सेना लेकर दक्षिण की ओर जाए। किन्तु ये समस्त प्रयास विफल रहे। शिवाजी की सेना प्लावन के जलप्रवाह के समान मुग़ल राज्य में फैल गई। प्रत्यन्त के जो गाँव और नगर अभी तक अपने-

आपको मुग़ल-शाहंशाह की प्रजा मानते आए थे वे भी शिवाजी के साथ सन्धि-वार्ता चलाने लगे। उन्होंने चौथ देकर मराठों के आक्रमण से अपना परित्राण किया।

: ७ :

सितम्बर मास में शिवाजी द्वितीय बार सूरत पर आक्रमण करने के लिए तत्पर हो गए। इस बार उन्होंने प्रथम बार की भाँति गुप्त रहकर सूरत की ओर प्रस्थान नहीं किया। प्रथम बार तो उनके घोड़ों की द्रुतगति ही उनका समस्त सम्बल था। किन्तु अब की बार वे प्रकाशरूप से प्रस्थान कर रहे थे। उनके साथ पन्द्रह सहस्त्र अश्वारोही थे। मराठों के आगमन का समाचार सुनते ही भारतीय व्यापारी तो आतंकित होकर नगर से पलायन कर गए। अंग्रेज़ व्यापारियों ने अपने गोदामों का माल अन्यत्र भेज दिया।

नगर को अभी कुछ दिन पूर्व ही, मुग़ल शाहशांह के आदेशानुसार, पुनः प्राकारबद्ध किया गया था। किन्तु ३ अक्तूबर के दिन जब मराठों ने नगर पर आक्रमण किया तो नगरस्थ मुग़ल सेना से उनका विशेष विरोध नहीं बन पड़ा। नई प्राकार-माला सहज ही प्रहरियों से शून्य हो गई, और मराठों की अश्वारोहिणी ने नगर में प्रवेश पा लिया। मुग़ल सूबेदार ने एक बार फिर अन्तर्दुर्ग का आश्रय लेकर अपनी अयोग्यता का परिचय दिया। मराठे नगर को लूट रहे थे, और सूबेदार अन्तर्दुर्ग में हाथ-पर-हाथ धरे बैठा था।

मराठों ने सर्वप्रथम तातारी सराय की और दृष्टिपात किया। अक्तूबर सन् १६७० में एक अपूर्व अभ्यागत तातारी सराय का आतिथ्य ग्रहण कर रहा था। वह था काश्ग़र का बादशाह जो औरंगज़ेब का सम्बन्धी भी था। उसके अपने पुत्र ने उसे सिंहासनच्युत कर दिया था। किन्तु वह अपने कोष का अधिकांश अपने साथ लेकर तुर्किस्तान का त्याग करने में सफल हो गया था। इस प्रवास-काल को व्यतीत करने के लिए उसने मक्का की यात्रा की थी, और अब वह वहीं से लौटा था। वह बड़ी धूमधाम के साथ आया था। उसके पास "सुवर्ण, रजत, बहुमूल्य पात्र, सुवर्ण की एक शय्या तथा अन्यान्य आसन-पीठ इत्यादि थे।"

तातारी सराय पर आक्रमण करने के लिए मराठों को अनिवार्यतः ही नगर के फ्रांसीसी आवास-अंचल में से होकर जाना था। फ्रांसीसी कोठीवाले

भयभीत हो गए, और उन लोगों ने कहा कि मराठे यदि उन लोगों को अभयदान दे दें तो वे शान्तिपूर्वक मार्ग से हट जाएँगे। मराठों ने यह शर्त स्वीकार कर ली, और तातारी सराय पर आक्रमण कर दिया। तातारी सैनिक साँझ तक सफलतापूर्वक मराठों को अवरुद्ध किए रहे। तदनन्तर रात के अन्धकार में काश़ग़र का बादशाह, अपने परिवार तथा कर्मचारियों को साथ लेकर पलायन करता हुआ अन्तर्दुर्ग में शरणापन्न हो गया। उसका सारा कोष तथा "सुवर्ण शय्या" इत्यादि पीछे छुट ग़ए थे।

५ अक्तूबर की साँझ को मराठों ने नगर से निष्क्रमण किया, और वे लोग धीरे-धीरे दक्षिण दिशा की ओर अग्रसर होने लगे। सूबेदार ने दाऊद खाँ नाम के एक सेनानायक को आदेश दिया कि वह मराठों का पथ अवरुद्ध कर ले। दाऊद खाँ ने अश्वारोहियों के एक दल को शिवाजी के पृष्ठ पर लूट-खसोट करने के लिए भेज दिया, और वह स्वयं अपनी पूरी पदाति सेना लेकर नासिक की घाटी पर जा डटा। वह दक्षिण की ओर जाने वाले मार्ग को बन्द कर देना चाहता था। शिवाजी ने सहसा प्रत्यावर्तन करके मुग़ल अश्वारोहिणी को सर्वथा ध्वस्त कर दिया, और फिर वे सह्याद्रि पर्वत को पार करके दाऊद खाँ के पृष्ठ पर जा टूटे। वह सेना घाटी मे फँसी हुई थी। अतएव वह शीघ्र ही परास्त हो गई।

उस वर्ष के शीतकाल तथा आगामी वर्ष की वसन्त ऋतु में शिवाजी निरन्तर ही साफल्य-लाभ करते चले गए। सूरत पर एक तीसरे अभियान का अभिनय करके शिवाजी ने मुग़ल सेना को धोखे में डाल दिया। वह सेना मध्यभारत को त्याग कर सूरत की रक्षा के लिए पश्चिम की ओर प्रस्थान कर गई। शिवाजी का उद्देश्य था कि उनके पूर्वोत्तर प्रत्यन्त पर से मुग़ल सेना अपसरित हो जाए। मुख्य-मुख्य मुग़ल सेनाएँ ज्योंही पश्चिम की ओर अभिमुख हुईं, त्योंही वे मध्यभारत पर चढ़ दौड़े, और उन्होंने खानदेश को पददलित कर दिया।

दिल्ली से मुग़ल शाहंशाह ने महाबत खाँ नाम के नए सेनापति को पठाया। वह भूतपूर्व शाहंशाह के समय में बहुत विख्यात हो चुका था। अब उसके साथ चालीस हज़ार नए सैनिक आ रहे थे। इस मुग़ल सेना ने मध्यभारत को पार करके सर्वप्रथम मराठों के पृष्ठ को अभिभूत कर लिया। किन्तु मुग़ल सेना की अग्रगति मन्द थी। उस सेना का वृद्ध सेनापति केवल अपने कुछ मित्रों तथा

चाटुकारों को ही लेकर व्यस्त नहीं था, उसके साथ चार–सौ चुनी हुई पठान नर्तकियाँ भी थीं। कुछ दिन उपरान्त उत्तर की ओर से और भी नए सैनिक आ गए, और मुग़ल सेना की अग्रगति और भी मन्द हो गई। इस प्रकार कई महीने व्यतीत हो गए। तब सन् १६७२ के आरम्भ में साल्हेर नगर के निकट एक मुठभेड़ हुई। मराठों ने पहले तो मुग़ल सेना के धर्षण को अवरुद्ध किया, और फिर उनकी अश्वारोहिणी ने अपूर्व पराक्रम करके मुग़ल सेना को छिन्न–भिन्न कर दिया। मुग़ल सेना के केवल दो सहस्र सैनिक ही भागकर अपने प्राण बचा पाए। बीस सहस्र मुग़ल सैनिकों ने प्राण गवाँ दिए, अथवा आत्मसमर्पण कर दिया। आहत सैनिकों के साथ शिवाजी ने सदा के समान सौजन्य का व्यवहार किया। उन्होंने आहत सैनिकों की चिकित्सा करवाई, और जब वे लोग स्वस्थ हो गए तो उनको प्रभूत उपहार देकर उनके घर भेज दिया। अगणित सैनिकों के साथ–साथ मराठों ने छ: सहस्र घोड़े, एक–सौ पच्चीस सांग्रामिक हाथी और शत्रु का समस्त कोष भी हस्तगत किया। सूरत के अंग्रेज़ कोठीवालों ने लिखा: ''जो भी सेनापति उनके राज्य में प्रविष्ट हुए हैं उनमें से अधिकतर को उन्होंने पराभूत करके प्रत्यावर्तन करने के लिए विवश कर दिया है।''

औरंगज़ेब अब भी शिवाजी को ''पहाड़ी चूहा'' कह कर पुकारता था। ''पहाड़ी चूहे'' की सतत सफलता का समाचार सुन कर उसने अपना सिर पीट लिया, और उसने एक नए सूबेदार, बहादुर खाँ, को शिवाजी से संघर्ष करने के लिए नियुक्त किया। किन्तु आक्रमणात्मक अभियान का सूत्र अब मुग़लों के हाथ में नहीं रह गया था। अब तो मराठे ही अविरत आक्रान्ता थे। कई–एक वर्ष पूर्व मुग़ल सरकार की मनोकामना थी कि किसी–न–किसी प्रकार मराठों को मैदान में मुठभेड़ के लिए विवश कर दिया जाए। उनको विश्वास था कि मैदान के द्वन्द्व में मराठे अवश्य ही अभिभूत हो जाएँगे। किन्तु अब मुग़ल सेना ही इस प्रकार के युद्ध से सिर छुपाने लगी थी।

नए सूबेदार ने कुछ–एक नई चालें चलीं। बम्बई के अंग्रेज़ कप्तान गैरी ने इन चालों को देख कर लिखा कि ''इस प्रकार शिवाजी का पीछा तो होता रहा किन्तु उनकी कोई क्षति नहीं हो पाई।'' तदनन्तर नए सूबेदार ने अचल होकर एक दुर्गमाला का निर्माण प्रारम्भ कर दिया। वह मराठों की लूटपाट से मुग़ल प्रदेश का परित्राण करना चाहता था। मुग़ल सेना के बहुत से सेनानायक शिवाजी

के साथ सन्धिवार्ता चलाने लगे। अन्यान्य सेनानायकों ने प्रकाश-रूप से पलायन किया। और अवशिष्ट सेनानायक दैव की दुहाई देकर खान-पान तथा स्त्री-सहवास में रम गए। उनको आशंका थी कि मराठे किसी दिन भी उन लोगों को उनके स्थान से स्खलित कर देंगे।

दक्षिणस्थ मुग़ल सेना की इस विशृन्खला का वर्णन डॉक्टर जॉन फ्रायर ने किया है। बहादुर खाँ जिस समय सूबेदार था उस समय डॉक्टर फ्रायर कई-एक मुग़ल दुर्गों को देखने गया था। उसने देखा कि मुग़ल सैनिक ''उदासीन और कापुरुष हैं। जो भागने में सबसे आगे रहता है वही सबसे बड़ा शूरवीर माना जाता है। इसके अतिरिक्त उन लोगों के शस्त्रास्त्र इस प्रकार धो-माँज कर रक्खे हुए हैं कि वे लोग उनको मैला करने की मनोकामना नहीं कर पाते। उनके सेनानायक तो काग़जी पहलवान हैं, जिन को रणक्षेत्र की अपेक्षा पान-पात्र से ही अधिक प्रेम है।'' सैनिकों को चौदह मास का वेतन नहीं मिला था, और वे सेनापति के आवास को घेर कर ''सलाम बजाते रहते थे, जिससे कि सेनापति को उनके अवशिष्ट वेतन का स्मरण हो जाए।'' अतएव यह कोई आश्चर्य की बात नहीं कि उस अविराम तथा असफल युद्ध में सैनिकों को कोई रस नहीं आता था। ''जब भी शिवाजी की सेना उन सैनिकों को दिखलाई देती है, तभी वे सब लोग भाग खड़े होते हैं।''

मुग़ल सेना के सेनानायक तो विश्वास किए बैठे थे कि पराजय अन्ततः उनके ही पक्ष की होगी। वे अपने-अपने प्रासादों में प्रमत्त होकर पड़े रहते थे, और दिल्ली से दूर अपने प्रवासकाल को विविध प्रकार के विलास में डूब कर बिता रहे थे। डॉक्टर फ्रायर ने एक ऐसे ही सेनानायक से साक्षात्कार किया। उसने डॉक्टर फ्रायर को अपना हरम भी दिखलाया, जिसमें उसकी तीन पत्नियाँ तथा तीन-सौ लौण्डियाँ थीं। एक विदेशी पुरुष को प्रवेश करते देख कर उन स्त्रियों ने लज्जा का अभिनय किया, और वे अपने मुखों को अपने हाथों से ढाँक कर इतस्ततः भाग निकलीं। किन्तु अपनी-अपनी अँगुलियों के बीच से वे सब-जनी डॉक्टर फ्रायर को घूर रही थीं। यह सुनकर कि नवा-गन्तुक विदेशी एक चिकित्सक है, उस सेनानायक ने आग्रह किया कि डॉक्टर फ्रायर उसकी एक पत्नी की चिकित्सा करे। और भी कई-एक विदेशी चिकित्सक उन स्त्रियों की चिकित्सा कर रहे थे। वे स्त्रियाँ जब भी सेनानायक

का मनोरञ्जन करने अथवा विदेशी चिकित्सकों द्वारा सेवित होने से अवकाश पाती थीं, तभी वे सीने-पिरोने अथवा मिष्टान्न और चाट-पकौड़ी खाने में अपना सारा समय व्यतीत करती रहती थीं।

डॉक्टर फ्रायर ने उस सेनानायक से पूछा कि जब उसको मराठों के साथ युद्ध करने के लिए भेजा गया है तो वह मराठों के विरुद्ध हाथ-पाँव भी क्यों नहीं हिला रहा। सेनानायक ने उत्तर दिया कि "शिवाजी को अभिभूत करना जितना कष्टकर माना जाता है उससे भी अधिक कष्टकर है।" और तदनन्तर वह बहादुर खाँ सूबेदार के विरुद्ध फट पड़ा। उसने कहा कि घूस खाने के अतिरिक्त बहादुर खाँ कुछ भी करने के लिए प्रस्तुत नहीं है।

मुग़ल सेनानायकों की जब ऐसी अवस्था थी तो यह आश्चर्य का विषय नहीं कि शिवाजी उनके विरुद्ध सर्वथा सफल रहे। मुग़ल सेनाओं को आत्मत्राण की नीति अपनाने के लिए विवश करके शिवाजी सहसा पूर्व की ओर गोलकुण्डा राज्य के प्रति पराक्रमोन्मुख हो गए। यह भी एक मुसलमान राज्य था। शिवाजी के विरुद्ध बीजापुर और मुग़ल साम्राज्य द्वारा चलाये जाने वाले द्वन्द्व में यह राज्य अभी तक उदासीन रहा था। किन्तु इनकी उदासीनता शिवाजी से इसका त्राण करने में सफल नहीं हुई। शिवाजी ने आत्मसमर्पण तथा कर-दान की माँग उठाई। गोलकुण्डा का सुल्तान तुरन्त ही बीस लाख सुवर्ण मुद्रा कर के रूप में देने के लिए प्रस्तुत हो गया। इसी समय बीजापुर का सुल्तान मर गया। इस अस्त-व्यस्त अवस्था में फिर एक अन्तर्द्वन्द्व की सृष्टि हुई जिसका समाचार पाकर शिवाजी ने हस्तक्षेप किया, और बीजापुर का कुछ भूभाग अपने राज्य में मिला लिया।

शिवाजी अब दक्षिण भारत में सर्वशक्तिमान थे। उनके सहधर्मी हिन्दुओं को वे उत्तर के मुसलमान शाहंशाह के प्रतिद्वन्द्वी प्रतीत होते थे, और उन्होंने भी अपनी उत्तरोत्तर बढ़ती हुई शक्ति तथा अपने विस्तृत अधिकार का पुष्ट प्रदर्शन करने की ठान ली। उन्होंने घोषणा की कि वे हिन्दू भारतवर्ष के सम्राट् के रूप में सिंहासनारूढ़ होंगे—उसी प्रकार के मंगल संस्कारों के साथ जो मुसलमानों के आगमन से पूर्व पुरातनकाल के सम्राटों के सिंहासनारोहण के समय अनुष्ठित होते थे।

चतुर्थ पर्व

छत्रपति क्षितीश्वर

राज्याभिषेक का उत्सव सन् १६७४ के जून मास में रायगढ़ में मनाया गया। उस अवसर पर शिवाजी की राजधानी को उत्सव के उपयुक्त नवीन आभा से अलंकृत करने का प्रत्येक प्रयत्न किया गया। नवीन राजप्रासादों का निर्माण सम्पन्न हुआ, और उन प्रासादों में मङ्गल मन्त्रोच्चार, अग्निहोत्र तथा पावन तीर्थजल के साथ गृहप्रवेश का अनुष्ठान किया गया। सभामण्डप में एक नवीन राजसिंहासन का न्यास हुआ। उसके चारों ओर सिंह, व्याघ्र तथा हस्ति आदि की मूर्तियाँ थीं। राजसिंहासन के पीठ पर अन्तरिक्ष के बत्तीस दिशाबिन्दुओं को उत्कीर्ण किया गया था। यह शिवाजी के चक्रवर्ती सम्राट्-पद का प्रतीक था। भारतवर्ष के प्रत्येक प्रान्त से ग्यारह हज़ार ब्राह्मण तथा एक लाख अभ्यागत रायगढ़ में आए। वहाँ पर शिवाजी ने चार मास तक उन सबका आतिथ्य-सत्कार किया। काशी से उस समय के ब्राह्मण-कुल के प्रमुख, गंगा भट्ट, ने राज्याभिषेक करने के लिए महान् समारोह के साथ प्रस्थान किया। उनका स्वागत करने के लिए शिवाजी तथा उनके मन्त्रिमण्डल ने रायगढ़ से प्रत्युद्गमन किया। गंगा भट्ट की सवारी सामने आते ही वे सब लोग अपनी सवारियों से उतर पड़े, और धीरे-धीरे लौटते हुए ब्राह्मण-प्रमुख को रायगढ़ में ले आए।

तदुपरान्त वह उत्सव प्राय: एक मास तक और चलता रहा। शिवाजी ने सर्वप्रथम प्रतापगढ़ जाकर माँ भवानी के मन्दिर की यात्रा की। उन्होंने एक सुवर्ण-छत्र भवानी-मन्दिर को भेंट किया। छत्र का तोल आधा मन के लगभग था। फिर अपने कई-एक अनुयाइयों के साथ उन्होंने भवानी-मन्दिर में प्रवेश किया, और वहाँ पर वे कई दिन तक आराधना और प्रार्थना करते रहे। जब उन्होंने भवानी को साष्टाङ्ग प्रणाम किया तो वे भावमुख हो गए। उनके मुख से एक क्षीण वाणी व्यक्त हुई जो उस समय विद्यमान लोगों के मतानुसार माँ भवानी की ही वाणी थी। माँ भवानी ने मराठा राज्य के अनागत के विषय में भविष्यवाणी की थी। भविष्यवाणी में बतलाया गया था कि मुग़ल साम्राज्य

अन्ततः ध्वस्त हो जाएगा, मराठे दिल्ली में प्रवेश पाएँगे, और शिवाजी के वंशज सत्ताईस पीढ़ी तक राज्य करेंगे। अन्त में भविष्यवाणी ने कहा: ''राजदण्ड लाल मुँह वाली एक अद्‌भुत जाति के हाथों में चला जाएगा।''

संयोगवश लाल मुँह वाले लोगों का एक प्रतिनिधि-मण्डल उस समय रायगढ़ में प्रस्तुत था। कुछ अंग्रेज़ लोग बम्बई से आए हुए थे। शिवाजी उस समय प्रतापगढ़ जा चुके थे। उनको अँग्रेज़ों के आगमन का कोई समाचार नहीं मिला था। इसलिए अंग्रेज़ों के निवास का कोई अग्रिम प्रबन्ध वे नहीं कर गए थे। नगर में उस समय बहुत अधिक भीड़ थी। अंग्रेज़ों को एक तम्बू में ठहराया गया। शिवाजी ज्योंही रायगढ़ लौटे त्योंही उन्होंने अंग्रेज़ों को अपने अन्तर्दुर्ग में आहूत किया, और उनके साथ साक्षात्कार करके उनको आश्वासन दिया कि वे लोग ''उनकी ओर से किसी प्रकार के भय अथवा अनिष्ट की आशंका किए बिना उनके राज्य में समस्त स्थानों पर व्यापार कर सकते हैं।'' किन्तु सन्धिपत्र-लेखन का कार्य राज्याभिषेक उत्सव के उपरान्त तक स्थगित कर दिया, और अंग्रेज़ लोग और पन्द्रह दिन तक रायगढ़ में विद्यमान रहे।

अंग्रेज़ों के भोजन का परिमाण देखकर मराठे विस्मित रह गए। शिवाजी स्वयं दिन में एक बार भोजन करते थे, सो भी केवल खिचड़ी का भोजन। अंग्रेज़ों को इस प्रकार की अल्प-परिमाण भोजन-परिपाटी से बहुत विरक्ति हुई। अन्त में उन्होंने शिवाजी से शिकायत की कि वे लोग ''मांसाहार के अभ्यासी हैं।'' शिवाजी अपने अतिथियों का सत्कार करने के लिए व्यग्र हो उठे। किन्तु बकरे के मांस के अतिरिक्त अन्य किसी प्रकार का मांस वहाँ उपलब्ध नहीं था, और अंग्रेज़ों को उसीसे सन्तुष्ट होना पड़ा। वे लोग प्रतिदिन आधी बकरी का मांस खा जाते थे। शिवाजी के समस्त दरबार के लिए यह एक महान् कौतूहल का विषय था।

शिवाजी के राज्याभिषेक का उत्सव चलता रहा। जीजाबाई अब अस्सी वर्ष से ऊपर हो चुकी थीं। उनको पालकी पर चढ़ाकर शिवाजी के प्रासाद के सम्मुख लाया गया। शिवाजी ने सबके समक्ष उनको साष्टांग प्रणाम किया, और उन्होंने शिवाजी को आर्शीवाद दिया। तब शिवाजी उन सब पापों के लिए प्रायश्चित्त करने लगे जो जाने अथवा अनजाने उनके हाथों हो गए थे। वे तीन दिन तक प्रायश्चित्त तथा प्रार्थना करते रहे। जब ब्राह्मणों ने यह घोषणा की कि

वे समस्त पापों से मुक्त हो गए हैं तो ब्राह्मण-प्रमुख गंगा भट्ट ने उनको द्विज-जाति-मात्र के प्रतीक, उपनयन, से अलंकृत किया, और उनके कान में गायत्री मन्त्र सुनाया। अब शिवाजी को सुवर्ण, रजत, रत्न, फल-फूल, तथा पान-सुपारी के साथ तोला गया। वह समस्त सामग्री ब्राह्मणों में बाँट दी गई।

इस अनुष्ठान की समाप्ति पर जनगण के मनोरञ्जन के लिए एक अभिनय का आयोजन किया गया था। एक कृत्रिम सरोवर खोदा गया था जो जलद्वार खुलने तक रीता रक्खा गया था। जादूगर कहलाने वाले एक पुरुष को धरा पर प्रहार करना था। प्रहार के तुरन्त उपरान्त जलद्वार खुल जाता, और जनगण यह समझता कि जादूगर ने पत्थर फोड़कर जल निकाला है। किन्तु दुर्भाग्यवश जादूगर की उछल-कूद देख कर एक मराठा सैनिक यह समझने की भूल कर बैठा कि जादूगर राजा पर आघात करने के लिए उद्यत हो रहा है। सैनिक ने तलवार निकाल कर जादूगर को काट डाला। अभिनय का यह शोचनीय अन्त देखकर शिवाजी को बहुत खेद हुआ, और उन्होंने तुरन्त ही अपने कोषाध्यक्ष को बुलाकर आदेश दिया कि जादूगर के परिवार को एक खेत तथा पर्याप्त वृत्ति प्रदान की जाए।

राज्याभिषेक के पूर्व ब्राह्मणों ने पूरे सात दिन तक अग्निहोत्र, उपवास तथा प्रार्थना की। तब ६ जून को राज्याभिषेक का पर्व प्रारम्भ हो गया।

शिवाजी ने श्वेत परिधान धारण करके तथा पुष्पमाला पहिन कर अपने राजप्रासाद के सभामण्डप में प्रवेश किया। उनकी महारानी सोयराबाई उनके पार्श्व में थीं, और उन दोनों के वस्त्रों के छोर परस्पर गठित थे। शिवाजी के पीछे-पीछे उनकी माताजी तथा उनके पुत्र सम्भाजी आए। तदनन्तर उनके अष्टप्रधान ने प्रवेश किया। प्रत्येक मन्त्री के हाथ में तीर्थजल से पूर्ण एक सुवर्ण-कलश था। शिवाजी अपने राजसिंहासन की ओर अग्रसर होने लगे। उनकी इस शुभ यात्रा की वेला में सुवर्ण तथा मरकत के बने हुए कमलदल वहाँ पर विद्यमान जनगण के मध्य बरसाए गए।

राजसिंहासन एक सुवर्ण-खचित वस्त्र के छत्र द्वारा मण्डित था। छत्र के किनारों से मोतियों की झालरें लटक रही थीं। शिवाजी ज्योंही राजसिंहासन पर उपासीन हुए त्योंही नगर में प्रस्तुत प्रत्येक तोप ने सलामी उतारी। राजधानी की तोपों की प्रतिध्वनि पार्वत्य प्रदेश की दुर्गमाला में प्रस्तुत तोपों ने की, और नीचे

मैदान में मराठों की छावनियाँ भी तोपों के घनघोष से गूँज उठी। इस प्रकार शिवाजी के राज्य में पद-पद पर यह समाचार प्रसार पा गया कि शिवाजी ने सिंहासनारोहण किया है। सोलह ब्राह्मण स्त्रियों ने सिंहासनारूढ़ शिवाजी की आरती उतारी। तब शिवाजी ने उत्थान करके अपने साधारण श्वेत परिधान के ऊपर सुवर्णखचित राजसी वस्त्र धारण किए। पुष्प-मुकुट के स्थान पर उन्होंने मुक्तामाल से अलंकृत पगड़ी पहिन ली। गंगा भट्ट ने शिवाजी के सम्राट्-पद का प्रतीक एक मणिखचित सुवर्ण छत्र उनके शिर पर उठा दिया। सैनिकों ने अपने भालों से अपनी ढालें बजाईं, और जनगण ने हर्षोन्मत्त होकर जय-जयकार किया।

तदन्तर शिवाजी ने अपने राजसिंहासन से अवरोहण करके सभामण्डप को पार किया, और वे एक राजहस्ति पर सवार हो गए। राजहस्ति को सुवर्णखचित साज से सजाया गया था। शिवाजी की शोभायात्रा नगर में निकल पड़ी। मार्ग में प्रत्येक झरोखे पर खड़ी हुई स्त्रियों ने उनके ऊपर पुष्प तथा अक्षत की वर्षा की, और उनकी आरती उतारी। यशस्विनी सेना के जयध्वज शोभायात्रा के शीर्ष पर फहरा रहे थे, नगर में बारम्बार बह उठने वाले वातास में फहरा रहे थे, घिरते हुए वर्षाकालीन मेघ की गर्जना के साथ फहरा रहे थे। उन ध्वजों में झूलती हुई सुवर्ण और रजत के तारों की झालरें सूर्य के अन्तिम किरणजाल में चकाचौंध मचा रही थीं।

राज्याभिषेक उत्सव समाप्त हो जाने पर शिवाजी ने अंग्रेज़ प्रतिनिधि-मण्डल को अपने दरबार में बुलाया। अंग्रेज़ों ने अपनी शिकायतें तथा माँगें प्रस्तुत कीं। शिवाजी ने उनके साथ बहुत उदारता का बरताव किया। इसी बीच एक वृद्ध पुरुष ने प्रार्थना की कि वह एक बार अंग्रेज़ लोगों को देखना चाहता है। यह पुरुष वही मांस-विक्रेता था जो अंग्रेज़ों के पास बकरे का मांस पहुँचाया करता। वह रायगढ़ पर्वतशिखर के नीचे निवास करता था। जब उसने सुना कि अंग्रेज़ लोग जाने वाले हैं तो उसने आग्रह किया कि वह पर्वतशिखर पर चढ़कर अंग्रेज़ों को सशरीर देखेगा। जब उसको अंग्रेज़ों के सामने लाया गया तो वह कुछ क्षण तक आतंकित-सा होकर मौन खड़ा रहा। अन्त में उसने कहा: ''तो ये ही वे मनुष्य हैं जो चन्द दिन में इतना मांस खा गए जितना कि मेरे समस्त ग्राहकों ने कई-एक वर्ष में भी नहीं खाया!''

शिवाजी के राज्याभिषेक के कई दिवस उपरान्त जीजाबाई रोगग्रस्त हो गईं। वर्षाकाल का वातास रायगढ़ की गलियों में उद्घोष कर रहा था। प्रथम वारिवर्षण का जलोत्सेक राजप्रासाद के प्राकारों को प्रताड़ित कर रहा था। जीजाबाई कुछ समय तक शान्तिपूर्वक चिन्तन करती रहीं, और अन्ततः वे अपनी अन्तिम यात्रा के लिए प्रस्तुत हो गईं। अपने जिस पुत्र को उन्होंने अवहेलना तथा दारिद्र्य के बीच पालकर बड़ा किया था वह अब हिन्दू सम्राट् के पद पर आरूढ़ था। जीजाबाई को अब अपने जीवन में कोई उमंग नहीं रह गई थी। उन्होंने आदेश दिया कि उनकी समस्त सम्पत्ति दरिद्र लोगों में बाँट दी जाए, और रुग्ण होने के पाँचवें दिन वे शान्तिपूर्वक दिवंगता हो गईं। उनके शरीर का दाह-संस्कार रायगढ़ में ही सम्पन्न हुआ, और उनकी भस्म को गंगा में प्रवाहित कर दिया गया।

: २ :

शिवाजी के राज्याभिषेक के उपरान्त दो वर्ष तक वे एक प्रकार से अकर्मण्य रहे। वे जितना स्नेह अपनी माताजी से करते थे उतना किसी अन्य स्त्री से उनको कभी नहीं हुआ था। वे सदा ही जीजाबाई के परामर्श और उनके अनुभव का आश्रय लेते रहे थे। अतएव जीजाबाई की मृत्यु से वे मर्माहत हो गए। अजस्र गति से कर्मरत रहने के कारण उनका स्वास्थ्य भी शिथिल हो चला था। अब वह स्वास्थ्य बिखरने लगा। सन् १६७६ में वे अत्यन्त रुग्ण हो गए। उन्होंने सिंहासन-त्याग की इच्छा प्रकट की। वे बोले कि वे तो बहुत दिन पहिले से ही सन्यासी का जीवन व्यतीत करने के लिए लालायित रहे हैं। उनको ऐसा नहीं करने दिया गया। फिर भी वे बारम्बार एकाकी ही अपने प्रासाद से बाहर चले जाते थे, और निर्जन वन में किसी सरोवर के कूल पर अथवा महावृक्ष के नीचे उपासीन होकर ध्यानस्थ हो जाते थे। इधर कुछ काल से वे एक स्निग्ध शय्या पर शयन करने लगे थे। अब उन्होंने उस शय्या का त्याग कर दिया, और वे एक साधारण मूँज की खटिया पर शयन करने लगे।

जीजाबाई की मृत्यु के उपरान्त उनका पारिवारिक जीवन भी संताप तथा क्लेश से कलुषित हो उठा। उनकी प्रथम पत्नी सईबाई बहुत दिन पूर्व मर चुकी थीं। उनके पुत्र तथा युवराज, सम्भाजी, एक रोषशील और असावधान व्यक्ति में

परिणत होते जा रहे थे। उनके लिए अपने पिता का नियन्त्रण असह्य था। प्रस्तुत महारानी सोयराबाई थीं। वे प्रत्युत्पन्नमति तथा चरित्रवान् नारी थीं। उनकी इच्छा थी कि उनके पुत्र राजाराम सम्भाजी के स्थान पर युवराज-पद पर प्रतिष्ठित हों, और उनकी अभ्यर्थना तथा उनके कूटकौशल ने शिवाजी को विश्राम नहीं लेने दिया। महारानी का यह मन्तव्य तो ठीक था कि सम्भाजी की तुलना में राजाराम शिवाजी के उत्तराधिकारी बनने के लिए अधिक योग्य थे, और सम्भाजी की मृत्यु के उपरान्त वस्तुतः राजाराम ने ही सिंहासनारूढ़ होकर प्रताप का परिचय भी दिया। किन्तु सोयराबाई के इस अध्यवसाय ने इस समय सारे राजप्रासाद की शान्ति भंग कर दी, और शिवाजी तथा सम्भाजी का पारस्परिक सम्बन्ध भी विषाक्त कर डाला।

सन् १६७६ के अन्त में शिवाजी पुनः स्वस्थ हो गए। अब उनमें सहसा एक नई और यौवनसुलभ शक्ति का उद्रेक देखा गया। वे अपने अन्तिम तथा महानतम अभियान के लिए प्रस्तुत होने लगे। वे भारतवर्ष के दक्षिण-पश्चिम कोने में मराठा शक्ति का एक नया केन्द्र स्थापित करना चाहते थे। सम्भवतः उन्होंने राजा जयसिंह के अभियान का स्मरण किया था। उनका अन्तर गवाही देने लगा था कि यदि मुग़ल सरकार ने फिर कभी उसी कोटि का कोई सेनापति उस ओर भेज दिया और उस समय शिवाजी स्वयं उसका सामना करने के लिए जीवित नहीं रहे, तो सारा पाँसा ही पलट जाएगा। मराठों की शक्ति में बहुत वृद्धि हो चुकी थी, और मुग़ल साम्राज्य असमर्थ-सा प्रतीत हो रहा था। किन्तु फिर भी इस तथ्य में कोई सन्देह नहीं था कि शत्रुपक्ष अभी भी बहुत बलवान् था। मुग़ल साम्राज्य के सम्बल के सामने मराठे नहीं टिक सकते थे। सैन्य-संख्या की दृष्टि से ही मुग़ल साम्राज्य अतुलनीय था। परवर्ती काल में जब औरंगज़ेब स्वयं अपनी सेना का सेनापति बनकर दक्षिण की ओर आया तो उसकी सेना में पाँच लाख सैनिक थे। तोपख़ाने की दृष्टि से तो मराठे उस समय तक हेय रहे जब तक कि मुग़ल साम्राज्य विच्छिन्न नहीं हो गया, और विदेशी तोपची तथा आयुध-आजीवी मुग़ल सेना को छोड़कर मराठा सरदारों की चाकरी करने नहीं चले आए। तब तक मराठों का कोष उत्तर भारत के धन से पूर्ण हो चुका था।

भौगोलिक दृष्टि से भी मराठा राज्य की स्थिति सुरक्षित नहीं थी। यह राज्य

एकमात्र स्वाधीन हिन्दू राज्य था। इस राज्य के चारों सीमान्त मुसलमान राज्यों द्वारा दबे हुए थे—मुग़ल साम्राज्य, गोलकुण्डा, बीजापुर। दक्षिण के दोनों मुसलमान राज्य सैन्यबल की दृष्टि से दुर्बल थे। वे एक प्रकार से परतन्त्र राज्य भी थे। किन्तु उन दोनों के पास, विशेषकर गोलकुण्डा के पास, अभी भी प्रभूत धनबल था। यदि वे राज्य मुग़ल साम्राज्य में परिभुक्त हो जाते थे तो उनके अन्तर्गत भूमिभाग को आधार बनाकर महाराष्ट्र के पार्श्व को संत्रस्त किया जा सकता था। वस्तुतः औरंगज़ेब ने अपने अन्तिम अभियान में गोलकुण्डा तथा बीजापुर की पूर्ण विजय को ही अपनी योजना का प्रथम सोपान बनाया था। वह भारत के दक्षिण प्रान्त में सर्वत्र ही अपने आधिपत्य का पुनरुद्धार करने के लिए प्रयत्नवान था। शिवाजी की सांग्रामिक दृष्टि तो अत्यन्त तीक्ष्ण थी। अपनी सफलता के पर्व में भी वे यह नहीं भूले कि भविष्य में आने वाली विभीषिकाओं से उनके राज्य की रक्षा का समुचित प्रबन्ध होना चाहिए।

भारत के दक्षिण-पूर्व समुद्रतट के साथ-साथ कर्नाटक* प्रान्त है। शिवाजी के समय तक यह प्रान्त हिन्दू जाति का एकमात्र अवशिष्ट स्वदेश था जिसमें अभी तक किसी मुस्लिम प्रभाव का प्रवेश नहीं हो पाया था। नाममात्र के लिए यह प्रान्त बीजापुर के अधीन था। इस प्रान्त का प्रधान राजा, तंजोर का अधिपति, अपने-आपको बीजापुर के सुल्तान का करद कहता था। किन्तु उसके ऊपर बीजापुर का पूरा नियन्त्रण कभी नहीं रहा था। बीजापुर की सेना को बीच-बीच में उस ओर अभियान करके अपने प्रभुत्व की पुनर्प्रतिष्ठा करनी पड़ती थी।

शिवाजी के पिता शाहजी ने बीजापुर की चाकरी करते समय इस प्रकार के कई-एक अभियानों का सेनापतित्व ग्रहण किया था, और पुरस्कार के रूप में उनको कर्णाटक का सूबेदार नियुक्त किया गया था। जब वे बीजापुर तथा शिवाजी के बीच सन्धि करवाने में सफल हो गए थे तब उनकी सूबेदारी की पुष्टि हो गई थी, और उनकी मृत्यु के उपरान्त उनके पुत्र व्यंकोजी को उनका उत्तराधिकारी स्वीकार कर लिया गया था। व्यंकोजी एक सर्वथा साधारण पुरुष

* अधुना जिस प्रान्त का नाम तमिलनाडु है, उसको मध्यकालीन मुसलमान आक्रान्ता कर्नाटक कहते थे। अंग्रेज़ इतिहासकारों ने भी इस प्रान्त के लिए इसी नाम का प्रयोग किया है।

थे, और शिवाजी ने अभी तक उनकी ओर कोई ध्यान नहीं दिया था। किन्तु अब उनके मानस में एक नई योजना उद्‌भूत हो गई थी। कर्नाटक की ओर अपने महान अभियान का उपक्रम खोजते हुए उन्होंने सहसा यह घोषणा कर दी कि व्यंकोजी को इतने दिन तक एकाकी ही कर्नाटक का सूबेदार नहीं रहना चाहिए था। उनके लिए उचित था कि वे सूबेदारी में शिवाजी को साझी समझते। हिन्दू उत्तराधिकार-परम्परा के अनुसार पिता की मृत्यु के उपरान्त उसकी सम्पत्ति उसके समस्त पुत्रों के बीच समान रूप से बाँटी जाती है। किन्तु व्यंकोजी को यह आश्वासन था कि तंजोर शिवाजी के राज्य से बहुत दूर है, और गोलकुण्डा तथा बीजापुर के राज्य बीच में पड़ते हैं। इसलिए उन्होंने शिवाजी की बात अनसुनी कर दी, और शिवाजी ने क्रोध प्रकट करते हुए घोषणा कर दी कि वे बलप्रयोग करके अपना अधिकार प्राप्त करेंगे।

अभियान का अवसर बहुत अनुकूल रहा। मुग़ल साम्राज्य का सैन्यबल उस समय अपने उत्तर-पश्चिम प्रत्यन्त पर विद्रोहपरायण पठानों के साथ एक अनिर्णायक युद्ध में उलझा हुआ था। औरंगज़ेब स्वयं राजपूताने में एक विद्रोह को दबाने में लगा हुआ था। उसकी उत्तरोत्तर बढ़ती हुई मतान्धता ने उसके समस्त राजपूत सामन्तों को उससे विमुख कर दिया था, यहाँ तक कि उसके चाटुकार दरबारी, जसवन्तसिंह, ने भी सन् १६७८ में अपनी मृत्यु के पूर्व अपनी रोगशय्या पर पड़े-पड़े मुग़ल शाहंशाह के नाम एक पत्र लिखवा दिया था। जसवन्तसिंह ने कहा था: "भगवान् तो सारी मनुष्य जाति के भगवान् हैं। वे केवल मुसलमानों के ही भगवान् नहीं हैं। अन्य धर्मावलम्बियों के धर्म तथा परम्परा को गाली देने का अर्थ है भगवान् के आदेश को अमान्य करना।" अब उदयपुर के महाराणा भी मुग़ल साम्राज्य के विरुद्ध विद्रोह कर उठे थे, और महाराणा तो हिन्दू-कुल-कमल-दिवाकर कहलाते थे।

दक्षिणस्थ मुग़ल सेनाओं के सेनापति बहुत दिन से आत्मत्राण की नीति का ही अवलम्बन लिए बैठे थे। जब उन लोगों ने सुना कि मराठे दक्षिण की ओर अभियान कर रहे हैं तो उन सब ने सुख की साँस ली। दो मराठा अधिपति परस्पर संघर्षरत होने वाले थे। मुग़ल साम्राज्य के दक्षिणवर्ती सीमान्त पर से मराठों का दबाव हटने वाला था। मुग़ल सेनापतियों की इस उदासीनता को शिवाजी ने अपने पक्ष में कर लिया। उन्होंने गुप्तरूप से एक बहुत बड़ी घूस

प्रधान मुग़ल सेनापति के पास भेज दी। सन् १६७६ का शरत्काल तैयारी करते-करते बीत गया। एक बहुत बड़ी सेना का संगठन हो रहा था, और दुर्गों की रक्षा करने वाली सेना को सशक्त बनाया जा रहा था। शिवाजी ने अपनी अनुपस्थिति में राज्य का शासन चलाने के लिए तीन व्यक्तियों की एक परिषद् भी नियुक्त कर दी थी।

नवागत वर्ष के प्रारम्भ में शिवाजी ने अपने साथ सत्तर हज़ार सैनिक लेकर रायगढ़ से प्रस्थान किया। मराठों की यह सेना अभी तक समवेत होने वाली उनकी समस्त सेनाओं की तुलना में विशालतर थी। उन्होंने बिना किसी विरोध का सामना किए ही बीजापुर राज्य पार कर लिया, और वे गोलकुण्डा के सीमान्त पर आ पहुँचे। वहाँ पर वे विश्राम करने लगे, और उनका दूत गोल-कुण्डा के दरबार में जाकर याचना करने लगा कि मराठा सेना को निर्बाध मार्ग मिलना चाहिए। गोलकुण्डा का सुल्तान यह प्रस्ताव सुनकर भयभीत हो उठा। उसके दरबार में बहुत ठाट-बाट था। उसकी राजधानी भी वैभवसम्पन्न थी, और प्रजागण भी उसके सहिष्णुताशील ईरानी राजवंश के प्रति श्रद्धालु थे। किन्तु फिर भी गोलकुण्डा एक अत्यन्त सामर्थ्यहीन राज्य था। गोलकुण्डा के सिंहासन पर उस समय अबू हुसैन आसीन था। वह एक सौजन्यसम्पन्न तथा शिल्पादि में रुचि रखने वाला ईरानी भद्रपुरुष था। उसकी मनोकामना यही थी कि शान्ति चाहे कितनी ही मँहगी क्यों न पड़े, वह अपने समस्त पड़ौसियों के साथ शान्ति ही स्थापित किए रहे जिससे कि उसके रसान्वेषण में कोई बाधा न आने पाए।

शिवाजी की याचना सुनकर अबू हुसैन को आशंका हुई कि मराठों को मार्ग दिया गया तो मुग़ल साम्राज्य के साथ शत्रुता की सम्भावना बढ़ जाएगी। मराठे तो मुग़ल साम्राज्य के सतत शत्रु थे। मुग़ल शाहंशाह समझ सकता था कि गोलकुण्डा ने मराठों के प्रति मैत्री का व्यवहार किया है। शिवाजी के लिए यह अत्यन्त सुकर था कि वे गोलकुण्डा दरबार की अवहेलना करके उस राज्य को भी पार कर जाते। किन्तु वे चाहते थे कि उनके सुदूर दक्षिण में पहुँच जाने पर गोलकुण्डा उनके प्रति मैत्रीभाव बनाए रक्खे। यदि गोलकुण्डा उनसे विमुख हो जाता अथवा घबराकर मुग़लों के साथ मैत्री कर लेता तो उनके अभियान तथा उनके राज्य के बीच एक शत्रुशक्ति जन्म ले लेती। उस अवस्था में उनके लिए

अपने द्वारा विजित देश पर अधिकार रखना असम्भव हो जाता।

गोलकुण्डा दरबार में जाने वाले दूत का नाम हनमन्ते था। वे दर्शनशास्त्र का गम्भीर अध्ययन करने वाले एक ब्राह्मण थे, और उनको दरबारों में प्रयुक्त होने वाली फ़ारसी भाषा का भी पूरा ज्ञान था। उन्होंने शिवाजी का कार्य बहुत सुचारु रूप से सम्पन्न किया। अपने राजा की योजना का प्रकाशन करने के पूर्व उन्होंने गोलकुण्डा के प्रधानमन्त्री को प्रसन्न कर लिया। वह भी मदन नाम का एक ब्राह्मण था। वे दोनों पण्डित कई घण्टों तक साथ बैठे हुए शास्त्रचर्चा करते रहे, और दर्शनशास्त्र के विषय पर परस्पर प्रश्न पूछते रहे। मदन शिवाजी के दूत पर मुग्ध हो गया, और उसने अबू हुसैन के पास जाकर हनमन्ते का बहुत गुणगान किया। हनमन्ते जब सुल्तान से साक्षात्कार करने गए तो उन्होंने अलंकारयुक्त फ़ारसी में सुल्तान का अभिवादन किया। सुल्तान उनकी वाणी सुनकर ऐसा रीझा कि उनको बार-बार महल में बुलाया गया।

हनमन्ते का उद्देश्य यह नहीं था कि सुल्तान से कोई इनी-गिनी और निश्चित सुविधाएँ प्राप्त की जाएँ। वे तो सुल्तान को शिवाजी पर मुग्ध करने के लिए ही कृतमनोरथ थे। उन्होंने सुल्तान को विश्वास दिलाया कि शिवाजी उसके सहृदय मित्र हैं। साथ ही उन्होंने सुल्तान को यह भी समझा दिया कि शिवाजी अपराजेय हैं, और उनका पथ अवरुद्ध करना विनाश का आवाहन करने के समान होगा। अपने इस अध्यवसाय में हनमन्ते को इतनी सफलता मिली कि सुल्तान शिवाजी से मिलने के लिए अधीर हो उठा। उसने शिवाजी के पास सन्देश भेजा कि वह अपने सीमान्त तक प्रत्युद्गमन करके उन जैसे महान् महाराजा का स्वागत करना तथा उनको सम्मानपूर्वक अपनी राजधानी में लाना चाहता है। शिवाजी ने भी शिष्टतापूर्वक उत्तर दिया: ''मैं तो सदा ही आपको अपना अग्रज मानता आया हूँ। मुझ जैसे अकिञ्चन के लिए आपको कष्ट नहीं उठाना चाहिए।'' इस उत्तर में व्यंग्य का भी पुट था। तब गोलकुण्डा के प्रधानमन्त्री ने शिवाजी का स्वागत करने के लिए प्रत्युद्गमन किया, और वह महान् मराठा सेना हैदराबाद की ओर चल पड़ी। गोलकुण्डा दरबार उस समय उसी नगर में था।

मराठा सेना का दृढ़ अनुशासन देखकर सब लोग चकित रह गए। शिवाजी ने कठोर आदेश दिया था कि गोलकुण्डा के राज्य में किसी प्रकार का

बलात्कार न होने पाए, और आवश्यकतानुसार समस्त सामग्री उन व्यापारियों से क्रय की जानी चाहिए जो अपना माल बेचने के लिए प्रस्तुत हों। जिन गाँवों में से होकर मराठा सेना यात्रा कर रही थी उनमें से किसी को भी किसी प्रकार की क्षति पहुँचाने वाले सैनिक के लिए कठोर दण्ड का विधान था। इस दण्ड-विधान का विनियोग करने की आवश्यकता दो-चार बार ही पड़ी। मराठा सेना में सत्तर हजार सैनिक थे। उनमें से अधिकतर ग्रामीण मावले थे। वे लोग एक ऐसे राज्य में यात्रा कर रहे थे जो सर्वथा दुर्बल होने के साथ-साथ अवर्णनीय धन-धान्य से सम्पन्न था, और उस राज्य का शासक एक ऐसे धर्म का अनुयायी था जिसके प्रति मराठों के मन में घृणा का आवेग था। फिर भी मराठा सेना ने अभूतपूर्व अनुशासन का परिचय दिया। यह सत्य है कि शिवाजी ऐसे अभियानों के भी नेता रह चुके थे जिनका प्रकृत उद्देश्य लूटपाट करना था। किन्तु गोलकुण्डा राज्य में उनकी यात्रा को लक्ष्य कर लेने पर कोई भी यह नहीं कह सकता कि वे लोग जंगली लुटेरे ही थे। अंग्रेज़ इतिहासकारों द्वारा उनको लुटेरा कहा जाना बहुत बड़ी भूल है।

हैदराबाद में शिवाजी का अभूतपूर्व स्वागत हुआ। नगर के समस्त प्रमुख पथों पर लाल और पीला गुलाल विकीर्ण था। दोनों ओर के आवासों के बीच अन्तरिक्ष को लाल रंग के वितानों से आच्छादित किया गया था। प्रत्येक झरोखे में नगर-निवासियों की भीड़ थी। उनके हाथों में शिवाजी के ऊपर बरसाने के लिए सुवर्णपत्र के बने हुए पुष्पदल थे। हिन्दू स्त्रियाँ थालियों में दीप जलाकर शिवाजी की आरती उतारने के लिए प्रस्तुत थीं। शिवाजी ने इस स्वागत के प्रत्युत्तर में अपनी सीधी-सादी वेशभूषा का परित्याग कर दिया। नगर में प्रवेश करने के पूर्व उन्होंने सुवर्णखचित कौशेय के राजसी वस्त्र धारण कर लिए। उन्होंने अपने सेनानायकों को भी सोने के कड़े, सोने की कटारें तथा तलवारें और पगड़ियों में बाँधने के लिए मोतियों की झालरें प्रदान कीं। ज्योंही उन्होंने मुख्यद्वार को पार किया त्योंही जनगण ने उच्चस्वर से उनका स्वागत किया। शिवाजी ने मुट्ठियाँ भर-भर कर सुवर्ण-मुद्राओं और हीरे-मोतियों की वर्षा अपने दाएँ-बाएँ दोनों ओर की। अपने अश्व के निकट तक बढ़ आने वाले अनेक नागरिकों को उन्होंने सम्मानसूचक परिधान से पुरस्कृत किया।

राजमहल में अबू हुसैन अपने इस मुग्धकारी और महाबली अतिथि की

प्रतीक्षा कर रहा था। शिवाजी के वहाँ पहुँचते ही उसने शिवाजी का आलिंगन किया, और उनको गोलकुण्डा के राजसिंहासन पर ही अपने पार्श्व में बैठाया। उनके चारों ओर पान-इलायची के पात्र और उगालदान लिए हुए अनेक चाकर प्रस्तुत थे। गोलकुण्डा के परम्परागत परिधान से विभूषित सेवक मयूर-पंख के बने हुए व्यजन हिला-हिला कर हवा कर रहे थे। मणिखचित पिंजरों में अवरुद्ध पक्षी गान गा रहे थे। उनके सामने से घोड़ों का एक जुलूस निकाला गया। उन घोड़ों को नीले अथवा लाल रंग से चित्रित किया गया था, और उनकी पूँछें सुवर्णधूलि से धूसरित थीं।

वे दोनों राजा इस प्रकार कई घण्टे तक एक साथ बैठे रहे। गोलकुण्डा के भीरु सुल्तान को पूर्णतया मन्त्रमुग्ध करने के लिए शिवाजी ने अपने समस्त कौशल का व्यवहार किया। सुल्तान तो सदा ही यह सुनता आया था कि शिवाजी एक जंगली मावला हैं जिनका एकमात्र मनोरंजन है इस्लाम को विध्वस्त करना। अब शिवाजी का सुसंस्कृत शिष्टाचार देख कर वह मोम हो गया। वह अपनी विषाद से भरी हुई और बड़ी-बड़ी आँखों से शिवाजी का मुख निहारता रहा। वह उनकी उस सुन्दर भाव-भंगिमा में उस राक्षसी वृत्ति की संकेतसूचक कोई रेखा खोज रहा था जिसको लेकर शिवाजी मुसलमानों में बदनाम थे। अन्ततः शिवाजी ने उत्थान किया, और वे उस प्रासाद की ओर प्रस्थान के लिए प्रस्तुत होने लगे जो हैदराबाद में उनके निवास के लिए नियुक्त किया गया था। अबू हुसैन ने एक बार फिर उनका आलिंगन किया, उनकी कलाइयों पर रजत की शलाका से गुलाब का इत्र लगाया, और अपने हाथ से तैयार किया हुआ पान का बीड़ा उन्हें भेंट किया।

तदनन्तर कई दिन तक भोज और उत्सव का आयोजन होता रहा। अबू हुसैन नित्य ही शिवाजी तथा उनके सेनानायकों को मणि-मुक्ता, वस्त्रालंकार, घोड़े और हाथी भेंट करके सम्मानित करने लगा। पश्चिम प्रदेश के असभ्य मावले लोगों के सन्मुख गोलकुण्डा के वैभव का प्रदर्शन करके वह शिशु-सुलभ आनन्द का अनुभव कर रहा था। वह अपने किसी पराक्रम की कहानी सुनाकर शिवाजी के पराक्रम से स्पर्धा नहीं कर सकता था। किन्तु वह अपने विलास की विविधता से तो मराठों को मुग्ध कर ही सकता था। वह शिवाजी को साथ लेकर नगरभ्रमण के लिए निकला, और उसने अपने अतिथि को

हैदराबाद की मस्जिदें, महल तथा अपने पूर्वजों के मक़बरे दिखलाए। वे समस्त इमारतें संगे-मूसा की बनी हुई थीं, और उनके शिखिर हरितद्युति गुम्बदों से गौरवान्वित थे।

एक दिन शिवाजी ने गोलकुण्डा के प्रधान सांग्रामिक हाथी की भारी भरकम साज-सज्जा देखकर विस्मय प्रकट किया। अबू हुसैन ने पूछा: "क्या आपका अपना कोई सांग्रामिक हाथी नहीं है?"

शिवाजी ने मुख मोड़कर अपने अंगरक्षकों की ओर संकेत किया, और उत्तर दिया: "ये हैं मेरे सांग्रामिक हाथी!"

अबू हुसैन के अधरों पर जुगुप्सापूर्ण मुस्कान उभर आई। फिर वह बतलाने लगा कि क्रिस प्रकार सब लोग उसके सांग्रामिक हाथियों से भयभीत हैं। शिवाजी ने अपने एक सेनानायक, यशजी, की ओर संकेत किया, और कहा: "यह आपके हाथी से भी बढ़ा-चढ़ा है।"

अबू हुसैन ने कहा: "परीक्षा करके देखते हैं।"

एक हाथी का महावत नीचे उतर गया और हथसार के सेवकों ने हाथी को अत्यन्त उत्तेजित कर डाला। यशजी भी अपनी कृपाण हाथ में लेकर आगे बढ़ गए। हाथी ने चिंघाड़ मारकर यशजी पर आक्रमण किया। यशजी एक पार्श्व की ओर पश्चात्पद हो गए, और फिर उन्होंने एक ही वार में हाथी का सूँड़ काट डाला। उस हाथी ने अभी तक राजमहल के मैदान में ही अपने करतब दिखलाकर सुल्तान का मनोरंजन किया था। यशजी के समान प्रतिद्वन्द्वी से उसका पाला कभी नहीं पड़ा था। वह आर्तनाद करता हुआ भाग खड़ा हुआ। यशजी चुपचाप शिवाजी के पीछे आ खड़े हुए। अबू हुसैन बहुत लज्जित हुआ। उसने शिवाजी के लिए नए उपहार ही नहीं मंगवाए प्रत्युत् शिवाजी के घोड़े के गले में भी एक रत्नमाला पहना दी।

किन्तु शिवाजी ये समस्त उपहार तथा आतिथ्य-सत्कार पाकर ही सन्तुष्ट नहीं हुए। वे गोलकुण्डा की मैत्री का कोई पुष्टतर प्रमाण पाना चाहते थे। उन्होंने सुल्तान को वचन दिया कि मुग़ल साम्राज्य अथवा बीजापुर की ओर से गोलकुण्डा के विरुद्ध किसी प्रकार का प्रयास देखते ही वे गोलकुण्डा की सहायता करेंगे। गोलकुण्डा तथा कर्नाटक के सीमान्त पर एकाध भूमिभाग का आदान-प्रदान करने के लिए भी वे सहमत हो गए। किन्तु इस सब के विनिमय

में उन्होंने गोलकुण्डा का तोपखाना उधार लेने की इच्छा प्रकट की, और गोलकुण्डा से प्राप्त धन के परिमाण में भी विशेष वृद्धि उन्होंने चाही। कुछ दिन तक सन्धिवार्ता चलते रहने के उपरान्त गोलकुण्डा ने ये समस्त शर्तें स्वीकार कर लीं। तब शिवाजी ने हैदराबाद से प्रस्थान किया, और वे द्रुतगति से कर्नाटक की ओर अग्रसर होने लगे। कृष्णा नदी को पार करके उन्होंने अपने नायकों को आदेश दिया कि वे दक्षिण दिशा की ओर प्रयाण करते रहें, और वे स्वयं एकमात्र हनमन्ते को अपने साथ लेकर सेना से खिसक गए। वे श्रीशैल पर जाकर वहाँ के विख्यात मन्दिर में महेश्वर शिव के दर्शन करना चाहते थे।

शिवाजी सम्भवत: हैदराबाद में अपने अधिवास के समय होते रहने वाले उत्सव-समाज का मिथ्याचार देखकर विरक्त हो उठे थे। अब एक बार फिर उनकी वैराग्य-भावना ने वेग पकड़ा। उस महान् मन्दिर के शान्त तथा छाया-छन्न मण्डप में जानुपात करके वे अश्रुपात करते हुए कहने लगे कि उन्होंने अपना सारा जीवन प्रासादों और शिविरों में रहकर गँवा दिया, जबकि उनको ज्ञात था कि एकान्तवास और भगवदाराधना द्वारा ही आनन्द की उपलब्धि सम्भव है। वे दस दिन तक उस मन्दिर में रहे, निराहार और प्रार्थना में प्रणत। हनमन्ते चिन्तित हो उठे। ब्राह्मण ने अपने स्वामी से अनुनय की कि वे लौटकर अपनी सेना को सँभालें। कर्नाटक उनके पराक्रम का आह्वान कर रहा था। और बहुमूल्य समय बीता जा रहा था।

शिवाजी ने आर्तनाद किया: ''किन्तु मुझको इसी स्थान पर सुख मिल रहा है।'' फिर उन्होंने अपनी कृपाण निकाल कर कहा: ''यदि मैं यहां जीवन-यापन नहीं कर सकता तो मैं यहां मरण का वरण तो कर सकता हूँ।'' और उन्होंने आत्मघात करने की चेष्टा की। हनमन्ते ने उनका हाथ पकड़ कर उनकी अनुनय की, और उनको स्मरण करवाया कि वे एक राज्य के शासन से विमुख हो रहे हैं, अपनी सेना को नेतृत्वविहीन कर रहे हैं, तथा अपने उद्देश्य को पूरा करने के पूर्व ही उस ओर से पराङ्मुख होने लगे हैं। शिवाजी ने एक दीर्घ नि:श्वास छोड़ा। वे एक क्षण मौन खड़े रहे। फिर उन्होंने अपनी कृपाण को कोष में रख लिया। वे उसी दिन उस मन्दिर को छोड़ कर चल पड़े। किन्तु जाने के पूर्व उन्होंने मन्दिर के पुजारियों को प्रभूत धन दिया। वे यह भूलना नहीं चाहते थे कि उस मन्दिर में दस दिन बिता कर उन्होंने अपार सुख पाया था।

अनन्तपुर पहुँचकर शिवाजी अपनी सेना से जा मिले। तदनन्तर मराठा सेना ने अविजेय रहकर कर्नाटक का धर्षण किया। बीजापुर के शासन ने शिवाजी के अभियान को अवरुद्ध करने का कोई प्रयास नहीं किया था, और अब उस शासन ने कर्नाटक के नगरों तथा दुर्गों के परित्राण के लिए भी प्रकाशरूप से कोई प्रयत्न नहीं किया। कहीं-कहीं पर कर्नाटक की कोई सेना अथवा कोई सेनापति अपने शासन की तुलना में अधिक साहसी थे। उन लोगों ने कहीं-कहीं और कभी-कभी मराठों का विरोध किया, किन्तु सफलता किसी को नहीं मिली। जिंजी का भीमकाय दुर्ग एक ही धर्षण में जीत लिया गया। यही दुर्ग परवर्ती काल में मराठों द्वारा रक्षित होकर मुग़ल सेना द्वारा दुर्धर्षणीय रहने वाला था। मदुरा के पादरियों ने लिखा: ''शिवाजी वज्रपात के समान इस स्थान पर आ गिरे और प्रथम धर्षण में ही विजय पा गए।'' किन्तु शिवाजी तो अपनी सफलता से ही सन्तुष्ट होने वाले नहीं थे। उन्होंने इस दुर्ग की नई प्राकार बनवाई, नई प्रतोलियाँ तथा नए अट्टालक बनवाए, और इस समस्त काम में उन्होंने किसी प्रकार की कोई त्रुटि नहीं रहने दी।

वैलोर का दुर्ग मार्ग में था। उसकी रक्षा पठानों की एक पराक्रमी सेना कर रही थी, और उसकी परिखा में बहुत से मगरमच्छ मुँह बाए पड़े थे। शिवाजी ने अपनी सेना का एक भाग इस दुर्ग के धर्षण के लिए पीछे छोड़ दिया, और वे स्वयं दक्षिण दिशा की ओर बढ़ चले। उस प्रदेश का बीजापुरी सूबेदार अभी तक सावधानी के साथ पीछे हटता चला आया था। जून मास आते ही मराठों की उससे मुठभेड़ हो गई। मराठों ने एक वनमार्ग पार करके उस पर हल्ला बोल दिया। सूबेदार अपने साथ एक-सौ सैनिक लेकर भाग खड़ा हुआ, और उसकी सारी सेना बन्दी हो गई। बहुत से घोड़े और बीजापुरी तोपखाना भी मराठों के हाथ आया। अब शिवाजी तंजोर से केवल दस मील दूर रह गए थे।

व्यंकोजी ने शिवाजी की द्रुतगति से संत्रस्त होकर सन्धि का सन्देश भेजा। शिवाजी ने उनको अपने शिविर में आमन्त्रित किया। किन्तु शिवाजी को उन पर विश्वास नहीं था। इसलिए उन्होंने याचना की कि व्यंकोजी अपने पक्ष के पाँच पुरुष बन्धक के रूप में उनके पास भेज दें। अभी कुछ दिन पूर्व शिवाजी ने मद्रास के अंग्रेज़ व्यापारियों को एक पत्र लिखकर उन लोगों से कई-एक ''औषधियाँ तथा विष के उपचार'' खरीदने की इच्छा प्रकट की थी।

व्यंकोजी ने क्षुद्रतापूर्ण आचरण किया। एक सप्ताह तक वे विनयपूर्वक सन्धिवार्ता चलाते रहे और फिर वे रात के अन्धकार में शिवाजी के शिविर से भाग निकले। उन्होंने भारतवर्ष के समस्त राजाओं से सहायता की याचना की, यहाँ तक कि मुग़ल शाहंशाह के पास भी उनकी अनुनय जा पहुँची। शिवाजी यदि व्यंकोजी के भेजे हुए बन्धकों से प्रतिशोध लेते तो न्याय उनके पक्ष में था। किन्तु उन्होंने ऐसा कुछ नहीं किया। वे हँसकर बोले: ''वह इस प्रकार पलायन क्यों कर गया? वह बालक है, और उसने बालवत् व्यवहार ही किया है।'' फिर उन्होंने बन्धकों को उपहार तथा वस्त्र इत्यादि देकर उन लोगों को मुक्त कर दिया।

आगामी वर्ष के अन्त तक व्यंकोजी कर्नाटक के समुद्रतट पर ऊपर-नीचे भटकते रहे। किन्तु उनके पास शिवाजी के साथ लोहा लेने योग्य सेना नहीं थी। इस प्रकार उनकी जागीर का मराठा राज्य में मिल जाना मराठों की दक्षिण-विजय का एक पर्वमात्र बनकर रह गया। अन्ततः जब व्यंकोजी ने आत्मसमर्पण किया तो शिवाजी ने उनको व्यस्त रखने के लिए उन्हें तंजोर नगर तथा पास-पड़ौस का कुछ भूमिभाग दे दिया। किन्तु हनमन्ते ब्राह्मण को उन्होंने व्यंकोजी के पास छोड़ दिया। वस्तुतः शिवाजी के ये प्रतिनिधि ही तंजोर के प्रकृत शासक बन गए। कारण, व्यंकोजी ने अपनी पराजय से खिन्न होकर राजसी ठाट-बाठ का त्याग कर दिया, और वे एक संन्यासी के समान जीवनयापन करने लगे।

सन् १६७८ बीतते-बीतते मराठों ने कर्नाटक को ही नहीं अपितु उसके पार मैसोर को भी जीत लिया था। तब अपने नए सूबों की रक्षा के लिए अपनी सेना के एक भाग को पीछे छोड़कर शिवाजी अपनी राजधानी में लौट आए। उनके साथ लूट के माल का अपार भण्डार भी आया था।

शिवाजी की यह सफलता इतनी अनायास प्रतीत होती है कि उसके विषय में भ्रान्ति सम्भव है। कोई यह समझने की भूल कर सकता है कि शिवाजी को अपने इस अभियान में किसी प्रकार की विकट बाधा का सामना नहीं करना पड़ा था, और न ही उन्हें किसी विशेष कौशल से काम लेना पड़ा था। किन्तु बात ऐसी नहीं थी। शिवाजी को अपने राज्य से सात-सौ मील दूर एक अपरिचित प्रदेश में पराक्रम करना पड़ा था, और उनके लिए यह अनिवार्य था

कि वे द्रुतगति से सफलता प्राप्त करते। कारण, यदि उनको एक बार भी पीछे हटना पड़ा होता तो मुगल सेनानायक तुरन्त ही महाराष्ट्र के उत्तरवर्ती सीमान्त पर आक्रमण करने के लिए लालायित हो उठते। उनकी हार बीजापुर को भी पराक्रमोन्मुख कर देती, और उनके मित्र गोलकुण्डा के सुल्तान को उनकी अपराजेयता में विश्वास नहीं रह जाता। वह सुल्तान भी कोई गड़बड़ कर सकता था। शिवाजी के सामने सब समय उस मुग़ल सेना का चित्र था जो महाराष्ट्र, बीजापुर तथा गोलकुण्डा को पददलित करती हुई, अपनी शक्ति को नए-नए सहायकों द्वारा वृद्ध करती हुई, दक्षिणवर्ती मराठा सेना के यातायात-पथों को छिन्न-भिन्न कर सकती थी, और मराठा सेना के लौटने का मार्ग रोक सकती थी। इसीलिए उन्होंने प्रत्येक युद्ध में इतने प्रचण्ड पराक्रम से काम लिया। किन्तु इस त्वरा के बीच भी उनका धैर्य कभी स्खलित नहीं हुआ। एक बार एक दुर्ग उनकी आशा के विरुद्ध छब्बीस दिन तक आत्मसमर्पण करना अस्वीकार करता रहा। दुर्ग का सेनापति मराठों के प्रथम आक्रमण के समय ही हत हो चुका था। उसकी विधवा स्त्री ने ही दुर्गस्थ सेना का नेतृत्व किया। किन्तु जब उस स्त्री ने आत्मसमर्पण कर दिया तो शिवाजी ने उसके प्रति अपना स्वाभाविक शिष्टाचार ही दिखलाया, और उसको तुरन्त ही मुक्त कर दिया।

इस प्रकार अठारह मास के उपरान्त कर्नाटक तथा मैसोर की विजय सम्पन्न हो गई। शिवाजी के पुराने राज्य तथा नवीन प्रदेशों के बीच बीजापुर राज्य का एक भूमिभाग पड़ता था। शिवाजी ने उस पर भी अधिकार कर लिया। अब उनका राज्य अखण्ड था।

किन्तु केवल राज्य के विस्तार की दृष्टि से ही यह अभियान महत्वपूर्ण नहीं था। परवर्ती काल में ये नए प्रदेश मराठा राज्य के परित्राता सिद्ध हुए। मुगल-साम्राज्य ने जब मराठों के विरुद्ध अपना नवीन और विशाल प्रयास किया तो मराठों ने इन्हीं प्रदेशों में डटकर उस आक्रमण को अवरुद्ध किया। महाराष्ट्र को जीतने में ही मुग़ल शक्ति को पर्याप्त प्रयास करना पड़ा। इन प्रदेशों तक आते-आते मुग़ल सेना अपने आधार से सात-सौ मील और दूर चली आई। बीच में पड़ने वाले महाराष्ट्र में अभी भी मुगलों के विरुद्ध विद्वेषवह्नि जल रही थी। इस प्रकार मुग़ल साम्राज्य का सम्बल क्षीण होने लगा।

शिवाजी ने इसी प्रकार हिसाब लगाकर आगे की ओर देखा था, और

उनकी वह दूरदर्शिता असाधारण सिद्ध हुई। शिवाजी की मृत्यु के उपरान्त औरंगज़ेब ने अपने जीवन का अन्तिम अभियान किया। उसने अपने साम्राज्य का समस्त सैन्यबल तथा धनबल मराठों का उच्छेद करने में लगा दिया। मुग़ल सेना ने अपने पथ में आने वाली प्रत्येक बाधा को पार कर लिया। गोलकुण्डा और बीजापुर जलप्रवाह में टूट कर बह जाने वाले बाँध के समान विलीन हो गए। मराठों के दुर्ग प्रचण्डतम पराक्रम करके भी, एक के उपरान्त एक, पराजय को प्राप्त हुए, और मुग़ल सेना अन्ततः जिंजी जा पहुँची। वहाँ पर शिवाजी के द्वितीय पुत्र राजाराम मराठों को अभी भी युद्धोन्मुख किए बैठे थे। मुग़ल लोग उस दुर्ग का धर्षण करने में सर्वथा असफल रहे। मुग़लों की महती सेना भूख और रोग के कारण क्षीण होने लगी। वृद्धावस्था तथा निराशा से अवसन्न औरंगज़ेब उत्तर की ओर प्रत्यावर्तन करने लगा। उसके चारों ओर विद्रोह की ज्वाला जल रही थी, और उसका साम्राज्य अस्त-व्यस्त होने लगा था। वह दीवार की ओर मुख फेरकर लेट गया, और घोर अवसाद से ग्रस्त होकर उसने प्राणविसर्जन कर दिया। उसके तकिए के नीचे से एक लेख उपलब्ध हुआ। उस लेख की अन्तिम पंक्ति में लिखा था: "अपने पुत्रों पर कभी विश्वास मत करो, और इस बात को सदा स्मरण करते रहो कि शाहंशाह का संसार सूना होता है।"

मराठा सेना एक समय अपने स्वदेश में पर्यवर्सित पड़ी थी। अब वही सेना सारे भारतवर्ष में सर्वापेक्षा शक्तिमान हो उठी थी। औरंगज़ेब की मृत्यु के उपरान्त उसके वंशज तो नाममात्र के ही शाहंशाह रह गए। मराठा अश्वारोही-गण दिल्ली के बाज़ारों में अपने घोड़े दौड़ाने लगे। और शाही महलों का पहरा भी मराठा प्रहरी देने लगे।

: ३ :

कर्नाटक जीतकर शिवाजी को जो आत्मतोष हुआ था वह शीघ्र ही पारि-वारिक कलह द्वारा आच्छन्न हो गया। वे रायगढ़ में लौटे ही थे कि महारानी सोयराबाई पुनः अपने पुत्र राजाराम का पक्ष लेकर जोड़-तोड़ करने लगीं। वे कहने लगीं कि सम्भाजी तो एक चंचलवृत्ति और स्वार्थप्रिय विलासी व्यक्ति हैं, और मानो उनके इस आरोप का प्रमाण प्रस्तुत करने के लिए ही सम्भाजी इन्हीं

दिनों किसी ब्राह्मण युवती के रूपजाल में फँस गए। शिवाजी ने उनको बन्दी बना लिया, और पन्हाला के दुर्ग में कारावरुद्ध कर दिया। सम्भाजी तो राज-प्रासाद में पोषित हुए थे। उनको अपने पिता के अनवरत अध्यवसाय अथवा प्रजागण की सरल जीवन-प्रणाली से कोई लगाव नहीं था। फिर वे तो औरंगाबाद में स्थित मुग़ल शिविर में भी कुछ दिन तक रह चुके थे। उन्होंने देखा था कि मुग़ल सामन्त किस प्रकार के रंगीले जीवन का उपभोग करते हैं, और वे स्वयं भी मुग़लों का अनुकरण करने लग गए थे।

अतएव सम्भाजी के लिए यह सम्भव नहीं था कि वे शान्त रह कर कारावास में पड़े रहते। उन्होंने मुग़ल सेनापति दिलेर खाँ के पास एक पत्र भेज दिया। पत्र का मैत्रीपूर्ण उत्तर प्राप्त हुआ, और सम्भाजी पन्हाला दुर्ग से पलायन करके मुग़ल शिविर में जा पहुँचे। दिलेर खाँ ने उनका स्वागत किया, और उनको खिल्अत देकर सात-हजारी मन्सबदार बना दिया। दिलेर खाँ ने दिल्ली दरबार को लिखा कि मुग़ल शाहंशाह सम्भाजी को मराठों का राजा स्वीकार कर ले। इस प्रकार उसको आशा थी कि मराठा पक्ष में विभेद की स्थिति सम्भव हो सकेगी।

इस आशा की पूर्ति तो असम्भव ही रहती। कारण, शिवाजी अपने राज्य में सर्वत्र ही पूज्य थे, और सम्भाजी के अनुयाइयों की संख्या अत्यल्प थी। फिर भी दिलेर खाँ का यह प्रस्ताव स्वाभाविक ही था। साम्राज्यवादी सरकारें सदा ही अपने प्रतिवेशी राज्यों में विभेद की नीति का प्रयोग किया करती हैं। किन्तु औरंगज़ेब तो औरंगज़ेब था। उसको तुरन्त ही दिलेर खाँ पर सन्देह हो गया। दिलेर खाँ सम्भाजी के कल्याण के लिए इतना व्यग्र क्यों है? और ये सम्भाजी तो वही हैं ना जो अपने पिता के साथ आगरे में आये थे, और अपने पिता के साथ ही निकल भागे थे? अतएव औरंगज़ेब ने दिलेर खाँ को आदेश दिया कि वह सम्भाजी को बन्दी बनाकर दिल्ली भेज दे। दिलेर खाँ ने सम्भाजी का स्वागत किया था। अब उसको आशंका हुई कि दिल्ली में एक दीर्घकाल तक संशयापन्न रहने के उपरान्त सम्भाजी की जीवनलीला अन्ततः समाप्त कर दी जाएगी। अथवा उसको भय हुआ कि सम्भाजी फिर से औरंगज़ेब की आँखों में धूल झोंक कर भाग निकलेंगे। तब औरंगज़ेब स्वयं उसके ऊपर क्रुद्ध होकर उसको अपदस्थ कर देगा।

दिलेर खाँ ने प्रकाशरूप से सम्भाजी को बन्दी बनाने की तैयारी आरम्भ कर दी। वह सम्भाजी के प्रति एक नए प्रकार का व्यवहार करने लगा। उसने सम्भाजी का अपमान इस प्रकार किया मानो वह स्वयं काराध्यक्ष हो, और सम्भाजी उसके बन्दी हों। सम्भाजी इस संकेत को समझ गए, और भाग कर अपने पिता के पास जा पहुँचे। दिलेर खाँ ने बहाना बनाया कि सम्भाजी ने अपने अवकाशकाल का दुरुपयोग किया, और वे बन्दी बनाए जाने के तुरन्त पूर्व ही पलायन कर गए।

शिवाजी ने अपने पुत्र का स्वागत किया। उन्होंने पुत्र की भर्त्सना में एक शब्द भी नहीं कहा। इसके विपरीत वे सम्भाजी का आलिंगन करके स्नेह-सिक्त वाणी में ही उनसे बोले। किन्तु उन्होंने सम्भाजी को उनके पुराने पद पर पुनः प्रतिष्ठित नहीं किया, न ही सम्भाजी को दरबार में आने की स्वीकृति दी। पिता और पुत्र के बीच का मनोमालिन्य कभी दूर नहीं हो पाया।

अपने जीवन के अन्तिम दिनों में शिवाजी को एक नया रूप धारण करना पड़ा। वे बीजापुर के परित्राता बने। उस अभागे नगर में एक अविराम अन्तर्द्वन्द्व चल रहा था। सुल्तान अल्पव्यस्क था। उसकी माँ, बड़ी बेगम, दुश्चरित्रा थी। वह वृद्धावस्था प्राप्त करके भी अरब सागर में नौकाविहार करती हुई डच नाविकों के साथ व्यभिचाररत रहती थी। इसी समय बीजापुर तथा मुग़ल साम्राज्य के बीच एक अनिर्णायक युद्ध छिड़ गया। बीजापुर की एक शाहज़ादी का विवाह औरंगज़ेब के किसी शाहज़ादे से होने की बात थी। किन्तु बीजापुर मुकर गया। दिलेर खाँ ने बीजापुर की ओर अभियान करके नगर का घेरा डाल दिया, और नगरप्राचीर के बहिरस्थ बीजापुर के समस्त राज्य को ध्वस्त कर डाला।

युद्ध का रूप विकराल होता जा रहा था। बीजापुरी सैनिक सिर पर कफ़न बाँधकर युद्ध कर रहे थे। अन्ततः बीजापुर वालों ने शिवाजी से सहायता माँगी। कई वर्ष पूर्व के ''क़साई के बच्चे'' के पास आने वाला बीजापुरी पत्र करुणोत्पादक था। पत्र में लिखा था: ''इस राज्य की अवस्था तो आप जानते ही हैं। हमारे पास न सेना है, न धन है, न कोई हमारी सहायता करने वाला मित्र ही है। हमारे शत्रु का दल असंख्य है, और युद्ध करने के लिए कटिबद्ध है। यदि आप हमारी सहायता नहीं करेंगे तो हम अपना परित्राण नहीं कर पाएँगे। आप

हमारी ओर कृपादृष्टि कीजिए, और हमको आदेश दीजिए कि हम क्या करें। हम उस आदेश का पालन करेंगे।''

शिवाजी ने सन्देश भेजा कि सर्वप्रथम बीजापुर को उन समस्त प्रदेशों पर उनका अधिकार स्वीकार करना होगा जो उन्होंने दक्षिण में जाकर जीते थे अथवा बीजापुर से छीन लिए थे। बीजापुर ने यह शर्त स्वीकार कर ली। तब शिवाजी ने अपने दो सेनानायक बीजापुर की सहायता के लिए भेज दिए। उन लोगों ने सर्वप्रथम दिलेर खाँ की सहायता के लिए जाती हुई एक नवीन मुग़ल सेना को रास्ते में ही रोक कर नष्ट-भ्रष्ट कर डाला। तदनन्तर उन लोगों ने दिलेर खाँ के तोपखाने को विध्वस्त करके उसे बीजापुर का घेरा उठाने और मुग़ल सेना की ओर प्रत्यावर्तन करने के लिए विवश कर दिया। दिलेर खाँ ने एक समय, जयसिंह के अधीनस्थ रहते हुए, शिवाजी का पराभव देखा था। उस समय की तुलना में मराठों का आचरण अब बहुत बदल चुका था। अब वे मुग़ल सेना से भयभीत नहीं थे। इसका प्रमाण है वह वाक्य जो शिवाजी का आदेश सुन कर उनके एक सेनानायक ने उनसे कहा था। दिलेर खाँ का नाम सुनते ही सेनानायक कह उठा था: ''मैं अभी जाकर दण्ड के पात्र दिलेर खाँ को दण्ड दिए देता हूँ।''

अब गोलकुण्डा के समान ही बीजापुर भी वस्तुत: शिवाजी का करद राज्य था। बीजापुर की प्रजा तो शिवाजी को अपना परित्राता मानने लगी थी। शिवाजी की शोभायात्रा जब बीजापुर के बाजारों में निकली तो प्रजागण ने उनका बहुत ही भव्य स्वागत किया, और उनको देवता मानकर उनकी पूजा की। इन्हीं बाजारों में एक दिन शिवाजी एक एकाकी और संत्रस्त ग्रामीण युवक की नाईं घूम चुके थे। बीजापुर के मौलवी एक दिन शिवाजी को शाप देते हुए नहीं अघाते थे। अब उन्हीं मौलवियों ने शिवाजी की दीर्घायु तथा समृद्धि के लिए प्रार्थना की। बीजापुर के वैभवशाली व्यापारी एक दिन शिवाजी को लुटेरा कह कर गालियाँ दिया करते थे। अब उन्हीं व्यापारियों ने अपने झरोखों पर से झूम-झूम कर उन महापुरुष का स्वागत किया जिन्होंने मुगलों से उन लोगों का त्राण किया था।

शिवाजी ने ज्योंही शाही महल के आंगन में पदार्पण किया त्योंही महल के झरोखों में प्रस्तुत सारे दरबारी उठ कर खड़े हो गए। सुल्तान ने अत्यन्त विनय-

पूर्वक आगे बढ़कर उनका स्वागत किया। शिवाजी के लिए एक सहभोज का आयोजन किया गया था। शिवाजी ने बयालीस वर्ष पूर्व का वह दिन स्मरण किया जब उनके पिता ने उनको बीजापुर के दरबार में प्रस्तुत किया था, और सिंहासनारूढ़ सुल्तान एक असभ्य नवयुवक को अपने सामने साष्टांग प्रणाम न करते देखकर क्रुद्ध हो उठा था। जिस मराठे ने उस दिन सुल्तान के सम्मुख नतशीर्ष होना अस्वीकार कर दिया, वही आज शान के साथ सिंहासन पर उपासीन था। और बीजापुर का भीरु सुल्तान उसकी सेवा के लिए प्रस्तुत था। वे ही शिवाजी उत्तर भारत के एक शाही दरबार में भी उन्नतशीर्ष रहे थे। एक दिन उस दरबार में भी उनका उत्तराधिकारी एक अन्य मराठा सिंहासनारूढ़ होने वाला था, और मुग़ल शाहंशाह उसकी सेवा में प्रस्तुत होने वाला था।

उत्सव-समाज और सहभोज होते रहे। किन्तु लोगों ने लक्ष्य किया कि विजय की इस अपूर्व वेला में भी शिवाजी का मुख चिन्ताग्रस्त तथा विषण्ण है। वे यथाशीघ्र ही बहाना बना कर बीजापुर से खिसक आए। यदि कोई अन्य व्यक्ति होता तो भाग्य के इस अपूर्व प्रत्यावर्तन पर फूला नहीं समाता। शैशव-काल में उन्होंने अवहेलना सही थी। फिर वे विद्रोही बने थे। और अब उनके पुराने शत्रु ने उनके सामने सिर झुका लिया था। किन्तु शिवाजी को यह सब देख कर एक ही विचार आया—सब कुछ अस्थायी है, परिवर्तनशील है, अन्तवान् है।

उनका पुराना पराक्रम अभी भी निःशेष नहीं हुआ था। उनके जीवन की एक अन्तिम घटना ने यह सिद्ध कर दिया। औरंगज़ेब सदा ही शाहज़ादा मौअज़्ज़म की भर्त्सना करता रहता था। शाहज़ादे का धैर्य अन्ततः नष्ट हो गया। उसने विश्वासघात की नीति के प्रति अपने विरोध का परित्याग कर दिया, और उसने शिवाजी के साथ प्रवञ्चना करके उनको बन्दी बनाने की एक योजना बना डाली। उसने कहना आरम्भ किया कि जिन शिवाजी ने बीजापुर को मुग़ल आक्रमण से बचाया है, वे मुग़ल शाहंशाह के विरुद्ध विद्रोह करने वाले शाहज़ादे की सहायता भी अवश्य करेंगे। तब उसने विद्रोह का नाटक रचा, और शिवाजी को अपने शिविर में आमन्त्रित किया। इस प्रकार शिवाजी को बन्दी बनाना सुकर था। किन्तु योजना सफल नहीं हुई। शिवाजी के गुप्तचर तुरन्त ही उस षड्यन्त्र से अवगत हो गए। एक दिन शाहज़ादा शिकार खेल कर

अपने शिविर में लौट रहा था। सड़क के किनारे पर खड़े हुए एक दरिद्र किसान ने उसको सलाम किया, और ताज़ा दूध का एक लोटा शाहज़ादे को दे दिया। मौअज़्ज़म को प्यास लगी हुई थी। उसने कृतज्ञता के साथ दूध स्वीकार कर लिया। जब वह दूध पी चुका तो उसने देखा कि लोटे में एक पत्र है। पत्र में लिखा था: ''मैं, शिवाजी, आपको दूध का यह लोटा अर्पण कर रहा हूँ। यदि मैं आपकी कोई अन्य सेवा कर सकता हूँ तो मैं प्रस्तुत हूँ।'' मौअज़्ज़म ने सिर उठा कर देखा। दरिद्र किसान विलुप्त हो चुका था। शिवाजी ने इस प्रकार शाहज़ादे को समझा दिया कि उसका षड्यन्त्र उनको राई-रत्ती ज्ञात है।

शिवाजी जब बीजापुर से लौट आए तो उनके सुहृदों ने देखा कि उनकी वाणी अपूर्व रूप से गम्भीर हो चली है, और उनका सौजन्य तथा उनकी सहनशीलता और भी निखर गए हैं। वे सहसा किसी सुहृद को सम्बोधित करके कहने लगते थे कि उनके द्वारा कोई अपराध अथवा भूल अथवा दोष हुआ हो तो उनको क्षमा कर दिया जाए। किसी अन्य सुहृद के साथ बैठकर वे अपने राज्य के भविष्य की, सम्भाजी की मूर्खता की, तथा सोयराबाई के दुराग्रह की चर्चा करने लगते थे। शिवाजी अपनी महारानी की अविराम जोड़-तोड़ देखकर उनकी ओर से विरक्त हो चुके थे। सम्भाजी में अनेक त्रुटियाँ थीं। तो भी शिवाजी ने उनको उनके अधिकार से वञ्चित करना स्वीकार नहीं किया, प्रत्युत् उन्होंने अपने रनिवास में जाना ही बन्द कर दिया।

महारानी सोयराबाई आर्तनाद कर उठीं। वे कहने लगीं: ''मैंने अपनी किशोरावस्था से लेकर आज तक अजस्त्र इनकी सेवा की है। किन्तु अब इनके हृदय में मेरे लिए प्रेम ही नहीं रहा। यही कारण है कि इन्होंने मेरा त्याग कर दिया है, और ये एकाकी शयन करने लगे हैं।'' महारानी ने घोषणा की कि जो कोई व्यक्ति उनको कोई ऐसी जड़ी-बूटी लाकर देगा जिसके प्रयोग से वे शिवाजी के प्रेम को पुन: प्राप्त कर सकें, उसको वे प्रभूत पुरस्कार देंगी। किन्तु शिवाजी को कोई भी उनके उत्तरोत्तर बढ़ते हुए वैराग्य से मुक्त नहीं कर सका। उन्होंने समर्थ रामदास को लिखा: ''भगवान् यदि मुझको अपने चरणों में बुला लें तो बहुत अच्छा हो। मैं अब अधिक दिन तक अपनी माता का वियोग सहन नहीं कर सकता।'' सन् १६८० के मार्च मास में उनका एक घुटना सूज गया, और वे चलने-फिरने में असमर्थ हो गए। वे सब ओर से विरक्त होकर

रोगशय्या पर पड़ गए। घुटने की सूजन और बढ़ गई, और शीघ्र ही उनको वेग का ज्वर चढ़ आया। अब सबको आशंका होने लगी कि उनका अन्तकाल आ पहुँचा है।

३ अप्रैल तक यह स्पष्ट हो चला कि वे मरणासन्न हैं। उनके सेनानायक तथा मन्त्री उनकी शय्या के चारों ओर खड़े होकर विलाप कर रहे थे। उन्होंने अपनी मूर्च्छा में से जाग कर उन लोगों को स्मरण करवाया कि मृत्यु समान भाव से सब को ग्रसित करती है, और उनका अपना हिन्दू धर्म तो सबको ही अमृतत्व का आश्वासन देता है।

महारानी के आवास में कानाफूसी चल रही थी। वहाँ का वातावरण आशंका से आपूर्ण था। किन्तु शिवाजी के आवास में अपूर्व शान्ति का साम्राज्य था। तब अन्तिम क्षणों में विहित संस्कार सम्पन्न करने के लिए आहूत ब्राह्मणों ने उनके आवास में प्रवेश किया। ब्राह्मणों ने विधानोक्त भाषा में पूछा: "आपने हम लोगों को क्यों आहूत किया है?" मरणोन्मुख शिवाजी ने उत्तर दिया: "जन्म से लेकर इस मुहूर्त तक मैं पाप-परायण ही रहा हूँ। क्या आप मुझको क्षमा करके पाप के भार से मुक्त करते हैं?" तब एक ब्राह्मण ने प्रार्थना करने के उपरान्त कहा: "हत्या तथा अगम्यागमन-जैसे महापातकों के अतिरिक्त आपके जितने भी पाप हैं वे सब मैं अपने ऊपर लेता हूँ, और आपको मुक्त करता हूँ।" फिर सब ब्राह्मणों ने मिलकर मन्त्रोच्चार किया। शिवाजी के मुख में गंगाजल डाला गया, और उनसे अनुरोध किया गया कि वे सनातन धर्म में अपना विश्वास अन्तिम बार व्यक्त करें। शिवाजी के द्वारा यह विश्वास व्यक्त हो जाने पर ब्राह्मणों ने उनके ऊपर पावन पत्र-पुष्प की वर्षा की।

और कुछ क्षण उपरान्त उनका स्वर्गवास हो गया।

शिवाजी की कृपाण को सतारा के भवानी-मन्दिर में रख दिया गया। वहाँ पर आज भी उस कृपाण को देखा जा सकता है। कोष से निकाले जाने पर वह कृपाण बहुत ही भारी जान पड़ती है, मानो कोई भी मानवप्राणी उसका वहन नहीं कर सकता।

शिवाजी की मत्यु का समाचार जब दिल्ली पहुँचा तो औरंगज़ेब का मुख हर्ष से प्रफुल्ल हो उठा। किन्तु अपनी वाणी से उसने असाधारण उदारता का ही परिचय दिया। वह बोला: "वे एक महान् महारथी थे—ऐसे एकमात्र

महारथी जिन्होंने पराक्रम करके एक नवीन राज्य की नींव डाली। आज उन्नीस वर्ष से मेरी सेनाएँ उनके साथ संघर्ष करती रही हैं। किन्तु फिर भी उनका राज्य सदा ही विस्तार पाता रहा है।''

मुग़लों की साधारण मनोभावना को इतिहासकार ख़फ़ी ख़ाँ ने व्यक्त किया। उसने कहा, ''वह काफ़र दोजख में चला गया।''

और अंग्रेज़ों को तो बहुत दिन तक यह विश्वास ही नहीं हुआ कि उस असाधारण मराठे की भी मृत्यु हो सकती है। बम्बई वालों ने सूरत समाचार भेजा: ''हमको पक्का समाचार मिला है कि शिवाजी महाराज मर गए।'' किन्तु सूरत वाले अधिक सावधान थे। उन्होंने ७ मई को प्रत्युत्तर दिया: ''शिवाजी की मृत्यु का समाचार तो सब ओर से आ रहा है। फिर भी कुछ लोग उस समाचार पर विश्वास नहीं करते। वे कहते हैं कि इस प्रकार का समाचार फैलाकर शिवाजी किसी अभूतपूर्व अभियान की तैयारी कर रहे हैं। अतएव जब तक पूरा समाधान न हो जाए तब तक आप लोग भी सावधान ही रहें।''

उनकी मृत्यु के आठ मास उपरान्त भी बम्बई के अंग्रेज़ लोग लिख रहे थे: ''शिवाजी की मृत्यु इतनी बार हो चुकी है कि कुछ लोग उनको अमर मानने लगे हैं। अनुभव तो यही कहता है कि बात की पूरी पुष्टि हुए बिना उनकी मृत्यु पर विश्वास नहीं करना चाहिए। यह मानी हुई बात है कि उनका कोई योग्य उत्तराधिकारी नहीं है। वे अकेले ही बहुत दिन तक अपने राज्य के सारे भार का वहन करते रहे हैं, और सौभाग्य ने सदा ही उनका साथ दिया है। उनके मरते ही उनके राज्य का सौभाग्य क्षीण हो जाना चाहिए। यही उनकी मृत्यु का एकमात्र प्रमाण हो सकता है।''

किन्तु शिवाजी तो वस्तुत: मर चुके थे। उन्होंने अपने रायगढ़ वाले राजप्रासाद में स्वर्गारोहण किया था। और उनका वह अध्यवसायी मानस अन्तत: और सदा के लिए शान्त हो गया था।

परिशिष्ट

भारतवर्ष की ऐक्य-साधना का स्वरूप*

श्री अरविन्द

भारतवर्ष के पाश्चात्य समालोचक यह तो स्वीकार कर लेते हैं कि तत्त्व-शास्त्र, अध्यात्म-आराधना, शिल्प तथा साहित्य के प्रसंग में भारतीय मनीषा ने महान् सृजन किए हैं। किन्तु वे लोग यह स्वीकार करने के लिए प्रस्तुत नहीं कि लोकयात्रा के प्रसंग में भी भारतवर्ष ने किसी क्रियात्मक क्षमता का परिचय दिया है। उनके मत में व्यवसाय-बुद्धि की दृष्टि से भारत की मनीषा सदा ही हीन रही है। और यह बात तो वे लोग आग्रहपूर्वक कहते हैं कि राजतन्त्र के पक्ष में भारतवर्ष विशेषतया निष्प्राण रहा है। भारतवर्ष की परम्परा में, उनके मतानुसार, किसी प्रकार के प्राणवान् राजनीतिक प्रयोग अथवा राजनीतिक सिद्धान्त अथवा राजनीतिक अध्यवसाय का प्रमाण नहीं मिलता।

किन्तु भारतवर्ष के राज-समाज-सम्बन्धी अध्यवसाय के आधारभूत सिद्धान्तों को एक बार हृदयंगम कर लेने पर, तथा भारतीय इतिहास के साक्ष्य को स्वीकार करते ही, पाश्चात्य समालोचकों के ये समस्त आक्षेप विलीन होने लगते हैं। भारत की संस्कृति ने एक सर्वाङ्ग-सम्पूर्ण राजतन्त्र का विकास किया था। उस तन्त्र की नींव सर्वथा सुदृढ़ तथा चिरस्थायी थी। समाज-रचना के लिए प्रयत्नवान् मानवप्राणी के मानस में अद्यपर्यन्त जितने भी राजनीतिक सिद्धान्तों और जितनी भी राजनीतिक प्रवत्तियों का प्रादुर्भाव हुआ है—सम्राट्तन्त्र, प्रजा-तन्त्र तथा अन्यान्य सिद्धान्त और प्रवृत्तियाँ—उन सबका समन्वय भारतीय मनीषा ने एक अद्भुत पद्धति से किया था। भारतवर्ष ने कभी भी, किसी एक सिद्धान्त अथवा प्रवृत्ति का प्राधान्य स्वीकार करके, अपनी कृति को विकृत नहीं होने दिया। इस प्रकार की यन्त्रात्मक मनोवृत्ति द्वारा किया गया बलात्कार तो योरप के आधुनिक राजतन्त्र का ही दोष है।

---

* श्री अरविन्द, 'दि फाउन्डेशन्ज़ ऑफ इण्डियन कल्चर', पाण्डीचेरी, १९५९, में से 'इण्डियन पौलिटी' नामक पर्व के चतुर्थ अध्याय का अनुवाद।

फिर भी भारतीय राजनीति का एक अन्य पक्ष है जिसको लेकर यह कहा जा सकता है कि इस प्रसंग में भारत की राजनीतिक मनीषा ने अक्षमता के अतिरिक्त किसी अन्य गुण का परिचय कभी नहीं दिया। यह माना कि भारत-वर्ष द्वारा विकसित राजतन्त्र स्थायित्व तथा सुचारु शासन की दृष्टि से स्तुत्य था। यह भी माना कि पुरातन काल की परिस्थितियों में वह राजतन्त्र समाज में शान्ति स्थापित करने के साथ-साथ जनता के स्वातन्त्र्य का भी संरक्षण करता रहता था। यह भी माना कि भारतवर्ष के अन्तर्गत अनेक जन-परिवार अपना-अपना स्वराज्य स्थापित करके सुचारु रूप से शासित होते थे, तथा समृद्धि का उपभोग करते थे। और यह भी माना कि सारे देश में एक अत्यधिक उन्नत सभ्यता तथा संस्कृति को फलने-फूलने की सुविधा प्राप्त थी। किन्तु फिर भी यह तो मानना ही पड़ेगा कि वह राजतन्त्र भारतवर्ष के राष्ट्रीय तथा राजनीतिक ऐक्य की साधना में सर्वथा असफल रहा, और अन्त में वह राजतन्त्र विदेशी आक्रान्ता के विरुद्ध भारतवर्ष की स्वाधीनता का संक्षरण नहीं कर पाया।

: २ :

यह निर्विवाद है कि किसी भी देश के राजतन्त्र का प्रथम मानदण्ड होती है वह शान्ति, समृद्धि, स्वतन्त्रता और सुव्यवस्था जो कि वह राजतन्त्र अपनी प्रजा के जीवन में जुटा पाता है। किन्तु एक सर्वथा सफल राजतन्त्र उसी को माना जा सकता है जो अन्यान्य राज्यों की ओर से होने वाले आक्रमण के विरुद्ध अपनी प्रजा का परित्राण कर सके, और जिसमें विदेशी प्रतिद्वन्द्वी तथा शत्रु से आत्मत्राण पाने के लिए प्रयोजनीय ऐक्य-भावना तथा शक्ति का समावेश हो।

मानव-जाति के लिए सम्भवत: यह एक सर्वथा शोभनीय सत्य नहीं है कि किसी भी राजतन्त्र को इस प्रकार के परीक्षण में उत्तीर्ण होना पड़े। कोई-कोई राष्ट्र अथवा जन-परिवार इस प्रकार के राजनीतिक सामर्थ्य से विहीन होकर भी अध्यात्म-साधना तथा संस्कृति की दृष्टि से अपने विजेता की तुलना में अत्यधिक उत्कृष्ट हो सकता है। प्राचीन ग्रीस तथा मध्यकालीन इटली के नगर-राज्यों का उदाहरण हमारे सामने है। इस प्रकार के संस्कृति-समृद्ध राज्यों ने, सैन्यबल की दृष्टि से समर्थ राष्ट्रों की अपेक्षा, मानवजाति के उन्नयन में अधिक अंशग्रहण किया है। किन्तु मानवजीवन में अभी भी प्राणशक्ति का

प्राधान्य ही प्रक्रियाशील है। मानवप्राणी अभी भी प्रधानतः अपनी प्रसारात्मक प्रवृत्ति द्वारा ही प्रेरित होता है। परिग्रह, पराक्रम, प्रतिद्वन्द्व और सबल का आत्मपोषण ही मानवजीवन की प्रथम परम्परा है।

अतएव जो सामुदायिक मनीषा तथा राष्ट्र–चेतना सदा ही आत्मत्राण तथा पराक्रम के लिए प्रयोजनीय क्षमता के अभाव का प्रमाण प्रस्तुत करती रहती हैं और जिसमें एक केन्द्रीकृत तथा कृतप्रतिज्ञ ऐक्य का प्रादुर्भाव ही नहीं हो पाता, वह इस प्रथम परम्परा की दृष्टि से दोषपूर्ण अवश्य है। राष्ट्रीय तथा राजनीतिक व्यवस्था की दृष्टि से भारतवर्ष ने कभी भी एक अविच्छिन्न ऐक्य का परिचय नहीं दिया। प्रायः एक सहस्र वर्ष तक भातरवर्ष विविध प्रकार के बर्बर आक्रान्ताओं द्वारा अभिभूत होता रहा, और तदनन्तर प्रायः एक सहस्र वर्ष तक विभिन्न विदेशी शासकों का दास बना रहा। अतएव यह स्पष्ट है कि भारतवर्ष का जनगण राजनीतिक दृष्टि से असमर्थ कहलाने का ही पात्र है।

: ३ :

यह सत्य है कि भारतवर्ष अपने दीर्घकालव्यापी इतिहास में ऐक्य–साधना की समस्या का सम्यक् समाधान कभी नहीं कर पाया। किन्तु इस प्रसंग में भी प्रथमतः सब प्रकार की अतिशयोक्तियों का परिहार होना चाहिए। ऐक्य–साधना की समस्या में जिन प्रकृत तथ्यों का समावेश था उनका महत्व हृदयंगम होना चाहिए। साथ ही उस समस्या में समाविष्ट प्रवृत्तियों तथा सिद्धान्तों को भी समझने की आवश्यकता है।

यदि किसी राष्ट्र तथा सभ्यता की महत्ता का मानदण्ड यही है कि उसने कितने सांग्रामिक सामर्थ्य का संचय किया, कितने विदेशों की विजय की, कितने परराष्ट्रों को युद्ध में पराभूत किया, कितनी बार अपनी परिग्रहात्मक तथा परन्तप प्रवृतियों का पोषण किया, और किस प्रकार परराष्ट्रों के स्वातन्त्र्य का हरण तथा उनके धन–जन का शोषण करते समय पीछे मुड़ कर नहीं देखा, तो यह निष्कर्ष निर्विवाद है कि संसार के समस्त महान राष्ट्रों के समवाय में भारतवर्ष का स्थान सर्वापेक्षा निम्नतम है। भारतवर्ष ने कभी भी अपने प्रत्यन्त के परे किसी सैनिक पराक्रम अथवा राजनीतिक प्रसार का प्रयास नहीं किया। भारतवर्ष की गौरवगाथा में किसी दूरदेशीय अभियान अथवा उत्तरोत्तर वृद्धिशील

साम्राज्य-संचय का समावेश नहीं हुआ।

भारतवर्ष ने यदि किसी प्रकार के प्रसार अथवा परराष्ट्र-विजय अथवा पराक्रम का प्रयास किया है तो वह उसकी संस्कृति के प्रसार तक ही परिसीमित रहा है। बौद्धमत ने प्राच्य के ओर-छोर तक पराक्रम किया। भारतवर्ष की अध्यात्म-साधना, उसके शिल्प तथा तत्त्वशास्त्र ने भी दूर-दूर तक प्रसार पाया है। और यह समस्त पराक्रम शान्ति का ही पराक्रम था। इसमें किसी सेना ने कभी भाग नहीं लिया। कारण, अपनी अध्यात्मनिष्ठ सभ्यता का विस्तार शस्त्रबल तथा सांग्रामिक विजय के माध्यम से करना भारतवर्ष की सनातन साधना तथा श्रद्धा के विपरीत रहता। सनातन धर्म की मूलभूत मनीषा कभी भी इस प्रकार के प्रयास की प्रेरणा नहीं जुटा सकती थी। इस प्रकार की आत्मश्लाघा अथवा कुचेष्टा तो आधुनिक युग के साम्राज्यवाद के लिए ही शोभनीय है।

यह माना कि भारतवर्ष की संतान तथा संस्कृति ने पूर्ववर्ती द्वीपमाला में अपने उपनिवेश स्थापित करने के लिए कई-एक अभियान किए। किन्तु वे जलपोत, जो भारतवर्ष के पूर्ववर्ती तथा पश्चिमवर्ती समुद्रतीर से प्रस्थानरत हुए, किसी प्रकार के परराष्ट्र-लोलुप और साम्राज्यवादी आक्रान्ताओं का वहन नहीं कर रहे थे। उन जलपोतों में केवल कुछ स्वदेश-निवार्सित लोग ही दूरस्थ द्वीपों में निवास करने के उद्देश्य से यात्रा कर रहे थे। अथवा उन जलपोतों पर चढ़कर कुछ ऐसे अध्यवसायी लोग जा रहे थे जो अभी तक असभ्य रहने वाले कुछ राष्ट्रों में भारतवर्ष की अध्यात्म-साधना, उसका स्थापत्य, शिल्प, साहित्य, शास्त्र तथा शिष्टाचार फैलाना चाहते थे।

: ४ :

साम्राज्य का सिद्धान्त भारतीय मानस को अविज्ञात नहीं था। भारतीय मानस ने तो सार्वभौम साम्राज्य के सिद्धान्त को भी स्वीकार किया था। किन्तु इस सिद्धान्त में समाविष्ट सर्वभूमि भारतवर्ष की ही भूमि थी, और साम्राज्य का अर्थ था भारतवर्ष के ही जनगण के ऐक्य की साधना। भारतवर्ष के समूचे इतिहास में इस सिद्धान्त का, इस ऐक्य साधना का, इस प्रकार के साम्राज्य-संग्रह का साक्ष्य उपलब्ध होता है। वैदिक युग में, रामायण तथा महाभारत के

वीरगाथाकाल में, मौर्य तथा गुप्त राजवंशों के प्रयास में, मुग़ल साम्राज्य की ऐक्य-साधना में, और अन्ततः पेशवाओं की महत्वाकांक्षा में—सब समय यह सिद्धान्त तथा साधना हमारे सामने आते हैं। किन्तु यह साधना अन्ततः असफल हो गई, और साम्राज्य के लिए द्वन्द्व करने वाली समस्त शक्तियाँ अन्ततः एक विदेशी आक्रान्ता द्वारा अभिभूत हो गईं। स्वराज्यनिष्ठ जन-परिवारों की स्वतन्त्रात्मक एकता के स्थान में एक निर्विशेष दासता ही अन्ततः सिद्ध हो पाई।

अब प्रश्न यह उठता है कि क्या यह शिथिलता, यह दुःसाध्यता, एकता की प्रक्रिया का यह उतार-चढ़ाव, और अन्त में उद्भूत होने वाली यह असफलता, भारतवर्ष की सभ्यता के किसी मूलभूत असामर्थ्य के परिचायक हैं? क्या यह इतिहास भारतीय जनगण की राजनीतिक चेतना तथा क्षमता में निहित किसी दोष का निर्देश करता है? अथवा, क्या यह सब असफलता कुछ अन्यान्य कारणों से भारतवर्ष के हिस्से आई? इस प्रसंग में बहुत-कुछ कहा तथा लिखा गया है कि भारतवर्ष के लोग अपने-आपको एकता के सूत्र में बाँधने में असमर्थ हैं, उन लोगों में किसी प्रकार के सर्वसाधारण राष्ट्रप्रेम का अभाव रहा है, और विभिन्न धर्म-सम्प्रदायों तथा जातियों ने उन लोगों के बीच विभेद के बीज बो दिए हैं। यह भी कहा जाता है कि पाश्चात्य संस्कृति के सम्पर्क से ही भारतवर्ष में राष्ट्रप्रेम का प्रादुर्भाव होने लगा है। भारतवर्ष के ऊपर लगाए जाने वाले ये समस्त आरोप सत्य नहीं हैं, अथवा इनको उचित प्रकार से प्रस्तुत नहीं किया जा रहा, अथवा ये सर्वथा प्रासंगिक नहीं हैं। किन्तु हम मान लेते हैं कि ये समस्त आरोप निर्विवाद रूप से सत्य हैं। फिर भी हमें यह कहना पड़ेगा कि ये तो रोग के बाह्य लक्षण मात्र हैं। रोग के मूल का सन्धान पाने के लिए तो हमें और भी गहन अन्वेषण करना पड़ेगा।

: ५ :

इन आरोपों का प्रत्युत्तर देते समय साधारणतया यह कहा जाता है कि भारतवर्ष तो योरप के समान एक विराट महाद्वीप है जिसमें अनेकानेक जातियाँ निवास करती हैं, और योरप की एकता की समस्या के समान भारतवर्ष की एकता की समस्या भी सुकर नहीं, अथवा उतनी ही दुरूह अवश्य है। योरप की एकता की योजना अभी तक एक स्वप्न के समान ही रही है, और एक

सिद्धान्त के परे उसका कोई भी क्रियात्मक रूप अभी तक सिद्ध नहीं हो पाया। तो क्या मान लिया जाए कि योरप की यह असफलता योरपीय सभ्यता के असामर्थ्य का अथवा योरपीय जन-परिवारों की अयोग्यता का प्रमाण है? और यदि यह नहीं माना जा सकता तो भारतवर्ष के विषय में ही एक अन्य मानदण्ड का प्रयोग करना न्यायपूर्ण नहीं हो सकता। भारतवर्ष के इतिहास में योरप की अपेक्षा एकता का आदर्श अधिक स्पष्ट रहा है, उस आदर्श को क्रियान्वित करने का प्रयास भी प्रबलतर हुआ है, और बारम्बार वह प्रयास प्रायः सफल भी हो पाया है।

इस प्रत्युत्तर में एक प्रकार के सार का समावेश तो है। किन्तु यह सर्वथा सम्यक् नहीं है। कारण, भारत और योरप की तुलना सर्वथा सम्यक् नहीं है। इन दोनों की परिस्थिंतियाँ एक-समान नहीं मानी जा सकतीं। योरप के विविध जन-परिवार तो एक-दूसरे से सर्वथा पृथक राष्ट्र हैं। ईसाइयत अथवा एक सर्वसामान्य योरोपीय संस्कृति द्वारा सृष्ट एकता कभी वैसी प्रकृत तथा पूर्ण नहीं रही जैसी कि भारतवर्ष की आध्यात्मिक तथा सांस्कृतिक एकता। फिर अध्यात्म-अभीप्सा अथवा संस्कृति योरप के उन जन-परिवारों के जीवन का केन्द्रबिन्दु कभी नहीं रही। अध्यात्म-अभीप्सा अथवा संस्कृति न तो कभी उन जन-परिवारों के अस्तित्व का आधार बन पाई, और न उनका भार वहन करने वाली धरतीमाता। अध्यात्म-अभीप्सा अथवा संस्कृति उन राष्ट्रों के लिए केवल एक परिवेश ही बनकर रह गई।

योरप के विभिन्न राष्ट्रों के अस्तित्व का आधार तो उनका राजनीतिक तथा आर्थिक जीवन ही रहा है। और वह आधार प्रत्येक राष्ट्र के लिए पृथक रहा है। राजनीतिक चेतना के प्राधान्य के कारण ही योरप इन विभिन्न तथा परस्पर द्वन्द्वरत राष्ट्रों का समुदाय मात्र बना रहा है। अब कुछ सर्वमान्य राजनीतिक आन्दोलन योरप के सारे राष्ट्रों में प्रसार पा गए हैं, और आर्थिक दृष्टि से भी वे राष्ट्र एक-दूसरे पर निर्भर करने लगे हैं। तो भी योरप में किसी प्रकार की एकता तो सिद्ध नहीं हो पाई। पार्थक्य की दीर्घकालव्यापी प्रवृत्तियों का प्रत्याख्यान योरपीय जनगण के सर्वसामान्य हितों की दुहाई देकर किया जाने लगा है। किन्तु उन प्रवृत्तियों का शमन तो अभी तक सम्भव नहीं हुआ।

इसके विपरीत भारतवर्ष के सुदूर अतीत में ही उसकी आध्यात्मिक तथा

सांस्कृतिक एकता सर्वथा सुदृढ़ हो चुकी थी। आसेतु-हिमालयात् भारतवर्ष के अगणित जनगण का जीवन इस एकता द्वारा ओत-प्रोत हो चुका था। प्राचीन भारतवर्ष के विविध जन-परिवारों के विषय में यह कभी नहीं कहा जा सकता कि वे ऐसे विभिन्न राष्ट्र थे कि जिनके बीच राजनीतिक तथा आर्थिक पार्थक्य का प्रसार हो चुका था। वरन् वे सब जन-परिवार तो एक ही राष्ट्र में अंगीभूत विभिन्न उपराष्ट्र थे। इस बृहद् राष्ट्र में आध्यात्मिक तथा सांस्कृतिक ऐक्य सर्वत्र व्याप्त था। और यह राष्ट्र अन्यान्य राष्ट्रों से सर्वथा पृथक भी था। भारतवर्ष की भौगोलिक स्थिति में उसके समुद्रों तथा पर्वतों ने उसको दूसरे देशों से विलग कर दिया था और भारतवर्ष के मानस में सदा ही अपने वैशिष्ट्य की भावना जागरूक रहती थी। इस भावना का मूल भारतवर्ष की अपनी अध्यात्म-साधना तथा संस्कृति में था।

भारतवर्ष भले ही एक विशाल भूखण्ड रहा हो और उसकी एकता के मार्ग में भले ही बहुत-सी बाधाएँ रही हों, फिर भी योरप की एकता की तुलना में भारतवर्ष की एकता अधिक सुसाध्य थी। अतएव इस प्रसंग में भारतवर्ष की असफलता का कारण और भी गहन-गम्भीर होना चाहिए। इस कारण की खोज करने पर हम देख पाएँगे कि भारतवर्ष की एकता के विषय में जो सिद्धान्त ग्रहण किया गया था और उस एकता को साधने के लिए जो प्रयास किया गया था, उन दोनों के बीच एक वैषम्य था। और इसी कारण परवर्ती काल में भारतवर्ष के विशिष्ट जनमानस में एक अन्तर्द्वन्द्व का आविर्भाव हो गया था।

: ६ :

भारतवर्ष की मनीषा का सर्वस्व है उसकी आध्यात्मिक तथा अन्तर्मुखी चेतना। वह मनीषा अपनी आत्मा तथा अपने अन्तर के अन्वेषण को सर्वप्रधान मानती आई है। अन्य सब-कुछ को वह मनीषा गौण मानती रही है, जिसका समाधान उस उच्चतर अन्वेषण के आधार पर ही होना चाहिए। एक गहन-गम्भीर आध्यात्मिक साधना ही भारतवर्ष की अन्यान्य साधनाओं का आधार रही है। अतएव भारतवर्ष ने सदा ही यह प्रयास किया है कि वह जो कुछ भी सृष्ट करना चाहता है, उसकी सृष्टि सर्वप्रथम उसके अन्तर्मानस में होनी

चाहिए। तदनन्तर ही वह सृष्टि अन्यान्य रूप धारण कर सकती है।

इस मनीषा के विद्यमान रहते हुए, और इसके परिणामस्वरूप प्रादुर्भूत होने वाली इस प्रवृत्ति के कारण कि बाह्य अभिव्यक्ति का आधार अन्तर की सृष्टि होनी चाहिए, यह अनिवार्य था कि भारतवर्ष अपने लिए जिस एकता की साधना करे वह सर्वप्रथम आध्यात्मिक तथा सांस्कृतिक एकता ही हो। वह एकता प्रारम्भतः ही एक ऐसी एकता नहीं हो सकती थी जिसको कि राजनीतिक प्रयास द्वारा सिद्ध किया जा सकता था। रोम अथवा प्राचीन फ़ारस में एक साम्राज्यवादी राजसत्ता ने अथवा एक राष्ट्र की सांग्रामिक और शासकीय क्षमता ने, एक केन्द्रीकृत शासनतन्त्र की सृष्टि करके, बाह्य शक्ति के सम्पात मात्र से एक राजनीतिक एकता को सिद्ध कर लिया था। किन्तु भारतवर्ष इस प्रकार की एकता के लिए साधना नहीं कर सकता था।

यह नहीं कहा जा सकता कि भारतवर्ष ने इस प्रसंग में कोई भूल की थी। इस प्रवृत्ति को भारतवर्ष की अव्यवसायी बुद्धि का प्रमाण भी नहीं माना जा सकता। वरन् यह कहना ही भूल है कि भारतवर्ष को प्रथमतः एक राजनीतिक एकता की साधना करनी चाहिए थी, और एक राष्ट्रवादी साम्राज्य की सृष्टि हो जाने पर देश की आध्यात्मिक एकता आगे चलकर अपने-आप ही सिद्ध हो जाती। भारतवर्ष की इस समस्या का स्वरूप भलीभाँति समझा जाना चाहिए। यह एक विशाल भूखण्ड था जिसमें शत-शत स्वाधीन राज्य, कुल, जन-परिवार, जातियाँ तथा उपजातियाँ निवास करती थीं। इस दृष्टि से भारतवर्ष ग्रीस के समान था—एक बहुत बड़े ग्रीस के समान, ऐसे ग्रीस के समान जो योरप जैसा बृहद् था। ग्रीस में भी यह प्रयोजनीय था कि एकता की किसी मूलभूत चेतना का विकास करने के लिए समग्र ग्रीस की सांस्कृतिक एकता सिद्ध होनी चाहिए। भारतवर्ष में तो उसके विविध जन-परिवारों के बीच एक जीती-जागती आध्यात्मिक और सांस्कृतिक एकता का प्रसार और भी अधिक प्रयोजनीय था। इस प्रकार की एकता को प्रथम सिद्ध किए बिना किसी स्थायी एकता की सिंद्धि यहाँ अचिन्तनीय ही रहती। अतएव भारतीय मनीषा की यह प्रवृत्ति तथा भारतीय संस्कृति को सृष्ट करने वाले ऋषियों की यह साधना इस प्रसंग में सर्वथा सम्यक् थी।

यदि हम यह भी मान लें कि रोमन साम्राज्य की बाह्य एकता के समान

प्राचीन भारतवर्ष के विविध जन-परिवारों के बीच भी, सांग्रामिक तथा राजनीतिक साधनों का अवलम्बन लेकर, एक बाह्य एकता सृष्ट की जा सकती थी, तो भी हम यह नहीं भुला सकते कि रोमन साम्राज्य की वह एकता स्थायी नहीं रह पाई। सारे रोमन साम्राज्य की एकता की बात तो दूर रही, प्राचीन इटली की एकता भी स्थायी नहीं रह पाई। यदि भारतवर्ष के विशाल भूखण्ड पर भी, आध्यात्मिक तथा सांस्कृतिक एकता को प्रथमत: सिद्ध किए बिना, इसी प्रकार का प्रयास किया जाता तो उसकी सफलता भी स्थायी नहीं हो सकती थी।

और यदि हम यह भी मान लें कि आध्यात्मिक तथा सांस्कृतिक एकता की यह साधना अत्यधिक आग्रह तथा अतिशयता से ओत-प्रोत थी, और राजनीतिक तथा बाह्य एकता की साधना अत्यन्त अल्पप्राण थी, तो भी यह नहीं कहा जा सकता कि पौर्वापर्य की इस परिपाटी के परिणामस्वरूप भारतवर्ष का अनिष्ट ही हुआ है और किसी इष्ट की सिद्धि नहीं हुई। भारतवर्ष की इस विशिष्ट मनीषा के फलस्वरूप ही, उसकी इस आध्यात्मिक अभीप्सा के कारण ही, उसके अनैक्य के अन्तर में निगूढ़ इस ऐक्य के आधार पर ही, भारतवर्ष आज भी जीता-जागता है, और आज भी भारतवर्ष है।

: ७ :

यह तो स्वीकार करना ही पड़ेगा कि आध्यात्मिक तथा सांस्कृतिक एकता ही एकमात्र स्थायी एकता होती है। शारीरिक तथा बाह्य अध्यवसाय की अपेक्षा मानस तथा आत्मा का अध्यवसाय ही किसी भी राष्ट्र के ऐतिह्य का त्राण करने के लिए अधिक उपादेय है। यह एक ऐसा सत्य है जिसे पाश्चात्य की स्थूल बुद्धि भले ही हृदयङ्गम अथवा स्वीकार न कर पाए, किन्तु जिसका प्रमाण युग-युगान्तर के इतिहास पर अमिट अंकित है। कितने ही प्राचीन राज्य जिनका उदय भारतवर्ष के साथ हुआ था, तथा कितने ही अन्य राष्ट्र जो परवर्ती काल में उदित हुए थे, आज लुप्त हो चुके हैं और उनके ध्वंसावशेष ही बच पाए हैं। ग्रीस तथा मिस्र का अस्तित्व आज नाममात्र के लिए तथा मानचित्र पर ही विद्यमान है। आज के एथन्ज़ में हमको प्राचीन ग्रीस की आत्मा की अभिव्यक्ति उपलब्ध नहीं होती। अथवा आज के क़ाहिरा में हमें उस गहन-गम्भीर राष्ट्रीय ऐतिह्य का संकेत नहीं मिलता जिसने मैम्फिस नगर का निर्माण किया था।

मध्यसागर के चारों और निवास करने वाले जन-परिवारों पर रोम ने एक राजनीतिक तथा बाह्य संस्कृति की एकता लाद दी थी। किन्तु उन जन-परिवारों की जीती-जागती आध्यात्मिक तथा सांस्कृतिक एकता रोम सिद्ध नहीं कर पाया था। अन्ततः रोमन साम्राज्य में अन्तर्भुक्त प्राची उसी साम्राज्य में अन्तर्भुक्त प्रतीची से पृथक हो गई। अफ्रीका में तो रोमन साम्राज्य की कोई स्मृति ही अवशिष्ट नहीं रही। और प्रतीची की लेटिन कहलाने वाली जातियाँ भी उस समय तक बर्बर आक्रान्ताओं के विरुद्ध अपना आत्मत्राण नहीं कर पाईं जब तक कि वे विदेशी प्राणशक्ति को आत्मसात करके आधुनिक इटली, फ्रांस और स्पेन इत्यादि नहीं बन गईं।

किन्तु भारतवर्ष आज भी जीता-जागता है। भारतवर्ष में आज भी वही मनीषा और आत्मचेतना पाई जाती है जो उसके आदिकाल में यहाँ पाई जाती थी। वैदिक ऋषियों ने भारतवर्ष के बाह्य शरीर का निर्माण किया था और उस शरीर के भीतर एक सनातन आत्मा का समावेश किया था। तदनन्तर भारतवर्ष पर कितने ही आक्रमण हो गए। भारतवर्ष ने विदेशी शासन की यातना भी भोगी। यहाँ पर यवन, पारसीक और हूण आए। यहाँ इस्लाम की प्रबल प्राणशक्ति ने आघात किया। यहाँ ब्रिटिश साम्राज्य और ब्रिटिश शासनतन्त्र का भारी-भरकम तथा सब-कुछ को एकाकार कर देने वाला चक्र चला। यहाँ पाश्चात्य सभ्यता का प्रबल प्रवाह आया। किन्तु ये समस्त आघात भारतवर्ष के शरीर में से उसकी आदिम आत्मा को बहिष्कृत करने मे सर्वथा असफल रहे।

भारतवर्ष ने जब-जब दुर्दिन देखा है, आक्रमण तथा अनाचार का आघात झेला है, तब-तब भारतवर्ष अपना आत्मत्राण करने में सफल रहा है। आत्मत्राण की यह चेष्टा कभी प्रकट रही है, और कभी प्रच्छन्न। अपने वैभव के युग में भारतवर्ष में एक ऐसी आध्यात्मिक संहति, आत्मसात कर लेने की क्षमता, तथा बहिष्कार करने की शक्ति विद्यमान थी कि उसने जो कुछ परिहार्य था उसका परित्याग कर दिया और जो कुछ अपरिहार्य था उसी को अङ्गीकार कर लिया। अधःपतन का प्रारम्भ हो जाने पर भी भारतवर्ष उसी शक्ति का अवलम्बन लेकर जीवित रहा। वह शक्ति क्षीण होने लगी, किन्तु वह विलुप्त होने वाली नहीं थी। कुछ काल तक भारतवर्ष पश्चात्पद होता रहा और वह अपने दक्षिणवर्ती अंचल में ही अपने प्राचीन राजतन्त्र को अक्षुण्ण रख पाया। इस्लाम

के आघात के विरुद्ध भारतवर्ष के राजपूतों, मराठों तथा सिक्खों ने उत्थान करके भारतवर्ष के प्राचीन ऐतिह्य तथा आदर्श की रक्षा की। जिस स्थल पर भारतवर्ष का विरोध प्रकट नहीं हो पाया वहाँ उस विरोध ने प्रच्छन्न रहकर अपना काम किया। और जिस भी साम्राज्य ने भारतवर्ष की समस्या के स्वरूप को स्वीकार नहीं किया अथवा भारतवर्ष के स्वधर्म से समझौता नहीं किया उसी को भारतवर्ष ने भी अस्वीकार करके उच्छिन्न कर डाला।

आज भी हम अपनी आँखों के सामने उसी प्रक्रिया का प्रसार देख रहे हैं। तो फिर हम उस सभ्यता की अद्‌भुत प्राणशक्ति के विषय में क्या कहें जिसने कि इस चमत्कार का आविष्कार किया है? भारतवर्ष की सभ्यता का सृजन करने वालों ने इस सभ्यता की नींव किसी प्रकार के बाह्य उपकरणों द्वारा सुदृढ़ नहीं की थी। उन लोगों ने तो आत्मा तथा अन्तर्मानस का आश्रय लेकर ही एक आध्यात्मिक तथा सांस्कृतिक एकता को भारतवर्ष के अस्तित्व का आधार तथा सर्वस्व बनाया था। भारतवर्ष की अध्यात्म-साधना तथा संस्कृति उसके शरीर पर प्रस्फुटित होने वाला अल्पप्राण पुष्प कभी नहीं रही। न ही वह भारतवर्ष के मन्दिर का ऊर्ध्व मण्डप मात्र रही है। वरन् वह अध्यात्म-साधना तथा संस्कृति सदा ही भारतवर्ष का सनातन सर्वस्व रही है। तो फिर उन लोगों की प्रतिभा के विषय में अन्य कौनसा प्रमाण प्रयोजनीय है?

: ८ :

किन्तु आध्यात्मिक एकता तो एक बृहद् तथा विविधता का वहन करने वाला तत्त्व है। राजनीतिक तथा बाह्य एकता के समान आध्यात्मिक एकता किसी प्रकार के केन्द्रीकरण अथवा एकीकरण का आग्रह नहीं करती। वरन् वह एकता तो सारे राजतन्त्र में ओत-प्रोत रहती है, और अनेक प्रकार के अनैक्य तथा स्वातन्त्र्य की सुविधा प्रदान करती है। और यहीं पर प्राचीन भारत की ऐक्य-साधना की समस्या का मर्मस्थल है। इसी कारण वह समस्या भूत-काल में इतनी दुरूह हो गई थी।

भारतवर्ष की एकता किसी केन्द्रीकृत साम्राज्यतन्त्र के साधारण साधनों द्वारा सिद्ध नहीं हो सकती थी। केन्द्रीकृत साम्राज्यतन्त्र तो सब प्रकार के स्वतन्त्रात्मक अनैक्य का अन्त कर देता। उसके द्वारा तो सब प्रकार के स्थानीय स्वराज्यों तथा

विभिन्न जन-परिवारों में प्रतिष्ठित आचार-परम्पराओं का ही विलोप हो जाता। भारतवर्ष में इस प्रकार का साम्राज्यवादी प्रयास कई बार हुआ था। और कई बार यह प्रयास सफल-सा भी प्रतीत होने लगा था। किन्तु इस प्रकार का प्रत्येक प्रयास अन्तत: असफल रहा। भारतवर्ष के भाग्यविधाता ने इस प्रकार के प्रयासों को असफल होने के लिए विवश करके भारतवर्ष की आत्मा को नष्ट होने से बचा लिया। भारतवर्ष कभी भी एक अस्थायी आत्मत्राण की सिद्धि के लिए अपनी गहन-गम्भीर जीवनप्रेरणा का विलोप करने के लिए प्रस्तुत नहीं हो पाया।

भारतवर्ष का प्राचीन मानस उसकी आत्मप्रतिष्ठा के प्रति जागरूक था। उस आत्मप्रतिष्ठा के अनुरूप भारतवर्ष एक ऐसे साम्राज्य की सृष्टि करना चाहता था जिसके अन्तर्गत प्रत्येक प्रकार के जातिगत तथा प्रदेशगत स्वातन्त्र्य का संरक्षण हो सके, जो किसी भी प्राणवान् परम्परा का अप्रयोजनीय हनन नहीं करे, और जो यन्त्रात्मक एकता का तिरस्कार करके भारतीय जीवन में एक समन्वय का सृजन करे। परवर्ती काल में वे परिस्थितियाँ ही विलुप्त हो गईं जिनके आधार पर एकता की समस्या का यह समाधान सम्भव था, और जिनके माध्यम से यह अपना स्वरूप सँवार सकती थी। तदनन्तर भारतवर्ष में एक एकछत्र शासनतन्त्र की स्थापना की चेष्टा की गई। एक तात्कालिक बाह्य आघात से अभिभूत होकर ही भारतवर्ष को इस प्रकार की चेष्टा करने के लिए विवश होना पड़ा था। वह चेष्टा महान् तथा गौरवपूर्ण भी थी। किन्तु उस चेष्टा को पूर्ण सफलता कभी प्राप्त नहीं हुई। वह चेष्टा इसीलिए साफल्य-लाभ नहीं कर सकी कि अन्तत: वह भारतवर्ष के स्वधर्म के प्रतिकूल थी।

भारतवर्ष के राज-समाज-तन्त्र का आधारभूत सिद्धान्त यह था कि विभिन्न प्रकार के सामाजिक स्वायत्तों का समन्वय किया जाए—गाँव का स्वायत्त, नगर तथा राजपुरी का स्वायत्त, जाति का स्वायत्त, श्रेणी का स्वायत्त, कुल का स्वायत्त, धर्म-सम्प्रदाय का स्वायत्त, तथा प्रत्येक प्रदेश का स्वायत्त। प्रत्येक शासनसत्ता अथवा राज्य अथवा प्रजातन्त्रात्मक संघ का प्रयोजन यही था कि वह इन समस्त प्रकार के स्वायत्तों को समवेत करके इनको एक स्वतन्त्रात्मक तथा प्राणवान् प्रणाली में समन्वित कर दे। प्रत्येक साम्राज्य की समस्या यह थी कि वह इन विभिन्न शासन-सत्ताओं, जन-परिवारों तथा उपराष्ट्रों का एक और समन्वय

सृष्ट करे जिसके भीतर इन विभिन्न राज्यों के स्वायत्त अक्षुण्ण रहें और जो स्वतन्त्रात्मक तथा प्राणवान् हो। भारतवर्ष एक ऐसे राजतन्त्र का सन्धान कर रहा था जो अपने अन्तर्गत समस्त प्रजा को शान्ति तथा एकता के सूत्र में बाँध दे, जो बाह्य आक्रमणों से प्रजा की सुरक्षा का प्रबन्ध कर सके, और जो, अपने ऐक्य से ओत-प्रोत अनैक्य के आधार पर तथा अपने में अङ्गीभूत प्रदेशगत तथा जातिगत इकाइयों के माध्यम से, भारतीय सभ्यता तथा संस्कृति के आभ्यन्तर तथा बाह्य रूप को निखार दे, और धर्म की बृहद् तथा पूर्ण प्रणाली को अभिव्यक्त कर सके।

: ९ :

भारतवर्ष की प्राचीन मनीषा ने समस्या के इसी समाधान को स्वीकार किया था। परवर्ती काल के साम्राज्यतन्त्र ने भी इस समाधान को अंशतः स्वीकार किया। किन्तु साम्राज्यतन्त्र की साधारण प्रवृति शनैः-शनैः और प्रच्छन्न रूप से केन्द्रीकरण की ओर थी। केन्द्रीकरण की प्रक्रिया अपने अन्तर्गत समस्त प्रकार के स्वायत्तों को प्राणशून्य कर डालती है। परिणामस्वरूप देखा गया कि केन्द्रीय शासनसत्ता जब-जब दुर्बल हुई तब-तब प्रदेशगत स्वायत्त की परम्परागत प्रवृत्ति ने शिर उन्नत करके कृत्रिम एकता के तन्त्र को विच्छिन्न कर दिया। स्वायत्त की इस परम्परागत प्रवृत्ति में ही भारतवर्ष की प्राणशक्ति निगूढ़ थी। दूसरी ओर साम्राज्य का तन्त्र भी सब प्रकार की स्वतन्त्र सत्ताओं को प्राणशून्य करने के लिए प्रयत्नवान् रहता था। इस संघर्ष का परिणाम यह हुआ कि जो स्वायत्त इकाइयाँ एक समवेत शक्ति का आधार बन सकती थीं, वे ही अब एकता के मार्ग में बाधा बनने लगीं।

ग्राम-समाज में अब भी प्राणशक्ति का संचार था। किन्तु ग्राम-समाज का सम्बन्ध साम्राज्य की केन्द्रीय सत्ता से विच्छिन्न हो गया। अतएव ग्राम-समाज में राष्ट्रवाद की कोई चेतना ही नहीं रही। और वह समाज स्वदेशी तथा विदेशी शासनतन्त्र को एक-समान स्वीकार करने लगा। उस समाज की एकमात्र अभीप्सा यही थी कि कोई भी शासनतन्त्र उसके आत्मनिर्भर और संकीर्ण जीवन में हस्तक्षेप नहीं करे। धार्मिक सम्प्रदायों में भी इसी प्रकार की प्रवृत्ति पनपने लगी।

जातियों की संख्या में भी वृद्धि हो रही थी। देश के आध्यात्मिक अथवा आर्थिक जीवन में इन नई-नई जातियों का कोई प्रकृत प्रयोजन नहीं था। अत-एव ये जातियाँ रूढ़िगत विभक्तियाँ बन कर रह गई। वर्णव्यवस्था का प्रारम्भिक प्रयोजन था एक ऐसी प्रणाली का विकास जिसमें राष्ट्रजीवन की विविध प्रवृत्तियों का सम्पूर्ण समन्वय हो सके। किन्तु ये नई-नई जातियाँ तो अनैक्य की ही सृष्टि कर पाईं। यह सत्य नहीं है कि प्राचीन भारत में विद्यमान जातिभेद राष्ट्रजीवन की एकता का विरोधी तत्त्व था। परवर्ती काल में भी जातिभेद के कारण किसी प्रकार के राजनीतिक विग्रह अथवा विभाजन का जन्म नहीं हुआ। मराठा-संघ के युग में ही जातिभेद के कारण राष्ट्र की क्षति हुई। किन्तु तब तक तो राष्ट्र का अध:पतन पराकाष्ठा पर पहुँच चुका था। फिर भी यह तो मानना ही पड़ेगा कि जातिभेद के कारण सामाजिक विच्छिन्नता का प्रच्छन्न प्रसार होता रहा, और जीर्ण-शीर्ण जातियाँ राष्ट्र-जीवन के पुनर्जागरण में बाधाएँ बन गईं।

भारतीय साम्राज्यतन्त्र में विद्यमान अवगुण मुसलमान आक्रमण के पूर्व पूर्णतया अभिव्यक्त नहीं हो पाए थे। किन्तु उनका अस्तित्व आरम्भ से ही रहा होगा। पठान तथा मुग़ल साम्राज्यतन्त्रों द्वारा सृष्ट परिस्थितियों में वे अवगुण द्रुतगति में वृद्धि पाने लगे। ये मुसलमान साम्राज्य वैभवशाली तथा शक्ति-सम्पन्न भले ही रहे हों। किन्तु इनकी निरंकुशता के परिणामस्वरूप इनमें केन्द्रीकरण के दोष की मात्रा, पूर्ववर्ती साम्राज्यतन्त्रों की अपेक्षा, अत्यधिक बढ़ गई। भारतवर्ष की परम्परागत प्रादेशिक प्रवृत्तियों ने इन साम्राज्यों के कृत्रिम शासनतन्त्रों के विरुद्ध भी बारम्बार विद्रोह किया, और ये साम्राज्यतन्त्र विच्छिन्न होते रहे। इन साम्राज्यतन्त्रों का प्रजा के जीवन से कोई प्रकृत तथा प्राणवान् एवं स्वतन्त्रात्मक सम्पर्क नहीं था। अतएव ये साम्राज्यतन्त्र किसी राष्ट्र-प्रेम की प्रेरणा का प्रसार नहीं कर पाए, और इसीलिए विदेशी आक्रान्ता के विरुद्ध ये साम्राज्यतन्त्र अपने आत्मत्राण की चेष्टा में असफल रहे।

अन्त में अब हमारे शिर पर पाश्चात्य की यन्त्रात्मक शासन-पद्धति ने पाँव जमाया है*। इस शासन-पद्धति ने सब प्रकार के परम्परागत स्वायत्तों को

* श्री अरविन्द ने ये शब्द ब्रिटिश शासन के प्रसंग में लिखे थे। किन्तु भारत के वर्तमान शासन के विषय में भी ये शब्द अक्षरशः सत्य हैं।

प्राणहीन कर डाला है, और उनके स्थान में एक यन्त्र की चेतनाशून्य एकता हमारे ऊपर लाद दी है। किन्तु इस अनाचार के विरुद्ध जाग उठने वाली प्रतिक्रिया में हम को पुनः उन्हीं पुरातन प्रवृत्तियों का परिचय प्राप्त होता है। आज भारतवर्ष के विभिन्न प्रदेशों में अपनी स्वायत्त जीवन-प्रणाली की पुनर्प्रतिष्ठा का प्रयत्न दिखाई पड़ रहा है। आज चारों ओर ऐसे प्रदेशगत स्वराज्य की माँग उठ रही है जिसका आधार भाषा तथा जन-परिवार का वैशिष्ट्य हो। आज भारतवर्ष की मनीषा उस आदर्श राजतन्त्र का स्मरण कर रही है जिसमें ग्राम-समाज राष्ट्र के प्राणवान् जीवन की एक नैसर्गिक इकाई था। आज हमारे मनीषी वर्ग के मानस में भारतीय जीवन-प्रणाली के पुरातन आदर्श का पुनरोदय हो रहा है। उस आदर्श की पूर्ण रूपरेखा हम लोग अभी तक हृदयंगम नहीं कर पाए हैं। किन्तु हमारे अन्तर में यह स्पृहा तो जाग ही उठी है कि भारतीय समाज तथा राजतन्त्र का पुनरोत्थान तथा पुनर्निर्माण अध्यात्म के आधार पर ही हो।

: १० :

भारतवर्ष अपनी एकता की साधना में असफल रहा, और अन्ततः वह आक्रान्ताओं द्वारा अभिभूत होकर परतन्त्र हो गया। इसका एकमात्र कारण यही था कि भारतवर्ष की एकता की समस्या का रूप बहुत बृहद् था, और भारतवर्ष उस समस्या का समाधान एक विशेष मार्ग से खोज रहा था। केन्द्रीकृत साम्राज्य की प्रणाली उस समस्या का एक ऐसा समाधान था जो भारत में सफल नहीं हो सकता था। किन्तु उस काल की परिस्थितियों में इस समाधान के अतिरिक्त अन्य कोई समाधान सम्भव भी नहीं था। अतएव भारत में बार-बार इसी समाधान की शरण ली गई, और यह बार-बार असफल रहा। कुछ समय तक यह समाधान सफल होता-सा प्रतीत हुआ। किन्तु अन्ततः यह प्रत्येक बार असफल हुआ।

भारतवर्ष की सनातन मनीषा इस समस्या के स्वरूप को अधिक सम्यक् प्रकार से समझ पाई थी। वैदिक ऋषियों तथा उनके उत्तराधिकारियों ने भारतीय जीवन के लिए अध्यात्म का आधार खोज निकालने को ही अपना मुख्य ध्येय बनाया था। वे चाहते थे कि इस देश की विभिन्न जातियाँ तथा यहाँ के विभिन्न

जन-परिवार एक आध्यात्मिक तथा सांस्कृतिक एकता में अन्तर्भुक्त हो जाएँ। किन्तु वे लोग राजनीतिक एकता के प्रति पराङ्मुख नही थे। आर्य-जाति के विभिन्न कुल निरन्तर ही विभिन्न आकार-प्रकार के आधिपत्यों तथा संघों के अन्तर्गत समवेत होते रहते थे। उनमें वैराज्य की प्रणाली भी थी, और साम्राज्य की प्रणाली भी। ऋषियों ने देखा कि इस प्रवृत्ति का अन्त तक अनुसरण करना ही समस्या का सम्यक् समाधान होगा। अतएव उन लोगों ने चक्रवर्ती सम्राट् के आदर्श का सिद्धान्त सृष्ट किया। यह एक ऐसे साम्राज्यतन्त्र का आदर्श था जो आसेतु-हिमालयात् भारतवर्ष के विभिन्न राज्यों तथा जन-परिवारों के स्वायत्तों का ध्वंस किए बिना ही उन सबको एकता के सूत्र में समन्वित कर सकता था।

भारतीय जीवन-प्रणाली में समाविष्ट अन्यान्य आदर्शों के समान इस आदर्श को भी ऋषियों ने अध्यात्म तथा धर्म के आधार पर सिद्ध किया। इस आदर्श के बाह्य प्रतीकों के रूप में अश्वमेध तथा राजसूय यज्ञों का विधान किया गया। और एक शक्तिमान राजा का धर्म तथा राजोचित कर्त्तव्य यह माना गया था कि वह इस आदर्श को चरितार्थ करे। इस धर्म का अनुसरण करने वाले राजा को यह अधिकार नहीं था कि वह अपने आधिपत्य में आने वाले किसी भी जन-परिवार के स्वातन्त्रय का विध्वंस करे। वह अपने अधीनस्थ किसी भी जन-परिवार के राजवंश का उच्छेद नहीं कर सकता था, और न ही वह उस राजवंश के अधिकारियों को पदच्युत करके उनके स्थान पर अपने द्वारा मनोनीत अधिकारियों अथवा प्रान्तपतियों को नियुक्त कर सकता था।

चक्रवर्ती राजा का प्रथम कर्त्तव्य था एक ऐसे आधिपत्य की स्थापना जो अपनी सैन्यशक्ति के बल पर देश की आभ्यन्तर शान्ति को अक्षुण्ण रख सके। आवश्यकता के अनुसार सारे देश की शक्ति को समवेत करना भी उस राजा का कर्त्तव्य था। इन दो प्राथमिक कर्त्तव्यों के साथ एक तीसरा कर्त्तव्य भी जुड़ गया। चक्रवर्ती राजा का कर्त्तव्य यह भी हो गया कि वह भारतीय धर्म की प्रबल एकता का आश्रय लेकर भारत की आध्यात्मिक, धार्मिक, नैतिक तथा सामाजिक संस्कृति को यथोचित रूप से क्रियान्वित तथा चरितार्थ होने के लिए प्रोत्साहित करे।

हमारे इतिहास-पुराण में इस आदर्श का चरम विकास उपलब्ध होता है। महाभारत में एक धर्मराज्य की स्थापना के लिए किये गए ऐतिहासिक अथवा

पौराणिक प्रयास का परिचय प्राप्त होता है। वहाँ यह आदर्श इतना सबल तथा सर्वसम्मत है कि शिशुपाल जैसा उद्धत राजा भी युधिष्ठिर के राजसूय यज्ञ में उपस्थित होने के लिए बाध्य हो जाता है। युधिष्ठिर के प्रति अपने आत्मसमर्पण का कारण बतलाता हुआ वह कहता है कि युधिष्ठिर एक धर्मसम्मत अनुष्ठान कर रहे हैं।

और रामायण में तो हमको इस प्रकार के धर्मराज्य का पूर्ण चित्र उपलब्ध हो जाता है। उस चित्र में किसी निरंकुश राजसत्ता का संकेत मात्र नहीं मिलता। रामायण का आदर्श तो एक चक्रवर्ती राज्य है जिसके अन्तर्गत समस्त नगरों तथा प्रान्तों तथा प्रजा-वर्गों का स्वतन्त्रात्मक समन्वय हुआ है। वहाँ एक ही राज्य का विस्तार करके उसमें भारतवर्ष के समस्त सामाजिक स्वायत्तों का समावेश किया गया है। और उस राज्य का शासन धर्म द्वारा सम्पन्न होता है।

उस राज्य के लिए परराष्ट्र की विजय विहित है। किन्तु ऐसी विजय के फलस्वरूप परराष्ट्र का विध्वंस अथवा लुण्ठन विहित नहीं। परराष्ट्र के स्वातन्त्र्य तथा उसकी राजनीतिक और सामाजिक जीवन-प्रणाली का विलोप नहीं होना चाहिए, न ही परराष्ट्र की प्रजा का आर्थिक शोषण किया जाना चाहिए। परराष्ट्र-विजय भी एक प्रकार का यज्ञ माना गया है जिसमें सैन्यबल का सम्पात किया जाता है। उस सम्पात का परिणाम स्वीकार करने में किसी पक्ष को कोई कठिनाई अनुभव नहीं होती थी। कारण, पराजय के फलस्वरूप न तो किसी का अपमान होता था, न किसी को परतन्त्र बनाया जाता था, और न किसी पर किसी प्रकार का अनय-व्यसन आपातित किया जाता था। पराजय के फलस्वरूप पराजित राज्य का उस आधिपत्य की शक्ति के साथ सम्पर्क स्थापित होता था जो कि राष्ट्र तथा धर्म की एकता साधने के लिए प्रयत्नवान् थी।

: ११ :

आज भारतवर्ष में पाश्चात्य के आदर्शों का अन्धानुकरण करके एक दासबुद्धि का परिचय दिया जा रहा है। पाश्चात्य की प्रणालियों को इस देश में प्रचलित करने का यह प्रयास प्राणहीन है। इस प्रयास में भारतवर्ष की राजनीतिक मनीषा तथा प्रतिभा का प्रकृत परिचय प्राप्त नहीं होता। किन्तु इस

समस्त विशृंखला के अन्धकार में भी एक नवीन सान्ध्य की सम्भावना निगूढ़ है। वह सान्ध्य सूर्यास्त का सान्ध्य नहीं होगा। वह तो सूर्योदय का ही सान्ध्य होगा। एक नवीन युग-सन्ध्या आविर्भूत होने वाली है।

सनातन भारतवर्ष अभी तक हतप्राण नहीं हो पाया है। न ही उसने अपने सृजनात्मक सामर्थ्य का अन्तिम परिचय दिया है। भारतवर्ष अभी-भी प्राणवान् है, और उसे अपने लिए तथा मानव-जाति के लिए एक महान कार्य अभी भी करना है। भारतवर्ष में जो नवोदय होगा उसका निर्माण करने वाले लोग पाश्चात्य के पंगु शिष्य नहीं हो सकते। पाश्चात्य के रंग में रँगे हुए प्राच्य लोग तो यहाँ पर केवल पाश्चात्य की सफलता तथा असफलता के इतिवृत्त की पुनरावृत्ति ही कर पाएँगे।

भारतवर्ष के भीतर उसकी वह सनातन शक्ति जागने वाली है जो अपने अगाध स्वरूप का साक्षात्कार करके अपना शिर परम-ज्योति तथा परम-सामर्थ्य की ओर उन्नत करेगी। वह शक्ति ही भारतवर्ष के स्वधर्म के मर्म का पूर्ण सन्धान कर सकेगी, और उस स्वधर्म को एक बृहद् क्षेत्र में चरितार्थ कर पाएगी।